中国国家汉办规划教材
体验汉语系列教材
Hanban

MW00697316

Experiencing Chinese

Oral Course

体验汉语®

口语教程

Tiyan Hanyu Kouyu Jiaocheng

主　编　陈作宏
编　者　陈作宏　赵永红

高等教育出版社·北京
HIGHER EDUCATION PRESS　BEIJING

图书在版编目(CIP)数据

体验汉语口语教程. 3 / 陈作宏主编. — 北京：高等教育
出版社，2010.5
ISBN 978-7-04-029288-6

Ⅰ. ①体… Ⅱ. ①陈… Ⅲ. ①汉语－口语－对外汉语教学
－教材 Ⅳ. ①H195.4

中国版本图书馆CIP数据核字(2010)第056468号

| 策划编辑 | 梁 宇 | 责任编辑 | 黄 川 | 封面设计 | 彩奇风 | 版式设计 | 刘 艳 |
| 责任绘图 | 彩奇风 | 插图选配 | 王 群 | 责任校对 | 黄 川 | 责任印制 | 韩 刚 |

出版发行	高等教育出版社		购书热线	010-58581118
社 址	北京市西城区德外大街4号		咨询电话	400-810-0598
邮政编码	100120		网 址	http://www.hep.edu.cn
总 机	010-58581000			http://www.hep.com.cn
			网上订购	http://www.landraco.com
经 销	蓝色畅想图书发行有限公司			http://www.landraco.com.cn
印 刷	北京鑫丰华彩印有限公司		畅想教育	http://www.widedu.com
开 本	889×1194 1/16			
印 张	20.25		版 次	2010年5月第1版
字 数	608 000		印 次	2010年5月第1次印刷

物料号　29288-00

ISBN 978-7-04-029288-6
06800

口语教学在对外汉语教学中一直受到高度重视，国内大多数对外汉语教学单位也都单独开设以提高学习者口语交际技能为主要目的的口语课。尽管口语课的教学目标十分明确，而且大家对口语教学的特点也早已达成了共识，但是在实际的课堂教学中还是存在初级阶段精读化，中高级阶段泛读化的问题。因此我们希望编写一套不但能体现教学法理念、能提供教学内容，同时也能引导教师采用符合口语教学特点的方法进行教学的口语教材。

《体验汉语口语教程》采用以任务为中心的体验式的课堂教学模式，力求体现在使用汉语中学习汉语的体验式的教学理念，并吸取各教学法之长，特别是任务型语言教学的优势。本教材设计以意义为中心的课堂活动和贴近真实生活的任务来提升课堂教学的互动性和交际性。每课都按照任务型语言教学模式设计教学环节，"任务前"的准备和以语言输入为主的活动，"任务中"以完成具体交际任务为目的的语言输出活动以及"任务后"的语言练习和扩展活动，为教学提供了较为完整的环节和步骤。

《体验汉语口语教程》参考《高等学校外国留学生汉语教学大纲》（长期进修）的分级确定教学等级和难度；参考《国际汉语教学大纲》的《教学话题及内容建议》确定教学内容。全套共分8册。1、2、3为初级，4为准中级，5、6为中级，7、8为高级。

考虑到学习者学习经历复杂，而且学习者使用教材时并不是顺接的多样性特点，以及学习者虽然学习时间较短但希望有较大提高的需求，每册都采取适当降低起点，适当延伸内容难度的做法。在确定生词和学习内容时各册之间均采取搭接的方式，循环递进地进行教学。

《体验汉语口语教程》具有如下特点：

1. 将表达功能和语言运用结合起来，以贴近生活的口头交际任务为主线编写，以提高教学内容的实用性。

2. 教学内容的安排力求与课堂教学环节一致，并为新教师提供教学建议，以减轻教师的备课负担。

3. 考虑到学习者学习经历复杂的特殊性，每一课都设计了一个准备环节，对相关内容、词语和句子等进行复习和预习，为教学顺利进行做热身和准备。

4. 教学环节以及交际活动的设计符合语言学习规律，注重从输入到输出、从旧知识到新知识、从个人准备到合作学习的自然过渡，以降低情感过滤，提高学习效率。

5. 以意义为中心推进教学，但又不忽视语言形式。在任务后对重要的语音、词汇和语法问题进行追踪整理，以提高学习者表达的准确性。

6. 尝试将教学评价引入教材，在每课的课后列出学生自评表，并在复习课中通过各种形式对学习者的语言行为表现进行评估，使教学评价更为全面。

7. 增加图片的功能性，以达到减轻学习者记忆负担、提高课堂教学互动性的目的。

希望您能喜欢我们的《体验汉语口语教程》，也希望您对本书提出批评和建议。本书的编写和出版得到了高等教育出版社国际汉语出版中心的大力支持和帮助，在此一并表示衷心的感谢！

编　者
2010年3月

编写说明及使用建议

　　《体验汉语口语教程3》是以满足生活需求为目的，以实用的交际任务为主线编写的口语教材。适合母语非汉语的零起点汉语学习者使用，在正规的语言课堂上，每周8课时，使用18周左右。也可用于不分课型的汉语短期班，每周两课左右，使用8到10周。

　　全书包括18个正课和3个复习课。书后附词语表和语言注释表。建议每课用6~8课时进行教学。"扩展活动"您可以根据情况灵活选用。每6课进行一次复习和总结。

　　每课前都列出了任务目标。"任务前"包括准备、词语、句子、情景几个部分。"任务中"包括各种以交际任务为主的课堂活动，不但有单人活动、双人活动、也有小组活动、全班活动等等。"任务后"包括语音、词汇、语法及口语格式的练习，以及可以灵活使用的扩展活动和课堂游戏等等。最后是总结与评价，在这一部分学生对在本课学习过程中的自我表现以及学习目标的掌握情况进行总结和自我评价。

　　复习课主要用于复习、整理和评价，部分内容也可以作为口语考试使用。

目标：每课前列出明确的学习目标，令学生有的放矢，更有兴趣地投入到学习中。

准备：复习和预习相结合，激活与学习目标相关的知识，为教学顺利进行做热身和准备。

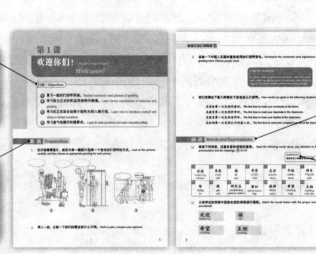

词语：包括生词和词语搭配练习。

给老师的提示：针对活动步骤和注意事项提出教学建议，方便(新)老师备课。

句子：帮助学生熟悉词语的用法，同时为他们完成本课目标任务，做好句子方面的准备。

给学生的提示：告诉学生某些要求或针对具体活动提出建议，方便学生顺利参与到活动中。

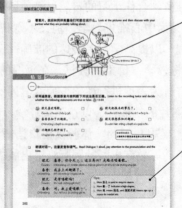

情景：包括3到4段以真实生活为场景的对话和读前听，读后说等课文练习，帮助学生熟悉课文内容。

语言注释：随文注释语言难点，帮助学生准确理解课文。

双人活动或小组活动：学生按要求交换真实信息，合作完成任务。

小词库：列出与交际任务相关的常用词语，方便学生边学边用。

参考句型：针对具体的交际活动列出相关句型，方便学生顺利完成任务。

替换练习等：巩固和整理本课的重要句型和常用语言格式。

游戏：以游戏的方式学习语言。

总结与评价：归纳、整理本课内容，让学生为自己的表现做出评价。

以图片为基础的活动：包括看图编故事、看图比较等。学生可以借助图片所提供的信息说句子或简单描述图片内容。

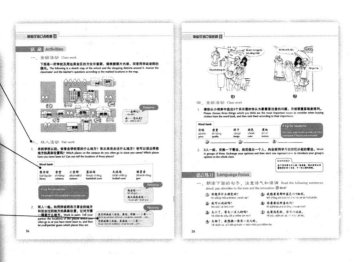

第1课

欢迎你们！ (Huānyíng nǐmen!)
Welcome!

目标 | Objectives

1. 复习一般的打招呼用语。Review commonly used phrases of greeting.
2. 学习较为正式的欢迎用语和问候语。Learn formal expressions of welcome and greeting.
3. 学习在正式场合自我介绍和为别人做介绍。Learn how to introduce yourself and others in formal occasions.
4. 学习客气地提问和提要求。Learn to raise questions and make requests politely.

准备 Preparation

1. 先仔细看看图片，然后为每一幅图片选择一个恰当的打招呼的方式。Look at the pictures carefully and then choose an appropriate greeting for each picture.

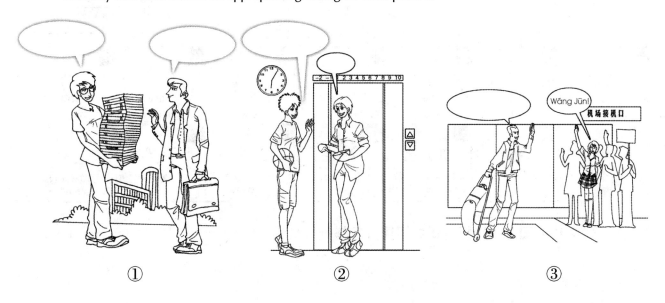

① ② ③

2. 两人一组，比较一下你们的看法有什么不同。Work in pairs, compare your opinions.

1

3. 总结一下中国人见面时通常使用的打招呼语句。Summarize the commonly used expressions of greeting when Chinese people meet.

A tip for students

In China, when acquaintances meet, they will greet each other by asking about something most likely to happen. It doesn't matter what answer they will get.

4. 你们觉得在下面几种情况下应该怎么打招呼。How would you greet in the following situations?

- 在宿舍第一次见到同屋时；The first time to meet your roommate at the dorm;
- 在教室第一次见到同学时；The first time to meet your classmate in the classroom;
- 在教室第一次见到老师时；The first time to meet your teacher in the classroom;
- 在机场第一次见到公司的客人时。The first time to meet your company's guests at the airport.

词语 Words and Expressions

❏ 朗读下列词语，注意发音和词语的意思。Read the following words aloud, pay attention to the pronunciation and the meanings. 🔘 01-01

给教师的提示
课前别忘了提醒学生预习词语。

1 欢迎 huānyíng welcome	2 自我 zìwǒ self	3 接 jiē meet	4 辛苦 xīnkǔ tired	5 左右 zuǒyòu about	6 午饭 wǔfàn lunch	7 停车 tíng chē park
8 场 chǎng lot	9 跟 gēn with	10 研究生 yánjiūshēng graduate student	11 帮忙 bāng máng help	12 旅游 lǚyóu travel	13 希望 xīwàng hope	14 互相 hùxiāng each other

❏ 从你学过的词语中选择合适的词语进行搭配。Match the words below with the proper words you learned.

欢迎
huānyíng

接
jiē

希望
xīwàng

互相
hùxiāng

句子 Sentences

□ **听录音，填词语。** Listen to the recording and fill in the blanks. 💿 01-02

1 同学们，_____你们！
Tóngxué men, _____ nǐmen!

2 自我_____一下，我叫王军。
Zìwǒ _____ yíxià, wǒ jiào Wáng Jūn.

3 大家路上_____了！
Dàjiā lùshang _____ le!

4 我们_____买一些东西。
Wǒmen _____ mǎi yìxiē dōngxi.

5 我可以问你一个_____吗？
Wǒ kěyǐ wèn nǐ yí ge _____ ma?

6 我是第一次来，想去的_____很多。
Wǒ shì dì yī cì lái, xiǎng qù de _____ hěn duō.

7 你能_____我吗？
Nǐ néng _____ wǒ ma?

8 我来介绍一下，这位是我的_____李伟。
Wǒ lái jièshào yíxià, zhè wèi shì wǒ de _____ Lǐ Wěi.

9 听说你想找_____学习的朋友。
Tīngshuō nǐ xiǎng zhǎo _____ xuéxí de péngyou.

10 _____你能帮助我。
_____ nǐ néng bāngzhù wǒ.

> **A tip for students**
>
> You may use *Pinyin* first if you have trouble with the Chinese characters.

□ **朗读下列句子。** Read the following sentences aloud.

1 同学们，欢迎你们！
Tóngxué men, huānyíng nǐmen!
Welcome, everybody!

2 自我介绍一下，我叫王军。
Zìwǒ jièshào yíxià, wǒ jiào Wáng Jūn.
Self-introduction, my name is Wang Jun.

3 大家路上辛苦了！
Dàjiā lùshang xīnkǔ le!
You must be tired after a long trip.

4 我们需要买一些东西。
Wǒmen xūyào mǎi yìxiē dōngxi.
We need to buy some stuff.

5 我可以问你一个问题吗？
Wǒ kěyǐ wèn nǐ yí ge wèntí ma?
May I ask you a question?

6 我是第一次来，想去的地方很多。
Wǒ shì dì yī cì lái, xiǎng qù de dìfang hěn duō.
It's my first time here. There are many places I want to travel.

7 你能帮助我吗？
Nǐ néng bāngzhù wǒ ma?
Can you help me?

8 我来介绍一下，这位是我的朋友李伟。
Wǒ lái jièshào yíxià, zhè wèi shì wǒ de péngyou Lǐ Wěi.
Allow me to introduce my friend Li Wei.

9 听说你想找互相学习的朋友。
Tīngshuō nǐ xiǎng zhǎo hùxiāng xuéxí de péngyou.
I heard that you wanted to find a friend to study with.

10 希望你能帮助我。
Xīwàng nǐ néng bāngzhù wǒ.
I hope you can help me.

> 给教师的提示
> 您可以采用各种方式操练句子，并纠正学生的发音。

3

❏ **看图片，然后和同伴商量他们可能在说什么。** Look at the pictures and discuss with your partner what they are probably talking about.

①

②

③

④

给教师的提示

您可以在学生完成后，再给出一些情景，对目标句举一反三。

情景 Situations

❏ **听两遍录音，并回答下列问题。** Listen to the recording twice and answer the following questions. 01-03

① 他们现在在哪儿？

Tāmen xiànzài zài nǎr?

Where are they now?

② 王军来做什么？

Wáng Jūn lái zuò shénme?

Why is Wang Jun here?

③ 王军见到大家时怎样介绍自己？

Wáng Jūn jiàn dào dàjiā shí zěnyàng jièshào zìjǐ?

How does Wang Jun introduce himself when he meets the students?

④ 大家问王军什么问题？

Dàjiā wèn Wáng Jūn shénme wèntí?

What questions do the students ask Wang Jun?

5 乔丹想买什么？他们什么时候去？

Qiáodān xiǎng mǎi shénme? Tāmen shénme shíhou qù?

What does Jordan want to buy? When will they go?

6 他们现在去哪儿？

Tāmen xiànzài qù nǎr?

Where are they going now?

❑ **朗读对话一，注意发音和语气。**Read Dialogue 1 aloud, pay attention to the pronunciation and the tone.

（在机场出口）

(zài jīchǎng chūkǒu)

王军： 同学们，欢迎你们！
Wáng Jūn: Tóngxué men, huānyíng nǐmen!

学生们： 你好！
Xuésheng men: Nǐ hǎo!

王军： 自我介绍一下[1]，我叫王军。
Wáng Jūn: Zìwǒ jièshào yíxià, Wǒ jiào Wáng Jūn.

是来接你们的[2]。
Shì lái jiē nǐmen de.

欧文： 王军你好！我叫欧文。很高兴认识你！
Ōuwén: Wáng Jūn nǐ hǎo! Wǒ jiào Ōuwén. Hěn gāoxìng rènshi nǐ!

乔丹： 你好王军！我是乔丹，她是朱莉。
Qiáodān: Nǐ hǎo Wáng Jūn! Wǒ shì Qiáodān, Tā shì Zhūlì.

王军： 你们好！大家路上辛苦了！
Wáng Jūn: Nǐmen hǎo! Dàjiā lùshang xīnkǔ le!

欧文： 咱们[3]学校远吗？
Ōuwén: Zánmen xuéxiào yuǎn ma?

王军： 不太远，半个小时就到了。
Wáng Jūn: Bú tài yuǎn, bàn ge xiǎoshí jiù dào le.

乔丹： 我们需要买一些东西。
Qiáodān: Wǒmen xūyào mǎi yìxiē dōngxi.

王军： 午饭以后，我带你们去。
Wáng Jūn: Wǔfàn yǐhòu, wǒ dài nǐmen qù.

朱莉： 现在咱们去哪儿？
Zhūlì: Xiànzài zánmen qù nǎr?

王军： 去停车场。请大家跟我走。
Wáng Jūn: Qù tíng chē chǎng. Qǐng dàjiā gēn wǒ zǒu.

朱莉： 好的。谢谢你！
Zhūlì: Hǎo de. Xièxie nǐ!

Tips:

1. 一下 is used after a verb to indicate a brief action. E.g. 我看一下。

2. 是 and 的 form the sentence structure of 是……的 which explains an action in an affirmative tone. 是来接你们的 is the description to the subject 我.

3. 咱们 indicates that the listeners are included. 我们 can either include the listeners or not.

(at the airport exit)

Wang Jun:	Welcome, everybody!
Students:	How do you do?
Wang Jun:	Self-introduction, my name is Wang Jun, I'm here to pick you up.
Irving:	How do you do, Wang Jun? I am Irving. Glad to meet you!
Jordan:	How do you do, Wang Jun? I am Jordan, and she is Julie.
Wang Jun:	How do you do? You must be tired after a long trip.
Irving:	Is our school far from here?
Wang Jun:	Not too far, half an hour's ride.
Jordan:	We need to buy some stuff.
Wang Jun:	I'll show you the place after lunch.
Julie:	Where are we going now?
Wang Jun:	To the parking lot. Follow me, please.
Julie:	Okay, thank you.

□ **说一说。** Say it.

1. 你出门旅行时，希望有人去机场接你吗？

   Nǐ chū mén lǚxíng shí, xīwàng yǒu rén qù jīchǎng jiē nǐ ma?

   Would you want somebody to pick you up at the airport when you travel to other places?

2. 你觉得坐飞机辛苦吗？为什么？

   Nǐ juéde zuò fēijī xīnkǔ ma? Wèi shénme?

   Do you think it is tiring to travel by air? Why?

   给教师的提示
学生熟悉对话内容后，您再
开始做这一题。

3. 你们国家离中国远吗？坐飞机需要多长时间？

   Nǐmen guójiā lí Zhōngguó yuǎn ma? Zuò fēijī xūyào duō cháng shíjiān?

   Is your country far from China? How long does it take to come here by air?

4. 如果刚到一个地方，你要买东西，需要别人带你去吗？

   Rúguǒ gāng dào yí ge dìfang, nǐ yào mǎi dōngxi, xūyào biérén dài nǐ qù ma?

   If you just arrive somewhere and want to buy some stuff, do you need someone to show you the way?

□ **听两遍录音，并回答下列问题。** Listen to the recording twice and answer the following questions. 🔊 01-04

1. 欧文想做什么？

   Ōuwén xiǎng zuò shénme?

   What does Irving want to do?

2. 王军是老师吗？

   Wáng Jūn shì lǎoshī ma?

   Is Wang Jun a teacher?

3. 王军和欧文他们一起旅游吗？

   Wáng Jūn hé Ōuwén tāmen yìqǐ lǚyóu ma?

   Will Wang Jun travel with Irving?

4. 欧文以前来过这里吗？

   Ōuwén yǐqián lái guo zhèlǐ ma?

   Has Irving been here before?

5. 王军能帮助欧文吗？

   Wáng Jūn néng bāngzhù Ōuwén ma?

   Can Wang Jun help Irving?

□ **朗读对话二，注意发音和语气。** Read Dialogue 2 aloud, pay attention to the pronunciation and the tone.

欧文： Ōuwén:	我可以问你一个问题吗？ Wǒ kěyǐ wèn nǐ yí ge wèntí ma?
王军： Wáng Jūn:	当然可以。 Dāngrán kěyǐ.
欧文： Ōuwén:	你是我们的汉语老师吗？ Nǐ shì wǒmen de Hànyǔ lǎoshī ma?

王军：	不是。我是学校的研究生，
Wáng Jūn:	Bù shì. Wǒ shì xuéxiào de yánjiūshēng,
	来帮忙[1]的[2]。
	lái bāng máng de.
欧文：	我们出去旅游的时候，你也
Ōuwén:	Wǒmen chūqu lǚyóu de shíhou, nǐ yě
	一起去吗？
	yìqǐ qù ma?
王军：	我没课的时候也可以去。
Wáng Jūn:	Wǒ méi kè de shíhou yě kěyǐ qù.
	你以前来过这里吗？
	Nǐ yǐqián lái guo zhèlǐ ma?
欧文：	我是第一次来，想去的地方很多。你能帮助我吗？
Ōuwén:	Wǒ shì dì yī cì lái, xiǎng qù de dìfang hěn duō. Nǐ néng bāngzhù wǒ ma?
王军：	没问题[3]。
Wáng Jūn:	Méi wèntí.
欧文：	非常感谢！
Ōuwén:	Fēicháng gǎnxiè!

Irving:	May I ask you a question?
Wang Jun:	Of course.
Irving:	Are you our Chinese teacher?
Wang Jun:	No. I am a graduate student and I'm here to help.
Irving:	Will you join us when we travel?
Wang Jun:	I can go if I don't have classes. Have you been here before?
Irving:	It's my first time here. There are many places I want to travel. Can you help me?
Wang Jun:	No problem.
Irving:	Thank you very much.

Tips:

1. Other components can be inserted in the middle of 帮忙, e.g. 帮我的忙. There isn't an expression 帮忙我.
2. Here 的 is used after the verb 来 to emphasize the aim of the action.
3. 没问题 indicates an affirmative answer without any problem.

❑ 和同伴一起，根据下面的提示复述对话二。Retell Dialogue 2 according to the given hints with your partner.

欧文想知道_____。王军告诉他自己_____，没课的时候_____。欧文是第一
Ōuwén xiǎng zhīdào .... Wáng Jūn gàosu tā zìjǐ ......, méi kè de shíhou .... Ōuwén shì dì yī
次来中国，_____。他希望_____，王军说_____
cì lái Zhōngguó, ... Tā xīwàng ......, Wáng Jūn shuō ......

❑ 听两遍录音，并回答下列问题。Listen to the recording twice and answer the following questions. 🔘 01-05

① 欧文想找什么样的朋友？为什么？
Ōuwén xiǎng zhǎo shénme yàng de péngyou? Wèi shénme?
What kind of friends does Irving want to make? Why?

② 王军给他介绍了谁？为什么？

Wáng Jūn gěi tā jièshào le shuí? Wèi shénme?

Who does Wang Jun introduce to him? Why?

③ 他们一个星期要学习几次？每次几个小时？

Tāmen yí ge xīngqī yào xuéxí jǐ cì? Měi cì jǐ ge xiǎoshí?

How many times should they study every week? How many hours each time?

④ 他们什么时候开始？

Tāmen shénme shíhou kāishǐ?

When will they start?

❑ **朗读对话三，注意发音和语气。** Read Dialogue 3 aloud, pay attention to the pronunciation and the tone.

王军:	我来介绍一下，这位是我的朋友李伟。
Wáng Jūn:	Wǒ lái jièshào yíxià, zhè wèi shì wǒ de péngyou Lǐ Wěi.
欧文:	你好！我叫欧文。
Ōuwén:	Nǐ hǎo! Wǒ jiào Ōuwén.
李伟:	你好，欧文。听说你想¹找互相学习的朋友。
Lǐ Wěi:	Nǐ hǎo, Ōuwén. Tīngshuō nǐ xiǎng zhǎo hùxiāng xuéxí de péngyou.
欧文:	是的。我下午没有课，想自己学习。
Ōuwén:	Shì de. Wǒ xiàwǔ méiyǒu kè, xiǎng zìjǐ xuéxí.
李伟:	王军已经告诉我了，我下午也没有课。
Lǐ Wěi:	Wáng Jūn yǐjīng gàosu wǒ le, wǒ xiàwǔ yě méiyǒu kè.
欧文:	那²太好了！希望你能帮助我。
Ōuwén:	Nà tài hǎo le! Xīwàng nǐ néng bāngzhù wǒ.
李伟:	我们互相学习吧。
Lǐ Wěi:	Wǒmen hùxiāng xuéxí ba.
欧文:	一个星期两次，一次两个
Ōuwén:	Yí ge xīngqī liǎng cì, yí cì liǎng ge
	小时可以吗？
	xiǎoshí kěyǐ ma?
李伟:	可以。什么时候开始？
Lǐ Wěi:	Kěyǐ. Shénme shíhou kāishǐ?
欧文:	明天开始怎么样？
Ōuwén:	Míngtiān kāishǐ zěnmeyàng?
李伟:	好的。
Lǐ Wěi:	Hǎo de.

Tip:
1. Here 想 means *intend, plan*.
2. Here 那 refers to the things mentioned above. 那 is usually used to continue the narration.

Wang Jun:	Allow me to introduce my friend Li Wei.
Irving:	How do you do? My name is Irving.
Li Wei:	How do you do, Irving? I heard that you wanted to find a friend to study with.
Irving:	Yes. I don't have classes in the afternoon and I want to study by myself.
Li Wei:	Wang Jun told me that. I don't have classes in the afternoon, either.
Irving:	That's great! I hope you can help me.
Li Wei:	We'll learn from each other.
Irving:	Twice a week, two hours per time. What do you say?
Li Wei:	Okay. When shall we start?
Irving:	How about tomorrow?
Li Wei:	Okay.

❑ **和同伴一起，根据下面的提示复述对话三。** Retell Dialogue 3 according to the given hints with your partner.

> 欧文是留学生，他下午_____，想_____。王军给欧文介绍_____。李伟
> Ōuwén shì liúxuéshēng, tā xiàwǔ ......, xiǎng ...... Wáng Jūn gěi Ōuwén jièshào .... Lǐ Wěi
> 是_____，他下午_____。他们_____。
> shì ......, tā xiàwǔ ...... Tāmen ......

❑ **朗读下面的短文，并模仿短文介绍自己。** Read the following passage aloud and then imitate the passage to introduce yourself. 🔘 01-06

> 大家好！我姓王，叫王军。我是山东 (Shandong Province) 人，今年23岁了，是研究
> 生，正在学习中国文学(literature)。我有很多朋友，大家一起学习，一起聊天儿，一
> 起运动，周末还一起去郊游(outing)。我每天都很快乐(happy)！
> Dàjiā hǎo! Wǒ xìng Wáng, jiào Wáng Jūn. Wǒ shì Shāndōngrén, jīnnián èrshísān suì le,
> shì yánjiūshēng, zhèngzài xuéxí Zhōngguó wénxué. Wǒ yǒu hěn duō péngyou, dàjiā yìqǐ xuéxí,
> yìqǐ liáo tiānr, yìqǐ yùndòng, zhōumò hái yìqǐ qù jiāoyóu. Wǒ měi tiān dōu hěn kuàilè!

> 给教师的提示
> 您可以根据学生情况，适当给出
> 几个新词，鼓励学生发挥。

活 动 Activities

一、小组活动 Group work

1. **想一想在下面几种情况下应该怎样介绍自己或别人以及怎样提问题。** Think how you would introduce yourself or others and ask questions in the following situations.

目的 Purpose	地点 Location	怎样介绍自己或朋友 How to introduce yourself or your friends	怎样提问题 How to ask questions
1. 找工作 zhǎo gōngzuò	一家公司的办公室 yì jiā gōngsī de bàngōngshì		
2. 找房子 zhǎo fángzi	一个中国人家门口 yí ge Zhōngguórén jiā ménkǒu		
3. 给同屋介绍自己的家人 gěi tóngwū jièshào zìjǐ de jiārén	自己的房间 zìjǐ de fángjiān		
4. 给老师介绍自己的朋友 gěi lǎoshī jièshào zìjǐ de péngyou	教室的门口 jiàoshì de ménkǒu		

2. 3人一组，先从上面的表格中选择一种情景准备一下。然后开始向你的同伴们介绍自己、家人或朋友，并询问你关心的问题。Work in groups of three, choose one situation in the form on the previous page and make preparations. Then introduce yourself, your family or your friends to your partners, and ask questions you are concerned.

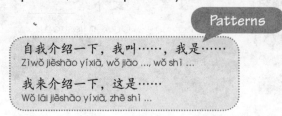

Patterns

自我介绍一下，我叫……，我是……
Zìwǒ jièshào yíxià, wǒ jiào ..., wǒ shì ...

我来介绍一下，这是……
Wǒ lái jièshào yíxià, zhè shì ...

A tip for students

Students can play the other people to help their partners finish the task.

二、全班活动 Class work

1. 听老师介绍这学期的活动和安排。Listen to your teacher's introduction of the activities and arrangements for this semester.

给教师的提示
您可以先介绍一些情况，引导学生在某一个范围里提要求。

2. 先利用下面的表格准备一下，然后向老师提一个问题或一个请求。Make preparations according to the following form, and then ask your teacher a question or make a request.

你的问题 Your question	如何向老师提问 How to raise a question to your teacher
不知道有没有旅游 bù zhīdào yǒu méiyǒu lǚyóu	老师，我想知道这个学期我们有没有旅游？ Lǎoshī, wǒ xiǎng zhīdào zhège xuéqī wǒmen yǒu méiyǒu lǚyóu?

三、小组活动 Group work

3人一组。你的朋友来中国旅行，他/她有在中国留学的打算，你带他/她去办公室咨询。先商量表演的内容，并确定咨询的问题和表演时说的话。然后给大家表演。Work in groups of three. Your friend is on his/her trip in China. He/She plans to study in China and you take him/her to the office to consult. Discuss with your partners what you are going to perform and decide what you are going to ask and the lines you are going to say. Then perform in front of the class.

Patterns

请问，……   我希望了解一下……
Qǐngwèn, ...   Wǒ xīwàng liǎojiě yíxià ...

四、双人活动 Pair work

刚开学，班里要组织一个活动，让大家联络感情。A new semester begins. An activity is going to be held for the students to get to know each other better.

1. 想一想：你希望有什么样的活动？你有什么要求？ Think what kind of activities you like and what your requirements are.

你喜欢的活动 Activities you like	你的要求 Your requirements

2. 两人一组，策划一个有意思的活动。 Work in pairs and plan an interesting activity.

> **A tip for students**
>
> You should discuss where and how the activity is going to be held and what to prepare.

3. 分别向全班同学介绍你们的活动计划，然后回答其他同学的提问。 Introduce your plans to the whole class group by group, and then answer their questions.

Patterns

我来介绍一下……
Wǒ lái jièshào yíxià ……

我想知道……
Wǒ xiǎng zhīdào ……

我可以问你一个问题吗？
Wǒ kěyǐ wèn nǐ yí ge wèntí ma?

> 给教师的提示
>
> 您可以让做得较好的小组来组织这次活动。

语言练习 Language Focus

一、朗读下列句子，注意语气和语调 Read the following sentences aloud, pay attention to the tone and the intonation 🔘 01-07

① 你们好！大家路上辛苦了！
Nǐmen hǎo! Dàjiā lùshang xīnkǔ le!

② 咱们学校远吗？
Zánmen xuéxiào yuǎn ma?

③ 咱们现在去哪儿？
Zánmen xiànzài qù nǎr?

④ 我可以问你一个问题吗？
Wǒ kěyǐ wèn nǐ yí ge wèntí ma?

⑤ 你以前来过这里吗？
Nǐ yǐqián lái guo zhèlǐ ma?

⑥ 你能帮助我吗？
Nǐ néng bāngzhù wǒ ma?

⑦ 那太好了！希望你能帮助我。
Nà tài hǎo le! Xīwàng nǐ néng bāngzhù wǒ.

⑧ 什么时候开始？
Shénme shíhou kāishǐ?

二、替换练习 Substitution exercises

① 咱们<u>学校远吗</u>？
Zánmen xuéxiào yuǎn ma?

　老师姓什么
　lǎoshī xìng shénme

　今天去哪儿
　jīntiān qù nǎr

　一起去吧
　yìqǐ qù ba

② 我是学校的研究生，来帮忙的。
Wǒ shì xuéxiào de yánjiūshēng, lái bāng máng de.

　找老师
　zhǎo lǎoshī

　请假
　qǐng jià

　接朋友
　jiē péngyou

③ 听说<u>你想</u>　　<u>找互相学习的朋友</u>。
Tīngshuō nǐ xiǎng zhǎo hùxiāng xuéxí de péngyou.

　你　　　　　去旅行
　nǐ　　　　　qù lǚxíng

　你的朋友　　来中国
　nǐ de péngyou　lái Zhōngguó

　她　　　　　买一件新大衣
　tā　　　　　mǎi yí jiàn xīn dàyī

④ 明天开始怎么样？
Míngtiān kāishǐ zěnmeyàng?

　早一点儿去
　Zǎo yìdiǎnr qù

　今天吃饺子
　Jīntiān chī jiǎozi

　六点出发
　Liù diǎn chūfā

三、用"帮助"和"帮……忙"填空 Fill in the blanks with 帮助 and 帮……忙

① 请你_____一个_____，可以吗？
Qǐng nǐ_____yí ge_____, kěyǐ ma?

② 我的朋友经常_____我。
Wǒ de péngyou jīngcháng_____wǒ.

③ 你_____了我一个大_____，太谢谢你了！
Nǐ_____le wǒ yí ge dà_____, tài xièxie nǐ le!

④ 爸爸不_____妈妈的_____，妈妈生气了。
Bàba bù_____māma de_____, māma shēng qì le.

⑤ _____别人是一件很快乐的事情。
_____biérén shì yí jiàn hěn kuàilè de shìqing.

四、用 "一下" 完成下面的对话 Complete the following dialogues with 一下

1 A：这是新同学吗?
Zhè shì xīn tóngxué ma?

B：（介绍）
(jièshào)

2 A：这个句子是什么意思?
Zhège jùzi shì shénme yìsi?

B：（看）
(kàn)

3 A：这个菜怎么样?
Zhège cài zěnmeyàng?

B：（尝）
(cháng)

4 A：什么时候放假?
Shénme shíhou fàng jià?

B：（问）
(wèn)

扩展活动 Extended Activities

一、看图比较 Look and compare

两人分别看着图A和图B（见第14页），向同伴描述图片的内容，听的人应该说出自己的图片和对方不一样的地方。Two students look at picture A and picture B (on Page 14) respectively. Describe to your partner what you see. The listener should tell the differences between the two pictures.

文化公园

Ⓐ

A tip for students

There are many differences between the two pictures. Do not look at your partner's picture until you have finished talking about the pictures.

二、游戏：口耳相传 Game: from mouth to ear

将所有同学分成两个组。老师悄悄地把一个电话号码或是一句话告诉每个组的第一个同学，然后这个同学悄悄把自己听到的告诉下一个人，下一个人再告诉后面的一个人，让最后一个人说出自己听到的，看看哪个组最后说的和老师一开始说的一样。Divide all the students into two groups. The teacher secretly tells the first student of each group a telephone number or a sentence. And then the student tells what he/she hears to the next student, and so on. The last student should say what he/she hears. See which group matches what the teacher says.

B

总结与评价 Summary and Evaluation

一、你知道一般怎样开始介绍自己和别人吗？你学会了哪些提问题和提要求时常说的话？利用下面的表格复习一下，有机会别忘了试一试。Do you know how to begin to introduce yourself or others? What expressions have you learned to ask questions and make requests? Review what you've learned according to the following form and try to use it if you have a chance.

情况 Situations	可以说的话 What to say
向初次 (the first time) 见面的人介绍自己 Xiàng chū cì jiàn miàn de rén jièshào zìjǐ	
向别人介绍自己的朋友或老师 Xiàng biérén jièshào zìjǐ de péngyou huò lǎoshī	
向老师提问题 Xiàng lǎoshī tí wèntí	
向陌生人 (stranger) 提问题 Xiàng mòshēng rén tí wèntí	
向老师提要求 (make requests) Xiàng lǎoshī tí yāoqiú	
向同学提要求 Xiàng tóngxué tí yāoqiú	
向陌生人提要求 Xiàng mòshēng rén tí yāoqiú	

二、完成任务的自我表现评价。Self-evaluation.

Are you satisfied with your own performance?

Very good　　good　　not so good　　bad

Your own evaluation

A　　B　　C　　Your willingness to state your opinions

A　　B　　C　　Your willingness to raise your questions

A　　B　　C　　Your enthusiasm to gather useful information

A　　B　　C　　Your willingness to speak Chinese in class

第2课

太小了，有大一点儿的吗？

(Tài xiǎo le, yǒu dà yìdiǎnr de ma?)

It's Too Small, Do You Have a Bigger One?

目标 | Objectives

1. 复习购物和讲价时的常用语句。Review the commonly used expressions of shopping and bargaining.

2. 学习谈论和询问商品的颜色和样式。Learn to discuss and ask the color and the design of commodity.

3. 学习购买服装或商品时提出要求。Learn to make requests when buying clothes or other things.

准备 Preparation

1. 2-3人一组，先看看下面图中的水果和价钱，然后开始去别的组购买你们没有的水果，最后哪个组买到的水果种类最多，哪个组获胜。Work in groups of two or three. Look at the fruits and prices in the following pictures, and then purchase the fruits you don't have from other groups. The group owning the most kinds of fruits wins.

> 给教师的提示
>
> 发给每组复印好的人民币28元8角钱。并为每一组准备好卡片，卡片上写上两种水果，并标明斤数。每组的水果要有所不同。

大苹果（5块/斤）
dà píngguǒ (wǔ kuài/jīn)

小苹果（3块/斤）
xiǎo píngguǒ (sān kuài/jīn)

大桃子（2块/斤）
dà táozi (liǎng kuài/jīn)

小桃子（5块3斤）
xiǎo táozi (wǔ kuài sān jīn)

香蕉（2.5块/斤）
xiāngjiāo (liǎng kuài wǔ/jīn)

梨（5块3斤）
lí (wǔ kuài sān jīn)

橘子（5块4斤）
júzi (wǔ kuài sì jīn)

西瓜（2.4块/斤）
xīguā (liǎng kuài sì/jīn)

2. 朗读下面表格中的句子，注意发音和语气。Read the following sentences in the form aloud, pay attention to the pronunciation and the tone.

	买东西时说的 What to say when buying things		讲价时说的 What to say when bargaining
1	来两斤梨。 Lái liǎng jīn lí.	1	便宜一点儿吧！ Piányi yìdiǎnr ba!
2	来两斤苹果。要大的。 Lái liǎng jīn píngguǒ. Yào dà de.	2	太贵了，便宜一点儿行吗？ Tài guì le, piányi yìdiǎnr xíng ma?
3	我买五斤小桃子。 Wǒ mǎi wǔ jīn xiǎo táozi.	3	便宜点儿可以吗？ Piányi diǎnr kěyǐ ma?
4	我要三斤橘子，一个西瓜。 Wǒ yào sān jīn júzi, yí ge xīguā.	4	一块五怎么样？ Yí kuài wǔ zěnmeyàng?
5	来几个苹果，要三块钱一斤的。 Lái jǐ ge píngguǒ, yào sān kuài qián yì jīn de.	5	两块行吗？/可以吗？ Liǎng kuài xíng ma? / kěyǐ ma?

给教师的提示
您可以利用这些句子提醒学生注意他们在完成上面的任务时出现的问题。

3. 你能说出各种水果的颜色吗？和同伴一起试着说一说。小词库里的颜色词可以帮助你。Can you tell the colors of the fruits? Have a try with your partner. The words in the word bank may help you.

Word bank

| 红
hóng
red | 黄
huáng
yellow | 绿
lǜ
green | 白
bái
white |

词语 Words and Expressions

□ 朗读下列词语，注意发音和词语的意思。Read the following words aloud, pay attention to the pronunciation and the meanings. 02-01

给教师的提示
您别忘了提醒学生课前预习词语。

1 （那）边 (nà) biān there	2 袜子 wàzi socks	3 白色 báisè white	4 深 shēn deep	5 色 sè color	6 倒是 dào shì but	7 摊主 tānzhǔ seller
8 双 shuāng pair	9 蓝 lán blue	10 T恤衫 T-xù shān T-shirt	11 售货员 shòuhuòyuán shop assistant	12 袖 xiù sleeve	13 号 hào size	14 试衣间 shì yī jiān fitting room
15 裤子 kùzi pants	16 抱歉 bàoqiàn sorry	17 牛仔裤 niúzǎikù jeans	18 浅 qiǎn light			

□ 根据图片内容，从你学过的词语中选择词语回答问题。Choose the proper words you learned to answer the questions according to the following picture.

1 这个人穿着什么衣服和裤子？

Zhège rén chuān zhe shénme yīfu hé kùzi?

What jacket and pants is this man wearing?

2 他穿的是什么袜子和鞋？

Tā chuān de shì shénme wàzi hé xié?

What socks and shoes is he wearing?

3 他旁边的人是谁？

Tā pángbiān de rén shì shuí?

Who is the woman beside him?

句子 Sentences

□ 听录音，填词语。Listen to the recording and fill in the blanks. 💿 02-02

1 你想买什么_____的？

Nǐ xiǎng mǎi shénme____de?

2 请问这种_____卖？

Qǐngwèn zhè zhǒng____mǎi?

3 我想看看那件_____的T恤衫。

Wǒ xiǎng kànkan nà jiàn____de T-xù shān.

4 要长袖的还是_____的？

Yào cháng xiù de háishi____de?

5 我可以_____吗？

Wǒ kěyǐ____ma?

6 您穿多大_____的？

Nín chuān duō dà____de?

7 太小了，有大_____的吗？

Tài xiǎo le, yǒu dà____de ma?

8 太_____了，我想换一条长一点儿的。

Tài____le, wǒ xiǎng huàn yì tiáo cháng yìdiǎnr de.

9 我不喜欢那种_____。

Wǒ bù xǐhuan nà zhǒng____.

> **A tip for students**
>
> You may use *Pinyin* first if you have trouble with the Chinese characters.

□ 朗读下列句子。Read the following sentences aloud.

1 你想买什么颜色的？

Nǐ xiǎng mǎi shénme yánsè de?

What color do you want?

2 请问这种怎么卖？

Qǐngwèn zhè zhǒng zěnme mài?

How much is this kind?

3 我想看看那件蓝色的T恤衫。

Wǒ xiǎng kànkan nà jiàn lán sè de T-xù shān.

I want to have a look at that blue T-shirt.

4 要长袖的还是短袖的？

Yào cháng xiù de háishi duǎn xiù de?

The long-sleeve one or short-sleeve one?

⑤ 我可以试试吗？

Wǒ kěyǐ shìshi ma?

May I have a try?

⑥ 您穿多大号的？

Nín chuān duō dà hào de?

What's your size?

⑦ 太小了，有大一点儿的吗？

Tài xiǎo le, yǒu dà yìdiǎnr de ma?

It's too small. Do you have a bigger one?

⑧ 太短了，我想换一条长一点儿的。

Tài duǎn le, wǒ xiǎng huàn yī tiáo cháng yìdiǎnr de.

They're too short, and I want to change for longer ones.

⑨ 我不喜欢那种样子。

Wǒ bù xǐhuan nà zhǒng yàngzi.

I don't like that kind.

给教师的提示

您可以采用各种方式操练句子，并纠正学生的发音。

❑ **看图片，然后和同伴商量他们可能在说什么。** Look at the pictures and discuss with your partner what they are probably talking about.

① ② ③ ④

情景 Situations

❑ **听两遍录音，并回答下列问题。** Listen to the recording twice and answer the following questions. 🔘 02-03

① 欧文想买什么？

Ōuwén xiǎng mǎi shénme?

What does Irving want to buy?

② 他喜欢什么颜色的？

Tā xǐhuan shénme yánsè de?

What color does he like?

③ 他的朋友觉得白色的好吗？为什么？

Tā de péngyou juéde báisè de hǎo ma? Wèi shénme?

Does his friend like the white ones? Why?

④ 欧文买了什么颜色的？为什么？

Ōuwén mǎi le shénme yánsè de? Wèi shénme?

What color does Irving choose? Why?

⑤ 他买了多少？为什么？

Tā mǎi le duōshao? Wèi shénme?

How many does he buy? Why?

❏ **朗读对话一，注意发音和语气。** Read Dialogue 1 aloud, pay attention to the pronunciation and the tone.

（在小商品市场）
(zài xiǎoshāngpǐn shìchǎng)

李红： 欧文你看，那¹边有袜子。
Lǐ Hóng： Ōuwén nǐ kàn, nà biān yǒu wàzi.

欧文： 我正好要买袜子，咱们过去
Ōuwén： Wǒ zhènghǎo yào mǎi wàzi, zánmen guòqu

看看²。
kànkan.

李红： 这么多样子！你想买什么
Lǐ Hóng： Zhème duō yàngzi! Nǐ xiǎng mǎi shénme

颜色的³？
yánsè de?

欧文： 我喜欢白色的。
Ōuwén： Wǒ xǐhuan báisè de.

李红： 白的很漂亮，可是容易脏，脏了
Lǐ Hóng： Bái de hěn piàoliang, kěshì róngyì zāng, zāng le

以后不好⁴洗。
yǐhòu bù hǎo xǐ.

欧文： 我觉得深色的袜子穿运动鞋不好看。
Ōuwén： Wǒ juéde shēn sè de wàzi chuān yùndòng xié bù hǎo kàn.

李红： 那倒是⁵。请问这¹种怎么卖？
Lǐ Hóng： Nà dào shì. Qǐngwèn zhè zhǒng zěnme mài?

摊主： 10块钱3双。
Tānzhǔ： Shí kuài qián sān shuāng.

欧文： 我觉得这种不错，要6双。
Ōuwén： Wǒ juéde zhè zhǒng bùcuò, yào liù shuāng.

摊主： 好。要什么颜色的？
Tānzhǔ： Hǎo. Yào shénme yánsè de?

李红： 都要白色的。
Lǐ Hóng： Dōu yào báisè de.

(in a market)

Li Hong: Look, Irving, there are socks.
Irving: I need some socks. Let's go and have a look.
Li Hong: So many kinds! What color do you want?
Irving: I want white.
Li Hong: White looks good, but it gets dirty easily and is difficult to wash.
Irving: I don't think dark socks will go with sports shoes.
Li Hong: That's right. How much is this kind?
Seller: 10 yuan for three pairs.
Irving: I think I'll take this kind. 6 pairs.
Seller: Okay. What color?
Li Hong: White.

Tips:

1. 这 and 那 in spoken Chinese can be said as "zhèi" and "nèi".

2. Reduplicative form of a monosyllabic verb usually indicates a short-time or few-times continuance of an action. The second character of the reduplicative form is a neutral tone.

3. Here 什么颜色的 means 什么颜色的袜子. The word 袜子 is omitted because it is above-mentioned. The latter 白色的 and 白的 are used in the same way.

4. Here 好 means *easy*. 不好洗 means *it is difficult to wash*.

5. It means that I agree to your point despite having a different opinion.

❑ **说一说**。Say it.

① 你喜欢白色的袜子吗？为什么？

Nǐ xǐhuan báisè de wàzi ma? Wèi shénme?

Do you like white socks? Why?

② 白色的东西有什么问题？

Báisè de dōngxi yǒu shénme wèntí?

What is the matter with white stuff?

③ 10块钱3双的袜子你会买吗？为什么？

Shí kuài qián sān shuāng de wàzi nǐ huì mǎi ma? Wèi shénme?

Would you buy three pairs of socks for 10 yuan? Why?

④ 你知道在什么地方可以买到便宜的东西吗？

Nǐ zhīdào zài shénme dìfang kěyǐ mǎi dào piányi de dōngxi ma?

Do you know where to buy some inexpensive stuff?

给教师的提示
学生熟悉对话内容后，您再开始做这一题。

❑ **听两遍录音，并回答下列问题**。Listen to the recording twice and answer the following questions. 02-04

① 玛莎想买什么？

Mǎshā xiǎng mǎi shénme?

What does Masha want to buy?

② 她喜欢什么颜色的？

Tā xǐhuan shénme yánsè de?

What color does she like?

③ 她要买什么样子的？

Tā yào mǎi shénme yàngzi de?

What design does she like?

④ 她穿中号的合适吗？

Tā chuān zhōng hào de héshì ma?

Does medium size fit her?

❑ **朗读对话二，注意发音和语气**。Read Dialogue 2 aloud, pay attention to the pronunciation and the tone.

（在商场）
(zài shāngchǎng)

玛莎： 我想看看那件
Mǎshā： Wǒ xiǎng kànkan nà jiàn

蓝色的T恤衫。
lán sè de T-xù shān.

售货员： 要长袖的还是短袖的？
Shòuhuòyuán： Yào cháng xiù de háishi duǎn xiù de?

玛莎： 长袖的。可以试试吗？
Mǎshā： Cháng xiù de. Kěyǐ shìshi ma?

(in a shopping mall)

Masha:	I want to have a look at that blue T-shirt.
Shop assistant:	The long-sleeve one or short-sleeve one?
Masha:	The long-sleeve one. May I have a try?
Shop assistant:	Certainly. What's your size?
Masha:	Medium.
Shop assistant:	Okay. The fitting room is over there.
Masha:	It's too small. Do you have a bigger one?
Shop assistant:	Yes. You can try the large size.
Masha:	This one fits.

21

售货员: Shòuhuòyuán:	可以。您穿多¹大号的? Kěyǐ. Nín chuān duō dà hào de?
玛莎: Mǎshā:	中号。 Zhōng hào.
售货员: Shòuhuòyuán:	好的。试衣间在这边。 Hǎo de. Shì yī jiān zài zhè biān.
玛莎: Mǎshā:	太小了,有大一点儿²的吗? Tài xiǎo le, yǒu dà yìdiǎnr de ma?
售货员: Shòuhuòyuán:	有,您试试大号的吧³。 Yǒu, nín shìshi dà hào de ba.
玛莎: Mǎshā:	这件很合适。 Zhè jiàn hěn héshì.

Tips:

1. Here 多 is an adverb, which is used to ask degree or amount in interrogative sentences, e.g. 多长, 多高, etc.
2. This phrase can be used after an adjective or a verb to indicate a limited degree or amount. E.g. 吃一点儿, 多一点儿, 快一点儿, etc.
3. 吧 is used at the end of an imperative sentence to make the tone more polite.

❑ **根据对话二的内容和同伴对话。** Talk with your partner according to Dialogue 2.

怎么问 Ask	怎么说 Answer
·	·可以。 Kěyǐ.
·你穿多大号的? Nǐ chuān duō dà hào de?	·
·	·有,您试试大号的吧。 Yǒu, nín shìshi dà hào de ba.
·合适吗? Héshì ma?	·

❑ **听两遍录音,并回答下列问题。** Listen to the recording twice and answer the following questions. 02-05

1 欧文昨天买了什么?
Ōuwén zuótiān mǎi le shénme?
What did Irving buy yesterday?

2 今天他为什么又来了?
Jīntiān tā wèi shénme yòu lái le?
Why is he here again today?

3 他的问题解决了吗?为什么?
Tā de wèntí jiějué le ma? Wèi shénme?
Is his problem solved? Why?

4 他喜欢深颜色的还是浅颜色的?
Tā xǐhuan shēn yánsè de háishi qiǎn yánsè de?
Does he prefer the dark color or the light color?

❏ **朗读对话三，注意发音和语气。** Read Dialogue 3 aloud, pay attention to the pronunciation and the tone.

（在服装店）
(zài fúzhuāng diàn)

欧文： 这是我昨天买的裤子。
Ōuwén： Zhè shì wǒ zuótiān mǎi de kùzi.

售货员： 怎么了？有问题吗？
Shòuhuòyuán： Zěnme le? Yǒu wèntí ma?

欧文： 太短了，我想换一条
Ōuwén： Tài duǎn le, wǒ xiǎng huàn yì tiáo

长一点儿的。
cháng yìdiǎnr de.

售货员： 很抱歉，这种样子的
Shòuhuòyuán： Hěn bàoqiàn, zhè zhǒng yàngzi de

没有更长的了。
méiyǒu gèng cháng de le.

欧文： 哪一种有长的？
Ōuwén： Nǎ yì zhǒng yǒu cháng de?

售货员： 那种牛仔裤有。
Shòuhuòyuán： Nà zhǒng niúzǎikù yǒu.

欧文： 可是我不喜欢那种样子。
Ōuwén： Kěshì wǒ bù xǐhuan nà zhǒng yàngzi.

售货员： 你看看这种喜欢吗？
Shòuhuòyuán： Nǐ kànkan zhè zhǒng xǐhuan ma?

欧文： 这种不错，可是颜色太深了。
Ōuwén： Zhè zhǒng búcuò, kěshì yánsè tài shēn le.

售货员： 也有浅色的，你可以试试。
Shòuhuòyuán： Yě yǒu qiǎnsè de, nǐ kěyǐ shìshi.

欧文： 好吧，我试试。
Ōuwén： Hǎo ba, wǒ shìshi.

(in a clothing shop)

Irving: These are the pants I bought yesterday.

Seller: What's wrong?

Irving: They're too short, and I want to change for longer ones.

Seller: I am sorry, but there aren't any longer ones in this design.

Irving: In which design are there longer ones?

Seller: That kind of jeans.

Irving: But I don't like that kind.

Seller: Do you like this kind?

Irving: It's good, but the color's too dark.

Seller: There are light ones. You may have a try.

Irving: Okay. I'll have a try.

Tip:
1. Here 怎么了 is used to ask what is wrong with the pants.

❏ **和同伴一起，根据下面的提示复述对话三。** Retell Dialogue 3 according to the given hints with your partner.

昨天欧文_____，但是_____，他想_____，今天_____，
Zuótiān Ōuwén..., dànshì..., tā xiǎng..., jīntiān......,

售货员告诉他_____，_____，可是欧文不喜欢_____。售货员又拿出
shòuhuòyuán gàosu tā..., ..., kěshì Ōuwén bù xǐhuan.... Shòuhuòyuán yòu náchū

一种裤子，欧文_____，_____。
yì zhǒng kùzi, Ōuwén......,......

☐ 朗读下面的短文，并模仿短文说说自己。Read the following passage aloud and then imitate the passage to introduce yourself. 🔊 02-06

我喜欢黑色、白色和蓝色，我觉得自己穿白色的衣服最漂亮。我哥喜欢鲜艳(bright)的颜色，他经常穿红色的T恤衫，配(with)白色或者蓝色的牛仔裤，再戴(wear)上深色的太阳镜(sunglasses)，真的很帅(handsome)。今年我过生日的时候，他也给我买了一件红色的衬衫，可是我觉得我穿不太合适。你喜欢什么颜色？

Wǒ xǐhuan hēi sè、báisè hé lán sè, wǒ juéde zìjǐ chuān báisè de yīfu zuì piàoliang. Wǒ gē xǐhuan xiānyàn de yánsè, tā jīngcháng chuān hóngsè de T-xù shān, pēi báisè huòzhě lán sè de niúzǎikù, zài dài shang shēn sè de tàiyángjìng, zhēn de hěn shuài. Jīnnián wǒ guò shēngrì de shíhou, tā yě gěi wǒ mǎi le yí jiàn hóngsè de chènshān, kěshì wǒ juéde wǒ chuān bù tài héshì. Nǐ xǐhuan shénme yánsè?

活动 Activities

一、双人活动 Pair work

你知道图片上的东西用汉语怎么说吗？问问你的同伴，看看他/她知道多少。Do you know how to say the things in the pictures in Chinese? Ask your partner and see how many he/she knows.

Word bank

领带	毛衣	裙子	西服	帽子	羽绒服	拖鞋	皮鞋	衬衫	运动衣
lǐngdài	máoyī	qúnzi	xīfú	màozi	yǔróng fú	tuōxié	pí xié	chènshān	yùndòng yī
tie	sweater	skirt	suit	hat	feather jacket	slippers	leather shoes	shirt	sportswear

A tip for students

The words in the word bank may help you.

二、小组活动 Group work

1. 3人一组。看看今天大家都穿了什么样的衣服。有没有你们喜欢的颜色和样子？简单说说为什么？ Work in groups of three. Find out what everybody wears today. Are there colors and designs that you're fond of? Briefly explain why.

Word bank

黑	灰	驼	棕	黄	绿	粉	紫
hēi	huī	tuó	zōng	huáng	lǜ	fěn	zǐ
black	grey	light tan	brown	yellow	green	pink	purple

> **A tip for students**
>
> You can ask your teacher if you can't say.

2. 如果你现在就在服装店里，想买班里某一个同学穿的那件衣服，先想想应该怎么跟售货员说，然后和同伴一起试一试。 Suppose you are now in a clothes shop and you want to buy the clothes you just mentioned. Think what you are going to say to the shop assistant, and then have a try with the owner of the clothes.

> **A tip for students**
>
> You may make requests in colors and designs to the "shop assistant".

三、讨论图片故事 Discuss the cartoon story

1. 先看看下面图片中的几个人在做什么，然后告诉同伴你发现的问题，比较一下你们的看法一样不一样。 Look at the pictures below and find out what the people might be doing, and then tell your partner the problems you find to see whether you share the same idea.

A1

A2

B1   B2

四、全班活动 Class work

1. 请你从小词库中选出3个买衣服时你认为最需要注意的问题，并按照重要程度排列。
Please choose three things which you think are the most important issues to consider when buying clothes from the word bank, and then rank them according to their importance.

Word bank				
价钱	质量	样子	颜色	质地
jiàqián	zhìliàng	yàngzi	yánsè	zhìdì
price	quality	design	color	texture

A tip for students

You can add some words to the word bank if they're not included.

① _____ ② _____ ③ _____

2. 3人一组，交换一下看法，然后选出一个人，向全班同学介绍你们小组的看法。Work in groups of three. Exchange your opinions and then elect one representative to introduce your group's opinion to the whole class.

给教师的提示
这个活动需要学生做一些准备，所以您可以布置给学生课下准备，下一次上课时再做。

语言练习 Language Focus

一、朗读下面的句子，注意语气和语调 Read the following sentences aloud, pay attention to the tone and the intonation 🔘 02-07

① 你想买什么颜色的？
Nǐ xiǎng mǎi shénme yánsè de?

② 我可以试试吗？
Wǒ kěyǐ shìshi ma?

③ 太小了，有大一点儿的吗？
Tài xiǎo le, yǒu dà yìdiǎnr de ma?

④ 太短了，我想换一条长一点儿的。
Tài duǎn le, wǒ xiǎng huàn yì tiáo cháng yìdiǎnr de.

⑤ 我想看看那件蓝色的T恤衫。
Wǒ xiǎng kànkan nà jiàn lán sè de T-xù shān.

⑥ 你看看这种喜欢吗？
Nǐ kànkan zhè zhǒng xǐhuan ma?

⑦ 也有浅色的，你可以试试。
Yě yǒu qiǎn sè de, nǐ kěyǐ shìshi.

二、替换练习 Substitution exercises

① 你想买什么<u>颜色</u>的？
Nǐ xiǎng mǎi shénme yánsè de?

样子
yàngzi

款式
kuǎnshì

质地 (texture)
zhìdì

② 我想看看那<u>件</u><u>蓝色</u>的<u>T恤衫</u>。
Wǒ xiǎng kànkan nà jiàn lánsè de T-xù shān.

条　　裤子
tiáo　　kùzi

件　　毛衣
jiàn　　máoyī

副　　手套 (glove)
fù　　shǒutào

③ 要<u>长袖</u>的还是　<u>短袖</u>的？
Yào chángxiù de háishi duǎnxiù de?

深色　　浅色
shēn sè　　qiǎn sè

大　　小
dà　　xiǎo

圆领 (round collar)　尖领 (peaked collar)
yuán lǐng　　jiān lǐng

④ <u>太小</u>了，　有<u>大</u>一点儿的吗？
Tài xiǎo le, yǒu dà yìdiǎnr de ma?

短　　长
duǎn　　cháng

肥 (loose-fitting)　瘦 (tight)
féi　　shòu

⑤ 我不喜欢那个<u>样子</u>。
Wǒ bù xǐhuan nàge yàngzi.

颜色
yánsè

教室
jiàoshì

手机 (cell phone)
shǒujī

三、填量词 Fill in the blanks with proper measure words

条　件　套　双　本　个　支　瓶　串　斤
tiáo jiàn tào shuāng běn gè zhī píng chuān jīn

- 一（　）衣服　　一（　）裤子　　一（　）袜子　　一（　）西服
  yī　yīfu　　yī　kùzi　　yī　wàzi　　yī　xīfú
- 一（　）铅笔　　一（　）本子　　一（　）书　　一（　）手机
  yī　qiānbǐ　　yī　běnzi　　yī　shū　　yī　shǒujī
- 一（　）苹果　　一（　）葡萄　　一（　）面包　　一（　）啤酒
  yī　píngguǒ　　yī　pútáo　　yī　miànbāo　　yī　píjiǔ

四、模仿例句，用"那倒是"和同伴对话 Follow the example and make dialogues with 那倒是

Example:　A: 这种苹果太贵了。
　　　　　Zhè zhǒng píngguǒ tài guì le.

B: 可是非常好吃。
　　Kěshì fēicháng hǎo chī.

C: 那倒是。
　　Nà dào shì.

五、用"太……了"回答问题 Answer the following questions with 太……了

1 今天热吗？
　　Jīntiān rè ma?

2 那个房间怎么样？
　　Nàge fángjiān zěnmeyàng?

3 中国的水果贵吗？
　　Zhōngguó de shuǐguǒ guì ma?

4 美国远吗？
　　Měiguó yuǎn ma?

5 中国菜好吃吗？
　　Zhōngguó cài hǎo chī ma?

扩展活动　Extended Activities

一、看图比较　Look and compare

两人分别看着图A和图B（见第29页），向同伴描述图片的内容，听的人应该说出自己的图片和对方不一样的地方。Two students look at picture A and picture B (on Page 29) respectively. Describe to your partner what you see. The listener should tell the differences between the two pictures.

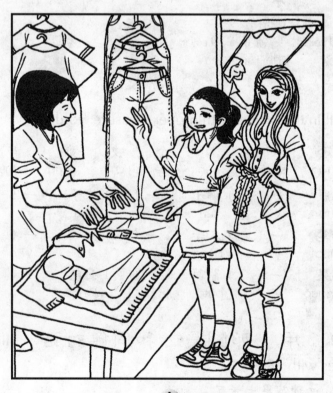

Ⓐ

B

A tip for students

There are many differences between the two pictures. Do not look at your partner's picture until you have finished talking about the pictures.

二、游戏：服装拍卖会 Game: clothing auction

每人事先准备一张服装的图片，在拍卖会上进行介绍和拍卖。Each student prepares a picture of clothes and introduces it in order to auction it off.

1. 先从老师那儿领钱，抽卡片决定今天的拍卖顺序。Get your money from the teacher first and then draw lots to get your order at the auction.

2. 你可以花的钱包括你领到的钱和你的服装最后拍到的钱。The money you can spend includes the money you get from your teacher and from the auctioned clothes.

3. 每一件服装的起价都是10元。The bottom price for each piece of clothes is 10 yuan.

给教师的提示
1. 您给每个学生的卡片上应该写上钱数和顺序号。钱数应该不同。
2. 学生准备服装图片可能有困难，您可以事先准备一些，供学生挑选。

A tip for students

You shouldn't tell the others how much money you get from the teacher.

总结与评价 Summary and Evaluation

一、你学会了哪些跟购买衣服有关的词语，试着把这些词语写出来。Try to write down the words you've learned which are related to clothes purchase.

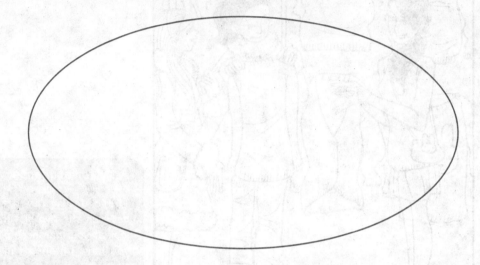

二、你能说出购买服装时应该注意什么了吗？跟你的朋友说说，看他们是否同意你的看法。Can you now come out with what you should pay attention to when buying clothes? Tell your friends your opinions and find out whether they agree with you or not.

三、完成任务的自我表现评价。Self-evaluation.

Are you satisfied with your own performance?
Very good   good   not so good   bad
Your own evaluation
A   B   C   Your willingness to state your opinions
A   B   C   Your willingness to raise your questions
A   B   C   Your enthusiasm to gather useful information
A   B   C   Your willingness to speak Chinese in class

第 3 课

太咸了 (Tài xián le)

It's Too Salty

目标 | Objectives

1. 复习常见的菜、主食和饮料名。Review the names of common dishes, staple foods and drinks.

2. 复习在饭馆吃饭时的常用语句。Review the commonly used expressions in a restaurant.

3. 学习了解和评价食物和菜的原料及味道。Learn to enquire and comment on the ingredients and tastes of foods and dishes.

4. 学习谈论和询问个人的饮食习惯。Learn to talk about and enquire personal dietetic habits.

准 备 Preparation

1. 先想一想你知道哪些中国菜，然后给同伴说说。Think of some Chinese dishes and talk about them to your partner.

Name of the dish 菜的名字	Ingredients of the dish 菜的原料

2. 这里有没有你喜欢的饭馆？你喜欢那个饭馆的什么菜？Are there any restaurants you like in China? What dishes do you like?

> **A tip for students**
>
> If there isn't a restaurant here, you may also talk about your favorite restaurant in other places.

3. 你吃过饺子吗？你觉得饺子是菜还是主食？为什么？Have you ever had dumplings? Do you consider them a dish or staple food? Why?

词 语 Words and Expressions

☐ 朗读下列词语，注意发音和词语的意思。Read the following words aloud, pay attention to the pronunciation and the meanings. 🔊 03-01

1 点（菜） diǎn (cài) order	2 壶 hú kettle	3 菜单 càidān menu	4 份 fèn portion, share	5 糖 táng sugar	6 醋 cù vinegar	7 蔬菜 shūcài vegetable
8 饿 è hungry	9 主食 zhǔshí staple food	10 味精 wèijīng MSG	11 味道 wèidào taste	12 汤 tāng soup	13 咸 xián salty	14 从小 cóngxiǎo since childhood
15 辣 là spicy	16 甜 tián sweet	17 胖 pàng overweight	18 豆腐 dòufu bean curd	19 香 xiāng good	20 酱 jiàng sauce	21 泡菜 pàocài pickle
22 酸 suān sour	23 完全 wánquán completely	24 惯 guàn be used to	25 菜名 Names of dishes	凉拌黄瓜 liángbàn huángguā lossed cucumber in sauce		
26 南瓜饼 nánguā bǐng pumpkin pie		27 糖醋里脊 táng cù lǐji sweet and sour pork		28 锅包肉 guō bāo ròu double cooked pork slices		
29 清炒菜心 qīng chǎo càixīn fresh fried heart of cabbage		专有名词 Proper nouns	30 韩国 Hánguó South Korea	31 四川 Sìchuān Sichuan		

☐ 从你学过的词语中选择词语回答问题。Choose the proper words you learned and answer questions.

① 你喜欢什么口味的菜？
Nǐ xǐhuan shénme kǒuwèi de cài?
What taste of dishes do you like?

有点儿_____,有点儿_____。
Yǒudiǎnr_____, yǒudiǎnr_____.

② 你觉得下面的菜可能是什么味道的？
Nǐ juéde xiàmiàn de cài kěnéng shì shénme wèidào de?
What taste do you think the following dishes might be?

糖醋里脊、清炒菜心、韩国泡菜、凉拌黄瓜
táng cù lǐji, qīng chǎo càixīn, Hánguó pàocài, liángbàn huángguā

句子 Sentences

☐ **听录音，填词语。** Listen to the recording and fill in the blanks. 🔘03-02

(1) 请先来一_____茶吧。
Qǐng xiān lái yī_____chá ba.

(2) 你们先看看_____。
Nǐmen xiān kànkan_____.

(3) 再来_____南瓜饼吧！
Zài lái_____nánguā bǐng ba!

(4) 请不要放_____！
Qǐng bú yào fàng_____!

(5) 别的都不错，就是汤太_____了。
Bié de dōu búcuò, jiù shì tāng tài_____le.

(6) 你喜欢什么样的_____?
Nǐ xǐhuan shénme yàng de_____?

(7) 我吃不了_____的，喜欢吃_____的。
Wǒ chī bu liǎo_____de, xǐhuan chī_____de.

(8) 这个菜是_____什么做的?
Zhège cài shì_____shénme zuò de?

(9) _____甜又_____辣。
_____tián yòu_____là.

(10) 你吃得_____吗?
Nǐ chī de_____ma?

> **A tip for students**
> You may use *Pinyin* first if you have trouble with the Chinese characters.

☐ **朗读下列句子。** Read the following sentences aloud.

(1) 请先来一壶茶吧。
Qǐng xiān lái yì hú chá ba.
We would like to have a kettle of tea first.

(2) 你们先看看菜单。
Nǐmen xiān kànkan càidān.
You can take a look at the menu first.

(3) 再来一份南瓜饼吧！
Zài lái yí fèn nánguā bǐng ba!
And a share of pumpkin pie!

(4) 请不要放味精！
Qǐng bú yào fàng wèijīng!
Please don't put MSG in them.

(5) 别的都不错，就是汤太咸了。
Bié de dōu búcuò, jiù shì tāng tài xián le.
All is good except that the soup is too salty.

(6) 你喜欢什么样的菜?
Nǐ xǐhuan shénme yàng de cài?
What dishes do you like?

(7) 我吃不了辣的，喜欢吃甜的。
Wǒ chī bu liǎo là de, xǐhuan chī tián de.
I can't accept spicy. I like sweet food instead.

(8) 这个菜是用什么做的?
Zhège cài shì yòng shénme zuò de?
What are the ingredients of this dish?

(9) 有点儿甜有点儿辣。
Yǒudiǎnr tián yǒudiǎnr là.
Slightly sweet and spicy.

(10) 你吃得惯吗?
Nǐ chī de guàn ma?
Were you okay with that taste?

> **给教师的提示**
> 您可以采用各种方式操练句子，并纠正学生的发音。

33

❑ 看图片，然后和同伴商量他们可能在说什么。Look at the pictures and discuss with your partner what they are probably talking about.

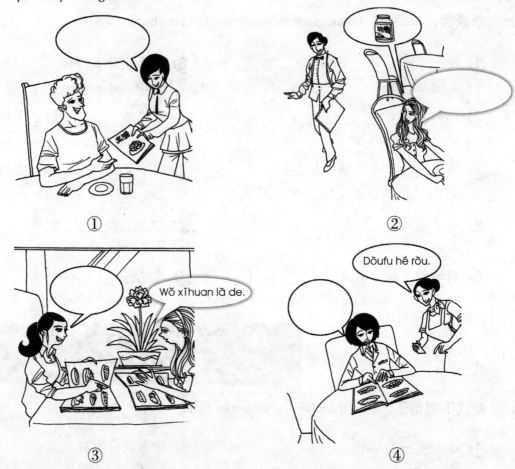

① ②

③ ④

情景 Situations

❑ 听两遍录音，并回答下列问题。Listen to the recording twice and answer the following questions. 🔘 03-03

1 他们点菜以前提了什么要求？

Tāmen diǎn cài yǐqián tí le shénme yāoqiú?

What request do they make before ordering?

2 他们点了什么凉菜?什么热菜？

Tāmen diǎn le shénme liáng cài? Shénme rè cài?

What cold dishes and hot dishes do they order?

3 他们点了什么喝的？

Tāmen diǎn le shénme hē de?

What drinks do they order?

4 他们点了什么主食?

Tāmen diǎn le shénme zhǔshí?

What staple food do they order?

5 最后他们提了什么要求？

Zuìhòu tāmen tí le shénme yāoqiú?

What request do they make finally?

□ **朗读对话一，注意发音和语气。** Read Dialogue 1 aloud, pay attention to the pronunciation and the tone.

服务员： Fúwùyuán:	您几位[1]? Nín jǐ wèi?
欧文： Ōuwén:	4位。 Sì wèi.
服务员： Fúwùyuán:	这边请。现在点菜吗? Zhè biān qǐng. Xiànzài diǎn cài ma?
玛莎： Mǎshā:	请先来[2]一壶茶吧。 Qǐng xiān lái yì hú chá ba.
服务员： Fúwùyuán:	好的。你们先看看菜单。 Hǎo de. Nǐmen xiān kànkan càidān.
欧文： Ōuwén:	今天想吃什么? Jīntiān xiǎng chī shénme?
山本： Shānběn:	先来两瓶啤酒，一个凉拌 Xiān lái liǎng píng píjiǔ, yí ge liángbān 黄瓜怎么样? huángguā zěnmeyàng?
玛莎： Mǎshā:	再来一份南瓜饼吧[3]! Zài lái yí fèn nánguā bǐng ba!
春香： Chūnxiāng:	我想吃糖醋里脊。 Wǒ xiǎng chī táng cù lǐji.
山本： Shānběn:	锅包肉也不错。 Guō bāo ròu yě búcuò.
春香： Chūnxiāng:	那就点锅包肉吧，我还没吃 Nà jiù diǎn guō bāo ròu ba, wǒ hái méi chī 过呢。 guo ne.
欧文： Ōuwén:	好的，蔬菜就点清炒菜心怎么样? Hǎo de, shūcài jiù diǎn qīng chǎo càixīn zěnmeyàng?
春香： Chūnxiāng:	可以。来四碗米饭。 Kěyǐ. Lái sì wǎn mǐfàn.
欧文： Ōuwén:	我今天不饿，不吃主食了。来三碗吧。 Wǒ jīntiān bú è, bù chī zhǔshí le. Lái sān wǎn ba.
服务员： Fúwùyuán:	还要别的吗? Hái yào bié de ma?
玛莎： Mǎshā:	不要了。请不要放味精! Bú yào le. Qǐng bú yào fàng wèijīng!

Waitress:	How many people in your group, please?
Irving:	Four.
Waitress:	This way, please. Do you want to order now?
Masha:	We would like to have a kettle of tea first.
Waitress:	Sure. You can take a look at the menu first.
Irving:	What do you want to have today?
Yamamoto:	Two bottles of beer and a tossed cucumber in sauce. How do you think?
Masha:	And a share of pumpkin pie!
Chun Hyang:	I'd like to have sweet and sour pork.
Yamamoto:	Double cooked pork slices is good, too.
Chun Hyang:	Let's have double cooked pork slices then. I haven't tasted it.
Irving:	OK. Shall we have fresh fried heart of cabbage for vegetable?
Chun Hyang:	Fine. And four bowls of rice.
Irving:	I am not hungry today and will pass on staple food. Three bowls of rice.
Waitress:	Anything else?
Masha:	No. Please don't put MSG in them.

Tips:

1. It is a measure word used to describe a person in a respectful way. E.g. 那位先生.
2. Here 来 means *want*, usually used for shopping and ordering.
3. Here 吧 is used at the end of the sentence to make the tone more polite, indicating request, negotiation, etc.

❑ 他们想吃什么？根据对话一的内容完成下面的表格，然后给同伴介绍。What do they want to eat? Complete the following form according to Dialogue 1 and introduce to your partner.

谁 Who	要了什么 His/Her order
玛莎 Mǎshā	
山本 Shānběn	
春香 Chūnxiāng	
欧文 Ōuwén	

❑ 根据对话一的内容，完成下面的叙述。Complete the following narration according to Dialogue 1.

有一天，欧文、山本、春香和玛莎四个人一起来到一家饭馆儿。……
Yǒu yì tiān, Ōuwén, Shānběn, Chūnxiāng hé Mǎshā sì ge rén yìqǐ lái dào yì jiā fànguǎnr.......

❑ 听两遍录音，并回答下列问题。Listen to the recording twice and answer the following questions. 📀 03-04

① 李红觉得今天的菜怎么样？
Lǐ Hóng juéde jīntiān de cài zěnmeyàng?
How does Li Hong think of today's dishes?

② 玛莎觉得有什么问题？
Mǎshā juéde yǒu shénme wèntí?
What's Masha's opinion?

③ 李红喝汤了吗？为什么？
Lǐ Hóng hē tāng le ma? Wèi shénme?
Does Li Hong taste the soup? Why?

④ 李红喜欢什么样的菜？
Lǐ Hóng xǐhuan shénme yàng de cài?
What dishes does Li Hong like?

⑤ 玛莎能吃辣的吗？
Mǎshā néng chī là de ma?
Does Masha accept spicy food?

⑥ 李红不喜欢吃甜的吗？
Lǐ Hóng bù xǐhuan chī tián de ma?
Doesn't Li Hong like sweet?

❑ 朗读对话二，注意发音和语气。Read Dialogue 2 aloud, pay attention to the pronunciation and the tone.

玛莎： Mǎshā:	李红，你觉得今天的菜怎么样？ Lǐ Hóng, nǐ juéde jīntiān de cài zěnmeyàng?
李红： Lǐ Hóng:	我觉得味道还¹可以。你觉得呢？ Wǒ juéde wèidào hái kěyǐ. Nǐ juéde ne?

Masha:	Li Hong, what do you think of today's dishes?
Li Hong:	I think they're OK. What about you?

玛莎： Mǎshā:	别的都不错，就是²汤太咸了。 Bié de dōu búcuò, jiù shì tāng tài xián le.
李红： Lǐ Hóng:	是吗？我不爱喝汤，所以一口 Shì ma? Wǒ bú ài hē tāng, suǒyǐ yì kǒu 也没喝。 yě méi hē.
玛莎： Mǎshā:	为什么？ Wèi shénme?
李红： Lǐ Hóng:	不知道，从小就不爱喝。 Bù zhīdào, cóngxiǎo jiù bú ài hē.
玛莎： Mǎshā:	那你喜欢什么样的菜？ Nà nǐ xǐhuan shénme yàng de cài?
李红： Lǐ Hóng:	我喜欢辣的。 Wǒ xǐhuan là de.
玛莎： Mǎshā:	我觉得很多中国人都爱吃辣的。 wǒ juéde hěn duō Zhōngguórén dōu ài chī là de.
李红： Lǐ Hóng:	因为中国很多地方的人都 Yīnwèi Zhōngguó hěn duō dìfang de rén dōu 习惯吃辣的。 xíguàn chī là de.
玛莎： Mǎshā:	我吃不了³辣的，喜欢吃甜的。 Wǒ chī bu liǎo là de, xǐhuan chī tián de.
李红： Lǐ Hóng:	我也喜欢甜的，不过⁴现在不敢吃了。 Wǒ yě xǐhuan tián de, búguò xiànzài bù gǎn chī le.
玛莎： Mǎshā:	少吃一点儿，不会⁵胖。 Shǎo chī yìdiǎnr, bú huì pàng.

Masha:	All is good except that the soup is too salty.
Li Hong:	Really? I don't like soup, so I haven't had any.
Masha:	Why?
Li Hong:	I don't know. I've never liked soup since childhood.
Masha:	What dishes do you like then?
Li Hong:	I like spicy.
Masha:	I think many Chinese people like spicy food.
Li Hong:	That's because many regions in China are used to spicy food.
Masha:	I can't accept spicy. I like sweet food instead.
Li Hong:	I like sweet food, too. But now I dare not have it.
Masha:	You won't gain weight with only a little amount.

Tips:

1. 还 is used before an adjective to indicate a rough and ready degree, usually with a positive attitude.
2. Here 就是 is used to lead the second clause to indicate a slight turn of meaning.
3. Here 吃不了 means *cannot eat*. Its affirmative form is 吃得了.
4. 不过 indicates a turn of meaning, but the tone is not as strong as 但是.
5. Here 会 means *possibly*.

❏ 和同伴一起，根据下面的提示复述对话二。Retell Dialogue 2 according to the given hints with your partner.

李红和玛莎……，李红觉得……，玛莎觉得……。因为李红不爱……，所以
Lǐ Hóng hé Mǎshā……, Lǐ Hóng juéde……, Mǎshā juéde……. Yīnwèi Lǐ Hóng bú ài ……, suǒyǐ

她……。玛莎问李红……，李红喜欢……；玛莎……，她喜欢……。李红也
tā……. Mǎshā wèn Lǐ Hóng……, Lǐ Hóng xǐhuan……; Mǎshā……, tā xǐhuan……, Lǐ Hóng yě

喜欢……，可是……
xǐhuan ……, kěshì ……

A tip for students

You can also retell the story according to your own ideas.

37

听两遍录音，根据录音内容判断下列说法是否正确。Listen to the recording twice and decide whether the following statements are true or false. 🔘 03-05

1 春香想知道菜的名字是什么。☐
  Chūnxiāng xiǎng zhīdào cài de míngzi shì shénme.

3 春香和妈妈一起做过泡菜。☐
  Chūnxiāng hé māma yìqǐ zuò guo pàocài.

2 那个菜的味道很好。☐
  Nàge cài de wèidào hěn hǎo.

4 摊主特别喜欢吃韩国泡菜。☐
  Tānzhǔ tèbié xǐhuan chī Hánguó pàocài.

给教师的提示
上面的句子需要您说出来让学生判断。

朗读对话三，注意发音和声调。Read Dialogue 3 aloud, pay attention to the pronunciation and the tone.

（在小吃摊儿上）
(zài xiǎochī tānr shàng)

春香：　师傅，这个菜是用什么做的？
Chūnxiāng: Shīfu, zhège cài shì yòng shénme zuò de?

摊主：　豆腐和肉。
Tānzhǔ: Dòufu hé ròu.

春香：　真香啊！
Chūnxiāng: Zhēn xiāng a!

摊主：　我放了一点儿酱。
Tānzhǔ: Wǒ fàng le yìdiǎnr jiàng.

春香：　我很喜欢。
Chūnxiāng: Wǒ hěn xǐhuan.

摊主：　你会做饭吗？
Tānzhǔ: Nǐ huì zuò fàn ma?

春香：　会一点儿。
Chūnxiāng: Huì yìdiǎnr.

摊主：　韩国人喜欢什么味道的菜？
Tānzhǔ: Hánguórén xǐhuan shénme wèidào de cài?

春香：　有点儿甜有点儿辣。
Chūnxiāng: Yǒudiǎnr tián yǒudiǎnr là.

摊主：　我女儿特别喜欢韩国泡菜。你会做吗？
Tānzhǔ: Wǒ nǚ'ér tèbié xǐhuan Hánguó pàocài. Nǐ huì zuò ma?

Tips:

1. Here 吃得惯 means *be able to accept the flavor of the food*. Its negative form is 吃不惯.
2. Here 还行 indicates a rough and ready degree.

(at a snack stand)

Chun Hyang: What are the ingredients of this dish?

Seller: Bean curd and meat.

Chun Hyang: How good it smells!

Seller: I put some sauce in it.

Chun Hyang: I like it very much.

Seller: Can you cook?

Chun Hyang: A little bit.

Seller: What taste do Korean people like?

Chun Hyang: Slightly sweet and spicy.

Seller: My daughter is crazy about Korean pickles. Do you know how to make it?

春香: Chūnxiāng:	我看妈妈做过，但是自己没试过。 Wǒ kàn māma zuò guo, dànshì zìjǐ méi shì guo.	Chun Hyang: I saw my mother make it, but never tried myself.
摊主: Tānzhǔ:	中国的四川泡菜，是酸辣的。 Zhōngguó de Sìchuān pàocài, shì suān là de.	Seller: Sichuan pickles in China are sour and spicy.
春香: Chūnxiāng:	我在饭馆儿吃过，味道完全不一样。 Wǒ zài fànguǎnr chī guo, wèidào wánquán bù yíyàng.	Chun Hyang: I had some at the restaurant. The taste was totally different.
摊主: Tānzhǔ:	你吃得惯¹吗？ Nǐ chī de guàn ma?	Seller: Were you okay with that taste?
春香: Chūnxiāng:	还行²。 Hái xíng.	Chun Hyang: It was okay.

❑ **说一说。Say it.**

① 春香正在吃什么？她觉得怎么样？

Chūnxiāng zhèngzài chī shénme? Tā juéde zěnmeyàng?

What is Chun Hyang eating now? What does she think of it?

② 韩国人喜欢什么味道的菜？

Hánguórén xǐhuan shénme wèidào de cài?

What taste do Korean people like?

③ 韩国泡菜和四川泡菜一样吗？

Hánguó pàocài hé Sìchuān pàocài yíyàng ma?

Are Korean pickles the same as Sichuan pickles?

④ 春香喜欢吃四川泡菜吗？

Chūnxiāng xǐhuan chī Sìchuān pàocài ma?

Does Chun Hyang like Sichuan pickles?

⑤ 你们国家的菜辣不辣？你喜欢吃辣的吗？

Nǐmen guójiā de cài là bu là? Nǐ xǐhuan chī là de ma?

Are the dishes spicy in your country? Do you like spicy food?

四

❑ **朗读下面的短文，并模仿短文说说你们国家的情况。** Read the following passage aloud and then imitate the passage to talk about your country. 🔘 03-06

中国很大，每个地方的人吃东西的口味（taste）都不太一样，有"南甜北咸东辣西酸"的说法。可是玛莎觉得很多中国人都爱吃辣的，她的朋友王军和李红，一个是山东人（from Shandong），一个是天津人（from Tianjin），可是都爱吃辣的。这是不是因为四川菜太好吃了呢？玛莎不明白，你知道是为什么吗？

Zhōngguó hěn dà, měi ge dìfang de rén chī dōngxi de kǒuwèi dōu bú tài yíyàng, yǒu "nán tián běi xián dōng là xī suān" de shuōfǎ. Kěshì Mǎshā juéde hěn duō Zhōngguórén dōu ài chī là de, tā de péngyou Wáng Jūn hé Lǐ Hóng, yí ge shì Shāndōngrén, yí ge shì Tiānjīnrén, kěshì dōu ài chī là de. Zhè shì bu shì yīnwèi Sìchuān cài tài hǎo chī le ne? Mǎshā bù míngbai, nǐ zhīdào shì wèi shénme ma?

给教师的提示

您可以根据学生的情况再给几个词，便于学生介绍他们国家的情况。

活 动 Activities

一、双人活动 Pair work

1. 先想一想你觉得什么菜最好吃？利用下面的表格准备一下，然后给同伴推荐这个菜。Think about your favorite dish first. Make preparations according to the following form and then recommend the dish to your partner.

最好吃的菜叫什么？ Zuì hǎo chī de cài jiào shénme?	
是用什么做的？ Shì yòng shénme zuò de?	
是什么味道？ Shì shénme wèidào?	
你为什么觉得好吃？ Nǐ wèi shénme juéde hǎo chī?	
你会做吗？ Nǐ huì zuò ma?	

2. 交换同伴，向他/她推荐刚才你的同伴给你推荐的那个菜。Change your partner and recommend to him/her the dish which your former partner recommended to you.

二、小组活动 Group work

3人一组。每组按不同的要求准备一个请客菜单。要求用规定的钱数，安排出最丰盛的晚餐，让客人满意。Work in groups of three. Each group prepare a menu for treat according to different requirements. You should use the prescriptive money to arrange the richest dinner which will please the guests.

给教师的提示

您需要准备好每个小组的任务，要规定好可以使用的钱数和请谁吃饭。您还可以准备一些小菜单。

A tip for students

1. You may ask what the guests would like to eat.
2. Pay attention to the proper arrangement of cold dishes, hot dishes, staplefoods and soup.

三、双人活动 Pair work

两人一组。根据同学们喜欢的口味商量一个开饭馆儿或是小吃店的计划。向大家公布后，看有多少人愿意来你们这儿吃饭。Work in pairs. Work out a plan of opening a restaurant or a snack bar according to your classmates' tastes. Announce the plan to see how many people are willing to dine at your place.

① 确定你们的特色。
Quèdìng nǐmen de tèsè.
Decide your characteristics.

② 确定你们的菜单。
Quèdìng nǐmen de càidān.
Decide your menu.

③ 确定你们小吃店的名字。
Quèdìng nǐmen xiǎochī diàn de míngzi.
Decide the name of your snack bar.

> **A tip for students**
>
> Do not forget to tell the others why they should come to your bar and how your bar is different from other restaurants.

四、看图编故事并讨论 Make up a story according to the following pictures and discuss

①

②

③

④

Reference questions

> 给教师的提示
> 您可以把讨论放在学生讲完他们所编的故事以后进行。

为什么有的饭馆儿人很多？有的饭馆儿没人愿意去？
Wèi shénme yǒude fànguǎnr rén hěn duō? Yǒude fànguǎnr méi rén yuànyì qù?
Why are some restaurants popular while some are deserted?

语言练习 Language Focus

一、朗读下列句子，注意语气和语调 Read the following sentences aloud, pay attention to the tone and the intonation 🔊 03-07

1 请先来一壶茶吧。
Qǐng xiān lái yì hú chá ba.

2 今天想吃什么？
Jīntiān xiǎng chī shénme?

3 再来一份南瓜饼吧！
Zài lái yí fèn nánguā bǐng ba!

4 还要别的吗？
Hái yào bié de ma?

5 真香啊！韩国人喜欢什么味道的菜？
Zhēn xiāng a! Hánguórén xǐhuan shénme wèidào de cài?

6 你吃得惯吗？
Nǐ chī de guàn ma?

二、替换练习 Substitution exercises

1 再来一份<u>南瓜饼</u>吧？
Zài lái yí fèn nánguā bǐng ba?

炒饭
chǎo fàn
面条
miàntiáo
小菜
xiǎocài

2 你喜欢什么样的<u>菜</u>？
Nǐ xǐhuan shénme yàng de cài?

衣服
yīfu
颜色
yánsè
运动
yùndòng

3 别的都不错，就是<u>汤太咸了</u>。
Bié de dōu búcuò, jiù shì tāng tài xián le.

颜色太浅了
yánsè tài qiǎn le
有一点儿远
yǒu yìdiǎnr yuǎn
有一点儿贵
yǒu yìdiǎnr guì

4 这个<u>菜</u>是用什么做的？
Zhège cài shì yòng shénme zuò de?

汤
tāng
饭
fàn
东西
dōngxi

三、用动词重叠形式回答问题 Answer the following questions with reduplicative forms of verbs

1 进饭馆儿后先做什么？（看菜单）
Jìn fànguǎnr hòu xiān zuò shénme? (kàn càidān)

2 晚饭后你常常做什么？（散步）
Wǎnfàn hòu nǐ chángcháng zuò shénme? (sàn bù)

③ 从来没吃过的东西你会买吗？（尝）
Cónglái méi chī guo de dōngxi nǐ huì mǎi ma? (cháng)

④ 遇到不会的生词你怎么做？（查词典）
Yù dào bú huì de shēngcí nǐ zěnme zuò? (chá cídiǎn)

四、模仿例句，用 "V＋不了" 和 "V＋得／不＋惯" 回答下列问题 Follow the example and answer the following questions with the underlined part

(1) **Example**：A：你能吃辣的吗？
Nǐ néng chī là de ma?

B：我吃不了辣的，喜欢吃甜的。
Wǒ chī bu liǎo là de, xǐhuan chī tián de.

① 五分钟能从你宿舍到教室吗？
Wǔ fēnzhōng néng cóng nǐ sùshè dào jiàoshì ma?

② 明天上午你能去参观吗？
Míngtiān shàngwǔ nǐ néng qù cānguān ma?

③ 你喝五瓶，我喝五瓶，怎么样？
Nǐ hē wǔ píng, wǒ hē wǔ píng, zěnmeyàng?

④ 你父母能一起来中国旅行吗？
Nǐ fùmǔ néng yìqǐ lái Zhōngguó lǚxíng ma?

(2) **Example**：A：这个菜你吃得惯吗？
Zhège cài nǐ chī de guàn ma?

B：吃得惯。
Chī de guàn.

① 用筷子吃饭，你用得惯吗？
Yòng kuàizi chī fàn, nǐ yòng de guàn ma?

② 这种高跟儿鞋你穿得惯吗？
Zhè zhǒng gāo gēnr xié nǐ chuān de guàn ma?

③ 中国的啤酒你喝得惯吗？
Zhōngguó de píjiǔ nǐ hē de guàn ma?

④ 这么小的房间你住得惯吗？
Zhème xiǎo de fángjiān nǐ zhù de guàn ma?

扩展活动 Extended Activities

一、看图比较 Look and compare

两人分别看着图A和图B（见第45页），向同伴描述图片的内容，听的人应该说出自己的图片和对方不一样的地方。Two students look at picture A and picture B (on Page 45) respectively. Describe to your partner what you see. The listener should tell the differences between the two pictures.

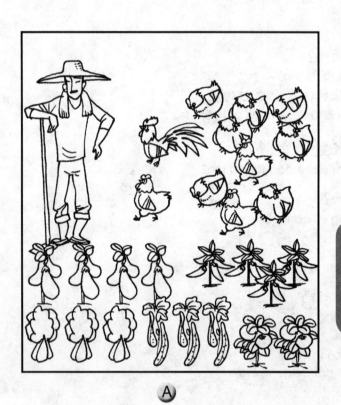

Ⓐ

Word bank

鸡	羊	茄子	西红柿
jī	yáng	qiézi	xīhóngshì
hen	sheep	eggplant	tomato

白菜	辣子
báicài	làzi
Chinese cabbage	dried chili

A tip for students

There are many differences between the two pictures. Do not look at your partner's picture until you have finished talking about the pictures.

二、游戏：拼菜名 Game: make up dish names

3人一组。用小词库里的词语拼出中国菜名，越多越好。Work in groups of three. Use the words in the word bank to make up the names of some Chinese dishes. The more the better.

Word bank

茄子	土豆	黄瓜	豆腐	西红柿	白菜
qiézi	tǔdòu	huángguā	dòufu	xīhóngshì	báicài
eggplant	potato	cucumber	bean curd	tomato	Chinese cabbage
辣子	鸡蛋	牛肉	炒	炖	红烧
làzi	jī dàn	niú ròu	chǎo	dùn	hóngshāo
dried chili	egg	beef	stir-fry	stew	braise

给教师的提示
您可以事先准备几套词语卡片，并将拼好的菜名也做成卡片。

Word bank

鸡 jī hen	羊 yáng sheep	茄子 qiézi eggplant	西红柿 xīhóngshì tomato

白菜 báicài
Chinese cabbage

辣子 làzi
dried chili

B

总结与评价 Summary and Evaluation

一、你学会了哪些跟点菜、吃饭及饭菜味道有关的词语，试着把这些词语写出来。
What words related to ordering food and food tastes have you learned? Try to write them down.

二、你能对吃过的东西做出简单的评价了吗？下次别忘了试一试。Can you make a brief comment on what you have eaten? Have a try next time.

三、完成任务的自我表现评价。Self-evaluation.

Are you satisfied with your own performance?

Very good good not so good bad

Your own evaluation

A B C Your willingness to state your opinions

A B C Your willingness to raise your questions

A B C Your enthusiasm to gather useful information

A B C Your willness to speak Chinese in class

第4课

你现在在哪儿？ (Nǐ xiànzài zài nǎr?)

Where Are You Now?

目标 | Objectives

1. 复习常用的方位词语。Review the commonly used words of directions.
2. 学习说明自己所处的方位。Learn how to tell your position.
3. 学习询问和说明去某地的路线。Learn to ask and tell the route to a certain place.

准备 Preparation

1. 除了"上、下、左、右、前、后"你还知道哪些表示方位的词语？What words of directions do you know besides 上，下，左，右，前，后?

   Word bank

2. 和旁边的同学比较一下，看看你忘了哪些。把它们补充到你的小词库里。Check with the classmate beside you to see what you have forgotten and then add them to your word bank.

3. 看看下面的学生公寓方位图，根据图片上标出的位置回答问题。Look at the map of the student dormitory and then answer the questions according to the marked locations on the map.

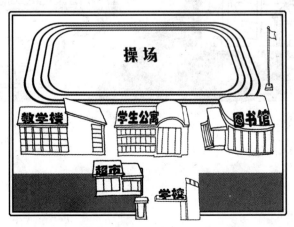

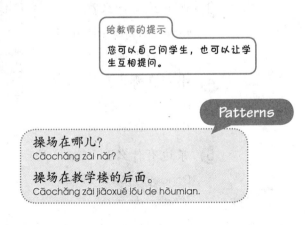

给教师的提示

您可以自己问学生，也可以让学生互相提问。

Patterns

操场在哪儿?
Cāochǎng zài nǎr?

操场在教学楼的后面。
Cāochǎng zài jiàoxué lóu de hòumian.

47

词语 Words and Expressions

❑ **朗读下列词语，注意发音和词语的意思。**Read the following words aloud, pay attention to the pronunciation and the meanings. 🔘 04-01

给教师的提示
课前别忘了提醒学生预习词语。

1 喂 wèi hello	2 商场 shāngchǎng mall	3 不见不散 bú jiàn bú sàn don't miss it	4 光盘 guāngpán disc	5 超市 chāoshì supermarket	6 家 jiā a measure word
7 走路 zǒu lù walk	8 西 xī west	9 南 nán south	10 东 dōng east	11 拐 guǎi turn	12 店 diàn store	13 北 běi north
14 空儿 kòngr free	15 得 děi have to	16 地铁 dìtiě subway	17 站 zhàn station	18 顺利 shùnlì smooth	19 ……的话 ... de huà if
专有名词 **Proper nouns**	20 新街口 Xīnjiēkǒu Xinjiekou	21 中华 Zhōnghuá Zhonghua			

❑ **根据图片内容，从你学过的词语中选择词语回答问题。**Choose the proper words and answer the questions according to the following picture.

1 他正在往哪儿走？
Tā zhèngzài wǎng nǎr zǒu?
Where is he heading?

2 西边有什么？
Xībian yǒu shénme?
What's in the west?

3 西北边有什么？
Xīběi bian yǒu shénme?
What's in the northwest?

4 书店在哪儿？
Shū diàn zài nǎr?
Where is the bookstore?

5 东边有什么？
Dōngbian yǒu shénme?
What's in the east?

句子 Sentences

☐ **听录音，填词语。** Listen to the recording and fill in the blanks. 🔊 04-02

1 我在_____附近卖小礼物的地方。
Wǒ zài_____fùjìn mǎi xiǎo lǐwù de dìfang.

2 超市_____有好几家呢。
Chāoshì_____yǒu hǎo jǐ jiā ne.

3 不远，_____也就十几分钟。
Bù yuǎn,_____yě jiù shí jǐ fēnzhōng.

4 出了西门先_____走，然后往东拐。
Chū le xī mén xiān_____zǒu, ránhòu wǎng dōng guǎi.

5 过了_____就能看见超市。
Guò le_____jiù néng kàn jiàn chāoshì.

6 超市就在书店的_____边。
Chāoshì jiù zài shū diàn de_____biān.

7 离咱们学校_____。
Lí zánmen xuéxiào_____.

8 路上大概_____多长时间？
Lùshang dàgài_____duō cháng shíjiān?

9 _____的话，40多分钟吧。
_____de huà, sìshí duō fēnzhōng ba.

> **A tip for students**
>
> You may use *Pinyin* first if you have trouble with the Chinese characters.

☐ **朗读下列句子。** Read the following sentences aloud.

1 我在东门附近卖小礼物的地方。
Wǒ zài dōng mén fùjìn mǎi xiǎo lǐwù de dìfang.
I'm at the small gift store near the east gate.

2 超市旁边有好几家呢。
Chāoshì pángbiān yǒu hǎo jǐ jiā ne.
There are several near the supermarket.

3 不远，走路也就十几分钟。
Bù yuǎn, zǒu lù yě jiù shí jǐ fēnzhōng.
No, only about over ten minutes' walk.

4 出了西门先往南走，然后往东拐。
Chū le xī mén xiān wǎng nán zǒu, ránhòu wǎng dōng guǎi.
Get out of the west gate and go south first, and then turn east.

5 过了饭馆儿就能看见超市。
Guò le fànguǎnr jiù néng kàn jiàn chāoshì.
You will see the supermarket after you pass the restaurant.

6 超市就在书店的西北边。
Chāoshì jiù zài shū diàn de xīběi biān.
The supermarket is to the northwest of the bookstore.

7 离咱们学校挺远的。
Lí zánmen xuéxiào tǐng yuǎn de.
It's quite far from our school.

8 路上大概需要多长时间？
Lùshang dàgài xūyào duō cháng shíjiān?
How long will it take on the way over?

9 顺利的话，40多分钟吧。
Shùnlì de huà, sìshí duō fēnzhōng ba.
About over 40 minutes if everything goes smoothly.

> **给教师的提示**
>
> 您可以采用各种方式操练句子，并纠正学生的发音。

❑ **看图片，然后和同伴商量他们可能在说什么。** Look at the pictures and discuss with your partner what they are probably talking about.

Nǐ zài nǎr?

Yuǎn ma?

① ②

Chāoshì zài nǎr?

Lùshang dàgài xūyào duō cháng shíjiān?

③ ④

情 景 Situations

❑ **听两遍录音，并回答下列问题。** Listen to the recording twice and then answer the following questions. 🔘 04-03

1 她们俩要在哪儿见面？

Tāmen liǎ yào zài nǎr jiàn miàn?

Where will they meet?

2 为什么没见到呢？

Wèi shénme méi jiàn dào ne?

Why do they miss each other?

3 春香现在在哪儿？

Chūnxiāng xiànzài zài nǎr?

Where is Chun Hyang now?

4 李红去哪儿找春香？

Lǐ Hóng qù nǎr zhǎo Chūnxiāng?

Where should Li Hong go to find Chun Hyang?

☐ **朗读对话一，并注意发音和语气。** Read Dialogue 1 aloud, pay attention to the pronunciation and the tone.

春香： 喂[1]，我已经到了，怎么没看见你呀[2]？
Chūnxiāng: Wèi, wǒ yǐjīng dào le, zěnme méi kàn jiàn nǐ ya?

李红： 你现在在哪儿？
Lǐ Hóng: Nǐ xiànzài zài nǎr?

春香： 在商场的门口。
Chūnxiāng: Zài shāngchǎng de ménkǒu.

李红： 哪个门口呀？这个商场
Lǐ Hóng: Nǎge ménkǒu ya? Zhège shāngchǎng

有4个门呢[3]。
yǒu sì ge mén ne.

春香： 啊？这个门好像在东边。
Chūnxiāng: Ā? Zhège mén hǎoxiàng zài dōngbian.

李红： 这样吧，我去找你。
Lǐ Hóng: Zhèyàng ba, wǒ qù zhǎo nǐ.

春香： 好的，我在东门附近卖
Chūnxiāng: Hǎo de, wǒ zài dōng mén fùjìn mài

小礼物的地方。
xiǎo lǐwù de dìfang.

李红： 我正好要买礼物呢。你就在那儿等着我。
Lǐ Hóng: Wǒ zhènghǎo yào mǎi lǐwù ne. Nǐ jiù zài nǎr děng zhe wǒ.

春香： 好的。不见不散。
Chūnxiāng: Hǎo de. Bú jiàn bú sàn.

Chun Hyang:	Hello. I'm here, but I'm not seeing you.
Li Hong:	Where are you now?
Chun Hyang:	At the gate of the mall.
Li Hong:	Which gate? There are four.
Chun Hyang:	Eh? This gate seems to be the east one.
Li Hong:	Okay. I'll go to meet you there.
Chun Hyang:	Okay. I'm at the small gift store near the east gate.
Li Hong:	I happen to need to buy some gifts. Wait for me right there.
Chun Hyang:	Okay. Don't miss it.

Tips:

1. 喂 is often used at the beginning of a phone call.
2. Here 呀 is a variant of the auxiliary 啊 whose pronunciation is effected by the final (a e i o) of the previous character.
3. 呢 is used at the end of a declarative sentence with a slightly exaggerated tone to confirm the fact in order to make believed.

☐ **你觉得他们怎么说自己的位置更清楚？** What do you think they should say to make their location clearer?

① 春香应该说：
Chūnxiāng yīnggāi shuō:

② 李红应该说：
Lǐ Hóng yīnggāi shuō:

□ 说一说。Say it.

 告诉别人见面的地方，应该注意什么？

Gàosu biérén jiàn miàn de dìfang, yīnggāi zhùyì shénme?

What should you pay attention to when telling others where to meet?

② 什么情况下你会和对方约一个见面的地方？

Shénme qíngkuàng xià nǐ huì hé duìfāng yuē yí ge jiàn miàn de dìfang?

In what circumstance will you choose a place to meet someone?

（二）

□ 听两遍录音，并回答下列问题。Listen to the recording twice and answer the following questions. 04-04

① 山本想买什么？

Shānběn xiǎng mǎi shénme?

What does Yamamoto want to buy?

② 在什么地方可以买到？

Zài shénme dìfang kěyǐ mǎi dào?

Where can he buy it?

③ 那个地方远不远？

Nàge dìfang yuǎn bu yuǎn?

Is that place far?

④ 去买光盘的地方怎么走？

Qù mǎi guāngpán de dìfang zěnme zǒu?

How does he get to the disc store?

□ 朗读对话二，并注意发音和语气。Read Dialogue 2 aloud, pay attention to the pronunciation and the tone.

山本: Shānběn:	王军，附近有没有卖光盘的地方？ Wáng Jūn, fùjìn yǒu méiyǒu mài guāngpán de dìfang?
王军: Wáng Jūn:	有啊，超市旁边有好[1]几家呢。 Yǒu a, chāoshì pángbiān yǒu hǎo jǐ jiā ne.
山本: Shānběn:	远吗？ Yuǎn ma?
王军: Wáng Jūn:	不远，走路也就[2]十几分钟。 Bù yuǎn, zǒu lù yě jiù shí jǐ fēnzhōng.
山本: Shānběn:	怎么走？ Zěnme zǒu?
王军: Wáng Jūn:	出了西门先往南走，然后往东拐。 Chū le xī mén xiān wǎng nán zǒu, ránhòu wǎng dōng guǎi.
山本: Shānběn:	那儿不是一家饭馆儿吗[3]？ Nàr bú shì yì jiā fànguǎnr ma?

Yamamoto:	Wang Jun, is there a disc store nearby?
Wang Jun:	Yes. There are several near the supermarket.
Yamamoto:	Is it far?
Wang Jun:	No, only about over ten minutes' walk.
Yamamoto:	How to get there?
Wang Jun:	Get out of the west gate and go south first, and then turn east.
Yamamoto:	Isn't there a restaurant?

王军 Wáng Jūn:	对。过了饭馆儿就能看见超市。 Duì. Guò le fànguǎnr jiù néng kàn jiàn chāoshì.
山本 Shānběn:	我想起来⁴了，那边有家书店，我去过。 Wǒ xiǎng qǐlai le, nà biān yǒu jiā shū diàn, wǒ qù guo.
王军 Wáng Jūn:	超市就在书店的西北边。 Chāoshì jiù zài shū diàn de xīběi biān.
山本 Shānběn:	卖光盘的在超市旁边吗？ Mài guāngpán de zài chāoshì pángbiān ma?
王军 Wáng Jūn:	对，超市的西边和东边都有。 Duì, chāoshì de xībian hé dōngbian dōu yǒu.
山本 Shānběn:	谢谢！有空儿我去看看。 Xièxie! Yǒu kòngr wǒ qù kàn kàn.

Wang Jun: Yes. You will see the supermarket after you pass the restaurant.

Yamamoto: I remember. There is a bookstore. I have been there.

Wang Jun: The supermarket is to the northwest of the bookstore.

Yamamoto: Are the disc stores near the supermarket?

Wang Jun: Yes. There are several to the west and the east of the supermarket.

Yamamoto: Thanks! I'll go take a look when I'm free.

Tips:

1. Here 好 is used to emphasize a large amount. E.g. 好几天.
2. 也 and 就 are used together with time and measure words to indicate the transience of an time or the smallness of amount. E.g. 也就三天.
3. This sentence means *that is a restaurant*。不是……吗 is a rhetorical question structure which emphasizes an affirmative judgment.
4. 起来 is used after a verb or an adjective to indicate that an action has started and will continue. E.g. 唱起来，聊起来.

❑ 根据对话二的内容试着画出去超市的路线图，然后按照图示说明从书店或者超市去学校怎么走。Draw a route to the supermarket according to Dialogue 2, and then explain how to get to school from the bookstore or the supermarket.

A tip for students

The following locations should be marked in the map: the west school gate, the restaurant, the supermarket, the bookstore, etc.

给教师的提示
您也可以事先按对话内容准备一个路线图，方便学生看图说明路线。

□ **听两遍录音，并回答下列问题。** Listen to the recording twice and answer the following questions. 🔘 04-05

1 欧文想去什么地方？为什么？

Ōuwén xiǎng qù shénme dìfang? Wèi shénme?

Where does Irving want to go? Why?

2 那个地方离他们学校远吗？

Nàge dìfang lí tāmen xuéxiào yuǎn ma?

Is that place far from their school?

3 玛莎去过吗？

Mǎshā qù guo ma?

Has Masha been there?

4 去那儿应该怎么坐车？

Qù nǎr yīnggāi zěnme zuò chē?

How to get there by bus?

5 路上可能需要多长时间？

Lùshang kěnéng xūyào duō cháng shíjiān?

How long will it take on the way over?

□ **朗读对话三，并注意发音和语气。** Read Dialogue 3 aloud, pay attention to the pronunciation and the tone.

欧文： Ōuwén:	你知道中华语言学校吗？ Nǐ zhīdào Zhōnghuá Yǔyán Xuéxiào ma?	Irving: Do you know Zhonghua Language School?
玛莎： Mǎshā:	知道。离咱们学校挺远的[1]。 Zhīdào. Lí zánmen xuéxiào tǐng yuǎn de.	Masha: Yes. It's quite far from our school.
欧文： Ōuwén:	你去过那个学校吗？ Nǐ qù guo nàge xuéxiào ma?	Irving: Have you been there?
玛莎： Mǎshā:	我坐公共汽车去过一次。 Wǒ zuò gōnggòng qìchē qù guo yí cì.	Masha: I went there once by bus.
欧文： Ōuwén:	你能告诉我怎么坐车吗？ Nǐ néng gàosu wǒ zěnme zuò chē ma? 我要去看朋友。 Wǒ yào qù kàn péngyou.	Irving: Can you tell me how to get there by bus? I'm visiting a friend there.
玛莎： Mǎshā:	先在学校门口坐902 Xiān zài xuéxiào ménkǒu zuò jiǔlíng'èr 或者915。 huòzhě jiǔyāowǔ.	Masha: You should take bus 902 or 915 first at the school gate.
欧文： Ōuwén:	还[2]得换车呀？ Hái děi huàn chē ya?	Irving: Do I still have to transfer?
玛莎： Mǎshā:	对，到新街口换地铁就能到。 Duì, dào Xīnjiēkǒu huàn dìtiě jiù néng dào.	Masha: Yes. You should transfer to the subway at Xinjiekou. Irving: Which stop should I get off at? Masha: There is a stop at the gate of the language school.

欧文： 在哪一站下车？
Ōuwén: Zài nǎ yí zhàn xià chē?

玛莎： 语言学校门口有站。
Mǎshā: Yǔyán xuéxiào ménkǒu yǒu zhàn.

欧文： 路上大概需要多长时间？
Ōuwén: Lùshang dàgài xūyào duō cháng shíjiān?

玛莎： 顺利的话[3]，40多分钟吧。
Mǎshā: Shùnlì de huà, sìshí duō fēnzhōng ba.

> Irving: How long will it take on the way over?
> Masha: About over 40 minutes if everything goes smoothly.

Tips:

1. 挺 is similar to 很, and 挺……的 is often used in spoken Chinese to express a high degree.
2. Here 还 is used to indicate that the speaker is a little surprised at something.
3. 要是……的话 expresses a hypothesis. One part of this sentence structure can be omitted. Here 要是 is omitted.

❑ 和同伴一起，根据下面的提示复述对话三。Retell Dialogue 3 according to the given hints with your partner.

欧文要去……，可是……，玛莎去过……，她告诉欧文……
Ōuwén yào qù ……, kěshì ……, Mǎshā qù guo ……, tā gàosu Ōuwén ……

❑ 朗读下面的短文，并模仿短文说说怎么去离你们学校最近的超市。Read the following passage aloud and then imitate the passage to talk about how to get to the supermarket nearest your school. 04-06

　　我们学校在城市的西南边，离市中心（downtown）不太远。附近有很多商店和饭馆儿，生活很方便。我最喜欢去学校后面的大超市，每个星期都要去两三次。出了学校的西门，先往南走，然后往西拐，走10分钟就到了。超市的旁边还有一个书店，买书也很方便。

　　Wǒmen xuéxiào zài chéngshì de xīnán biān, lí shì zhōngxīn bú tài yuǎn. Fùjìn yǒu hěn duō shāngdiàn hé fànguǎnr, shēnghuó hěn fāngbiàn. Wǒ zuì xǐhuan qù xuéxiào hòumiàn de dà chāoshì, měi ge xīngqī dōu yào qù liǎng sān cì. Chū le xuéxiào de xī mén, xiān wǎng nán zǒu, ránhòu wǎng xī guǎi, zǒu shí fēnzhōng jiù dào le. Chāoshì de pángbiān hái yǒu yí ge shū diàn, mǎi shū yě hěn fāngbiàn.

活 动 Activities

一、全班活动 Class work

下面是一所学校及周边商业区的方位示意图，请根据图片内容，回答同学或老师的提问。The following is a sketch map of the school and the shopping districts around it. Answer the classmates' and the teacher's questions according to the marked locations in the map.

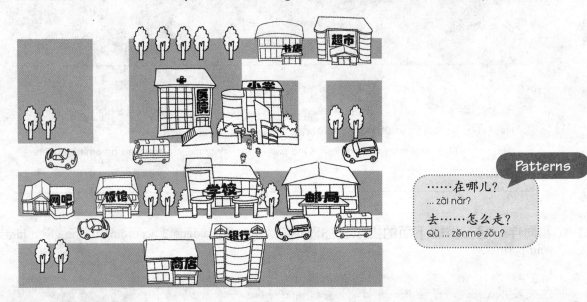

Patterns

……在哪儿?
... zài nǎr?

去……怎么走?
Qù ... zěnme zǒu?

二、双人活动 Pair work

1. 来到学校以后，你常去学校里的什么地方？你从来没去过什么地方？你可以说出那些地方的具体位置吗？ Which places on the campus do you often go to since you came? Which places have you never been to? Can you tell the locations of those places?

> **Word bank**
>
> | 图书馆 | 食堂 | 小卖部 | 篮球场 | 足球场 | 健身房 |
> |---|---|---|---|---|---|
> | túshūguǎn | shí táng | xiǎomàibù | lánqiú chǎng | zúqiú chǎng | jiànshēnfáng |
> | library | cafeteria | canteen | basketball court | football court | gym |

A tip for students

The words in the word bank may help you.

Patterns

我去过……
Wǒ qù guo ......

我从来没去过……
Wǒ cónglái méi qù guo ...

2. 两人一组。向同伴说明自己常去的地方和没去过的地方的具体位置，让对方猜一猜是什么地方。Work in pairs. Tell your partner the locations of the places which you often go to or you have never been to, and then let your partner guess which places they are.

Patterns

在它的南边（后边、旁边、对面……）有……
Zài tā de nánbian (hòubian, pángbiān, duìmiàn...) yǒu ...

它的后面（北边、东南边……）是……
Tā de hòumiàn (běibian, dōngnán biān ...) shì ...

3. 两人一起画一张学校的方位示意图，标出你们俩常去的地方和你们俩都没去过的地方。
Work in pairs, draw a map of your school and mark the places you often go to and you have never been to.

```
                        北




   西                                          东




                        南
```

4. 交换同伴，向新同伴介绍你原来的同伴常去的地方和没去过的地方。Change your partner and
introduce to your new partner the places your former partner often goes to and has never been to.

A tip for students

You should tell the exact locations of those places. The
listener may ask questions if he/she doesn't understand.

三、全班活动 Class work

1. 想一想有没有你特别想去的公园、商场或其他地方。你知道怎么走吗? Think of a park, a
mall, or some other places you want to visit a lot. Do you know how to get there?

2. 向全班同学说出你想去的地方，问问大家是否知道那个地方在哪儿? 怎么去? Tell the
class the place you want to visit and ask them whether they know where it is and how to get there.

A tip for students

If you know how to get there, ask the class whether there is a quicker way.

语言练习 Language Focus

一、朗读下列句子，注意语气和语调 Read the following sentences aloud,
pay attention to the tone and the intonation 04-07

① 我已经到了，怎么没看见你呀?
Wǒ yǐjīng dào le, zěnme méi kànjiàn nǐ ya?

57

② 哪个门口呀？这个商场有4个门呢。
Nǎge ménkǒu ya? Zhège shāngchǎng yǒu sì ge mén ne.

③ 这样吧，我去找你。
Zhèyàng ba, wǒ qù zhǎo nǐ.

⑥ 还得换车呀？
Hái děi huàn chē ya?

④ 不远，走路也就十几分钟。
Bù yuǎn, zǒu lù yě jiù shí jǐ fēnzhōng.

⑦ 顺利的话，40多分钟吧。
Shùnlì de huà, sìshí duō fēnzhōng ba.

⑤ 我想起来了，那边有家书店，我去过。
Wǒ xiǎng qǐlai le, nà biān yǒu jiā shūdiàn, wǒ qù guo.

二、替换练习 Substitution exercises

① 超市旁边有好几家呢。
Chāoshì pángbiān yǒu hǎo jǐ jiā ne.

学校门口	几路公共汽车
Xuéxiào ménkǒu	jǐ lù gōnggòng qìchē
附近	几个饭馆
Fùjìn	jǐ ge fànguǎn
我家旁边	几家小商店
Wǒ jiā pángbiān	jǐ jiā xiǎo shāngdiàn
这里	多人
Zhèlǐ	duō rén

③ 那儿不是一家饭馆儿吗？
Nàr bù shì yì jiā fànguǎnr ma?

一家超市
yì jiā chāoshì
一所学校
yì suǒ xuéxiào
一个商店
yí ge shāngdiàn
一个网吧
yí ge wǎng bā

② 离咱们学校挺远的。
Lí zánmen xuéxiào tǐng yuǎn de.

今天天气	好
Jīntiān tiānqì	hǎo
他女朋友	漂亮
Tā nǚ péngyou	piàoliang
你的房间	大
Nǐ de fángjiān	dà
这件衣服	贵
Zhè jiàn yīfu	guì

三、用所给的词语完成对话 Complete the following dialogues with the given words

① A：今天吃饭的人比较多，请几位稍 (slightly) 等一会儿。
Jīntiān chī fàn de rén bǐjiào duō, qǐng jǐ wèi shāo děng yíhuìr.

B：_____？（还得）
hái děi

② A：下课之前，我们来听写几个生词。
　　　Xià kè zhīqián, wǒmen lái tīngxiě jǐ ge shēngcí.

　　B：＿＿＿＿＿＿＿＿＿＿＿？（还得）
　　　　　　　　　　　　　　　hái děi

③ A：去那里，要坐多长时间的车？
　　　Qù nàlǐ, yào zuò duō cháng shíjiān de chē?

　　B：＿＿＿＿＿＿＿＿＿＿＿。（……也就……）
　　　　　　　　　　　　　　　　... yě jiù ...

④ A：这件衣服一定很贵吧？
　　　Zhè jiàn yīfu yídìng hěn guì ba?

　　B：＿＿＿＿＿＿＿＿＿＿＿。（……也就……）
　　　　　　　　　　　　　　　　... yě jiù ...

四、模仿例句，用"这样吧，……" 回答下面的问题 Follow the
example and answer the following questions with 这样吧，……

Example：A：你觉得什么时候去比较好？
　　　　　　　　Nǐ juéde shénme shíhou qù bǐjiào hǎo?
　　　　　　B：这样吧，到时候我打电话给你。
　　　　　　　　Zhèyàng ba, dào shíhou wǒ dǎ diànhuà gěi nǐ.

① A：假期咱们去哪里玩儿？
　　　Jiàqī zánmen qù nǎlǐ wánr?

　　B：＿＿＿＿＿＿＿＿＿＿＿。

② A：这件蓝色的好还是那件白色的比较好？
　　　Zhè jiàn lán sè de hǎo háishi nà jiàn báisè de bǐjiào hǎo?

　　B：＿＿＿＿＿＿＿＿＿＿＿。

③ A：我们喝红茶还是喝咖啡？
　　　Wǒmen hē hóngchá háishi hē kāfēi?

　　B：＿＿＿＿＿＿＿＿＿＿＿。

④ A：朋友们来的时候吃中国菜还是吃西餐(Western food)？
　　　Péngyou men lái de shíhou chī Zhōngguó cài háishi chī Xīcān?

　　B：＿＿＿＿＿＿＿＿＿＿＿。

扩展活动 Extended Activities

一、看图比较 Look and compare

两人分别看着图A和图B（见第61页），向同伴描述图片的内容，听的人应该说出自己的图片和对方不一样的地方。Two students look at picture A and picture B (on Page 61) respectively. Describe to your partner what you see. The listener should tell the differences between the two pictures.

Word bank

银行	邮局
yínháng	yóujú
bank	post office
网吧	咖啡馆
wǎngbā	kāfēi guǎn
Internet bar	café

A tip for students

There are many differences between the two pictures. Do not look at your partner's picture until you have finished talking about the pictures.

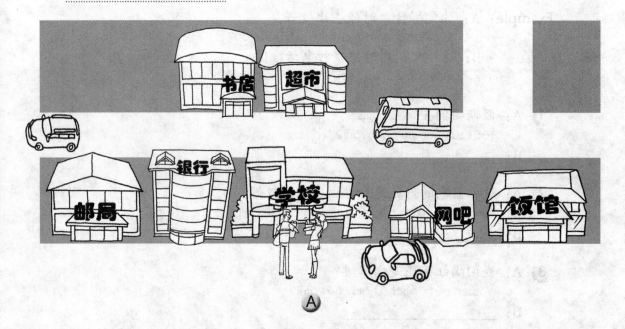

Ⓐ

二、游戏：快速说位置 Game: tell the location quickly

学生A任选一位同学，被选出的人必须快速说出学生A的位置，如"你在我的左边，在×××的后面。"说对了可以选人，如果说错了，则换成另一人开始。Student A chooses one of the classmates at random, the chosen student should tell the location of student A as quickly as possible, such as "You are on my left side and behind XXX". If he/she says correctly, he/she can choose the next student. If incorrectly, the game starts from another person.

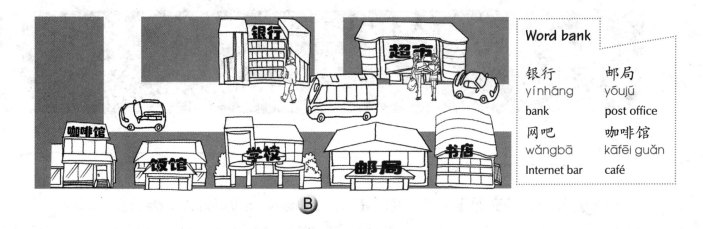

Word bank

银行	邮局
yínháng	yóujú
bank	post office
网吧	咖啡馆
wǎngbā	kāfēi guǎn
Internet bar	café

Ⓑ

总结与评价 | Summary and Evaluation

一、你记住了哪些表示方位的词语，试着把这些词语写出来。What words of locations have you remembered? Try to write them all down.

二、你能说出你们学校或学生宿舍的具体位置了吗？会描述路线了吗？给你的朋友说说，看他们能不能根据你说的画出准确的方位图。Can you tell the location of your school or dorm? Can you describe the route to somewhere? Tell your friend the locations and see whether they can draw a correct map according to your directions.

三、完成任务的自我表现评价。Self-evaluation.

Are you satisfied with your own performance?

Very good   good   not so good   bad

Your own evaluation

A   B   C   Your willingness to state your opinions

A   B   C   Your willingness to raise your questions

A   B   C   Your enthusiasm to gather useful information

A   B   C   Your willness to speak Chinese in class

第5课

我上错车了 (Wǒ shàng cuò chē le)
I Got on the Wrong Bus

目标 | Objectives

1. 复习各种交通工具的名称。Review the names of various vehicles.
2. 学会乘坐交通工具时的常用语句。Learn the commonly used expressions of riding vehicles.
3. 学习比较不同的交通工具。Learn to compare different vehicles.

准备 Preparation

1. 3-4人一组，一起聊聊交通工具。Work in groups of three or four students and talk about vehicles.

Question

1. 你使用过下面哪些交通工具？在什么地方使用的？
   Nǐ shǐyòng guo xiàmiàn nǎxiē jiāotōng gōngjù? Zài shénme dìfang shǐyòng de?
   What vehicles in the following pictures have you used? When and where did you use them?

公共汽车
gōnggòng qìchē

出租车
chūzū chē

城铁（地铁）
chéngtiě (dìtiě)

火车
huǒchē

飞机
fēijī

旅游巴士
lǚyóu bāshì

马车
mǎ chē

小轿车
xiǎo jiào chē

自行车
zìxíngchē

2. 在你们国家人们使用最多的是什么交通工具？为什么？

Zài nǐmen guójiā rénmen shǐyòng zuì duō de shì shénme jiāotōng gōngjù? Wèi shénme?

What vehicle is the most used in your country? Why?

3. 在这里你最常用的是什么交通工具？为什么？

Zài zhèlǐ nǐ zuì chángyòng de shì shénme jiāotōng gōngjù? Wèi shénme?

What vehicle do you use most often in China? Why?

4. 来这里后，你第一次出门使用的是什么交通工具？为什么？

Lái zhèlǐ hòu, nǐ dì yī cì chū mén shǐyòng de shì shénme jiāotōng gōngjù? Wèi shénme?

What vehicle did you use when you went out for the first time since you'd come? Why?

2. 你会看站牌吗？到黑板上去写一个你知道的站名，并告诉大家坐哪几路车可以到那个站。Do you know how to read the bus stop sign? Write the name of a stop you know on the blackboard, and tell the class which buses go there.

给教师的提示
您上课前别忘了提醒学生注意一下站牌。

词 语 Words and Expressions

❑ 朗读下列词语，注意发音和词语的意思。Read the following words aloud, pay attention to the pronunciation and the meanings. 🔘 05-01

给教师的提示
课前别忘了提醒学生预习词语。

1 刷（卡） shuā (kǎ) swipe (the card)	2 卡 kǎ card	3 票 piào ticket	4 打车 dǎ chē take a taxi	5 行李 xíngli luggage	6 班车 bānchē regular bus	7 周末 zhōumò weekend
8 趟 tàng a measure word	9 骑 qí ride	10 上周 shàng zhōu last week	11 风景 fēngjǐng view	12 火车 huǒchē train	专有名词 Proper nouns	13 北京路 Běijīng Lù Beijing Road
14 动物园 Dòngwùyuán Zoo						

❑ 从你学过的词语中选择合适的词语进行搭配。Match the words below with the proper words you learned.

卡 kǎ   票 piào   风景 fēngjǐng   骑 qí

句子 Sentences

☐ 听录音，填词语。Listen to the recording and fill in the blanks. 🔘 05-02

1 上车请_____，没卡请买票。

Shàng chē qǐng _____, méi kǎ qǐng mǎi piào.

2 去中国_____在哪儿下车？

Qù Zhōngguó _____ zài nǎr xià chē?

3 去北京路_____坐280对吗？

Qù Běijīng Lù _____ zuò èrbālíng duì ma?

4 _____是去北京路的车都行。

_____ shì qù Běijīng Lù de chē dōu xíng.

5 从动物园到北京路还有_____？

Cóng Dòngwùyuán dào Běijīng Lù hái yǒu _____?

> **A tip for students**
>
> You may use *Pinyin* first if you have trouble with the Chinese characters.

6 上车前，你先问问_____北京路。

Shàng chē qián, nǐ xiān wènwen _____ Běijīng Lù.

7 从咱们学校到_____，打车得多少钱？

Cóng zánmen xuéxiào dào _____ dǎ chē děi duōshao qián?

8 骑车_____，但是比较累。

Qí chē _____, dànshì bǐjiào lèi.

☐ 朗读下列句子。Read the following sentences aloud.

1 上车请刷卡，没卡请买票。

Shàng chē qǐng shuā kǎ, méi kǎ qǐng mǎi piào.
Swipe your card or buy a ticket, please.

> **给教师的提示**
> 您可以采用各种方式操练句子，并纠正学生的发音。

2 去中国书店在哪儿下车？

Qù Zhōngguó Shū diàn zài nǎr xià chē?
Which stop should I get off for China Bookstore?

3 去北京路应该坐280对吗？

Qù Běijīng Lù yīnggāi zuò èrbālíng duì ma?
I should take Bus 280 to Beijing Road, right?

4 只要是去北京路的车都行。

Zhǐyào shì qù Běijīng Lù de chē dōu xíng.
Any bus that goes to Beijing Road is OK.

5 从动物园到北京路还有几站？

Cóng Dòngwùyuán dào Běijīng Lù hái yǒu jǐ zhàn?
How many stops are there between the zoo and Beijing Road?

6 上车前，你先问问去不去北京路。

Shàng chēqián, nǐ xiān wèn wèn qù bù qù Běijīng Lù.
You should ask the conductor whether the bus goes to Beijing road before you get on the bus.

7 从咱们学校到机场，打车得多少钱？

Cóng zánmen xuéxiào dào jīchǎng, dǎ chē děi duōshao qián?
How much does it cost from our school to the airport by taxi?

8 骑车好是好，但是比较累。

Qí chē hǎo shì hǎo, dànshì bǐjiào lèi.
Bike ride's good, but it'd be tiring.

❏ **看图片，然后和同伴商量他们可能在说什么。** Look at the pictures and discuss with your partner what they are probably talking about.

情景 Situations

❏ **听两遍录音，并回答下列问题。** Listen to the recording twice and answer the following questions. 🔘 05-03

① 中国书店在哪儿？
Zhōngguó Shū diàn zài nǎr?
Where is China Bookstore?

② 去中国书店应该怎么换车？
Qù Zhōngguó Shū diàn yīnggāi zěnme huàn chē?
How to transfer to get to China Bookstore?

③ 去中国书店可以坐几路车？
Qù Zhōngguó Shū diàn kěyǐ zuò jǐ lù chē?
Which buses go to China Bookstore?

④ 欧文坐的车能到中国书店吗？
Ōuwén zuò de chē néng dào Zhōngguó Shū diàn ma?
Will the bus Irving takes go to China Bookstore?

⑤ 动物园离中国书店远吗？
Dòngwùyuán lí Zhōngguó Shū diàn yuǎn ma?
Is the zoo far from China Bookstore?

⑥ 上车前欧文应该问什么？
Shàng chē qián Ōuwén yīnggāi wèn shénme?
What should Irving ask before getting on the bus?

❑　朗读对话一，并注意发音和语气。Read Dialogue 1 aloud, pay attention to the pronunciation and the tone.

售票员：　上车请刷卡，没卡
Shòupiàoyuán:　Shàng chē qǐng shuā kǎ, méi kǎ

　　　　　请买票。
　　　　　qǐng mǎi piào.

欧文：　请问，去中国书店在
Ōuwén:　Qǐngwèn, qù Zhōngguó Shūdiàn zài

　　　　哪儿下车？
　　　　nǎr xià chē?

售票员：　这是208，不去北京路。
Shòupiàoyuán:　Zhè shì èrlíngbā, bú qù Běijīng Lù.

欧文：　啊？我上错[1]车了，
Ōuwén:　Á? Wǒ shàng cuò chē le,

　　　　我要坐280。
　　　　wǒ yào zuò èrbālíng.

售票员：　你坐两站，然后下去
Shòupiàoyuán:　Nǐ zuò liǎng zhàn, ránhòu xiàqu

　　　　　换车吧。
　　　　　huàn chē ba.

欧文：　去北京路应该坐280对吗？
Ōuwén:　Qù Běijīng Lù yīnggāi zuò èrbālíng duì ma?

售票员：　只要去北京路的车都[2]行。
Shòupiàoyuán:　Zhǐyào qù Běijīng Lù de chē dōu xíng.

乘客：　到了动物园有很多车都去北京路。
Chéngkè:　Dào le Dòngwùyuán yǒu hěn duō chē dōu qù Běijīng Lù.

欧文：　从动物园到北京路还有几站？
Ōuwén:　Cóng Dòngwùyuán dào Běijīng Lù hái yǒu jǐ zhàn?

乘客：　还有十多站呢。
Chéngkè:　Hái yǒu shí duō zhàn ne.

欧文：　哦，还挺远的。
Ōuwén:　Ò, hái tǐng yuǎn de.

乘客：　是啊。上车前，你先问问去
Chéngkè:　Shì a. Shàng chē qián, nǐ xiān wènwen qù

　　　　不去北京路。
　　　　bu qù Běijīng Lù.

欧文：　谢谢您！
Ōuwén:　Xièxie nín!

Conductor:	Swipe your card or buy a ticket, please..
Irving:	Excuse me, which stop should I get off for China Bookstore?
Conductor:	This is Bus 208 and it doesn't go to Beijing Road.
Irving:	Ah? I got on the wrong bus. I should've taken Bus 280.
Conductor:	You can get off to transfer after two stops.
Irving:	I should take Bus 280 to Beijing Road, right?
Conductor:	Any bus that goes to Beijing Road is OK.
Passenger:	Many buses near the zoo go to Beijing Road.
Irving:	How many stops are there between the zoo and Beijing Road?
Passenger:	More than ten stops.
Irving:	Oh, that's quite far.
Passenger:	Yes. You should ask the conductor whether the bus goes to Beijing Road before you get on the bus.
Irving:	Thank you!

Tips:

1. 错 is used after a verb to describe the consequence of an action.

2. 只要 is usually used together with 就，都 to indicate the necessary condition and the minimum requirement.

❑ **画线连接。** Match.

1. 这是208，不去北京路。
   Zhè shì èrlíngbā, bú qù Běijīng Lù.

2. 去北京路应该坐280对吗？
   Qù Běijīng Lù yīnggāi zuò èrbālíng duì ma?

3. 哦，还挺远的呢。
   Ò, hái tǐng yuǎn de ne.

A. 是啊。
   Shì a.

B. 只要是去北京路的车都行。
   Zhǐyào shì qù Běijīng Lù de chē dōu xíng.

C. 啊？我上错车了，我要坐280。
   Á? Wǒ shàng cuò chē le, wǒ yào zuò èrbālíng.

❑ **说一说。** Say it.

1. 不会说汉语的话，在中国你选择什么交通工具？
   Bú huì shuō Hànyǔ de huà, zài Zhōngguó nǐ xuǎnzé shénme jiāotōng gōngjù?
   What vehicle would you take in China if you can't speak Chinese?

2. 在中国你一个人能坐公共汽车吗？为什么？
   Zài Zhōngguó nǐ yí ge rén néng zuò gōnggòng qìchē ma? Wèi shénme?
   Can you take a bus alone in China? Why?

3. 你愿意坐公共汽车吗？为什么？
   Nǐ yuànyì zuò gōnggòng qìchē ma? Wèi shénme?
   Are you willing to take a bus? Why?

❑ **听两遍录音，并回答下列问题。** Listen to the recording twice and answer the following questions. 🔊 05-04

1. 春香想怎么去机场？
   Chūnxiāng xiǎng zěnme qù jīchǎng?
   How does Chun Hyang want to go to the airport?

2. 坐机场班车，一个人多少钱？
   Zuò jīchǎng bānchē, yí ge rén duōshao qián?
   How much does it cost for each person to the airport by regular bus?

3. 春香想坐机场班车，但是她担心什么？
   Chūnxiāng xiǎng zuò jīchǎng bānchē, dànshì tā dānxīn shénme?
   Chun Hyang wants to take the regular bus. But what is she worried about?

4. 春香可以坐机场班车去机场吗？为什么？
   Chūnxiāng kěyǐ zuò jīchǎng bānchē qù jīchǎng ma? Wèi shénme?
   Can Chun Hyang go to the airport by a regular bus? Why?

5. 春香怎么去班车站？
   Chūnxiāng zěnme qù bānchē zhàn?
   How can Chun Hyang get to the regular bus stop?

❏ **朗读对话二，并注意发音和语气。** Read Dialogue 2 aloud, pay attention to the pronunciation and the tone.

春香: 欧文，从咱们学校到机场，
Chūnxiāng: Ōuwén, cóng zánmen xuéxiào dào jīchǎng,

打车得多少钱？
dǎ chē děi duōshao qián?

欧文: 听说得100多块钱。
Ōuwén: Tīngshuō děi yìbǎi duō kuài qián.

春香: 那么贵呀！你前天去接人
Chūnxiāng: Nàme guì ya! Nǐ qiántiān qù jiē rén

怎么去的？
zěnme qù de?

欧文: 坐机场班车一个人
Ōuwén: Zuò jīchǎng bānchē yí ge rén

才¹16块钱。
cái shíliù kuài qián.

春香: 可是我的飞机特别早，
Chūnxiāng: Kěshì wǒ de fēijī tèbié zǎo,

而且²我有行李。
érqiě wǒ yǒu xíngli.

欧文: 你坐几点的飞机？
Ōuwén: Nǐ zuò jǐ diǎn de fēijī?

春香: 7点10分。
Chūnxiāng: Qī diǎn shí fēn.

欧文: 班车5点多就³有了。
Ōuwén: Bānchē wǔ diǎn duō jiù yǒu le.

春香: 是吗？在哪儿坐机场班车？
Chūnxiāng: Shì ma? Zài nǎr zuò jīchǎng bānchē?

欧文: 很多地方都有站。你可以打车去最近的班车站。
Ōuwén: Hěn duō dìfang dōu yǒu zhàn. Nǐ kěyǐ dǎ chē qù zuìjìn de bānchē zhàn.

春香: 这个办法不错。
Chūnxiāng: Zhège bànfǎ búcuò.

Chun Hyang:	Irving, how much does it cost from our school to the airport by taxi?
Irving:	More than 100 yuan I heard.
Chun Hyang:	How expensive! How did you get there to pick someone up the day before yesterday?
Irving:	Taking a regular bus only costs 16 yuan for each person.
Chun Hyang:	But my fight is early and I'll have some luggage.
Irving:	What time is your flight?
Chun Hyang:	Ten past seven.
Irving:	The regular bus starts from past five.
Chun Hyang:	Really? Where should I take a regular bus?
Irving:	There are stops everywhere. You may take a taxi to the nearest stop.
Chun Hyang:	Good idea.

Tips:

1. Here 才 indicates a small amount.
2. 而且 indicates a further progress in meaning.
3. 就 indicates something happens early.

❑ 和同伴一起，根据下面的提示复述对话二。Retell Dialogue 2 according to the given hints with your partner.

春香明天要回国了，她打算_____，可是听欧文说打车_____，太

Chūnxiāng míngtiān yào huí guó le, tā dǎsuàn......, kěshì tīng Ōuwén shuō dǎ chē......, tài

贵了。虽然可以坐_____，但是春香坐的飞机_____，她担心_____，欧文告诉

guì le. Suīrán kěyǐ zuò......, dànshì Chūnxiāng zuò de fēijī......, tā dānxīn......, Ōuwén gàosu

春香_____。欧文有一个好办法_____。

Chūnxiāng...... Ōuwén yǒu yí ge hǎo bànfǎ......

三 ○————————————————————○

❑ 听两遍录音，并回答下列问题。Listen to the recording twice and answer the following questions. 🔘 05-05

① 王军为什么想出去玩儿？
Wáng Jūn wèi shénme xiǎng chūqu wánr?
Why does Wang Jun want to go outdoors for fun?

② 山本想怎么去？王军为什么不同意？
Shānběn xiǎng zěnme qù? Wáng Jūn wèi shénme bù tóngyì?
How does Yamamoto want to go? Why doesn't Wang Jun agree?

③ 王军想去哪儿？
Wáng Jūn xiǎng qù nǎr?
Where does Wang Jun want to go?

④ 欧文上个星期去的地方怎么样？
Ōuwén shàng ge xīngqī qù de dìfang zěnmeyàng?
How is the place where Irving went to last week?

⑤ 山本和王军决定去哪儿？
Shānběn hé Wáng Jūn juédìng qù nǎr?
Where do Yamamoto and Wang Jun decide to go?

⑥ 山本想怎么去？为什么？
Shānběn xiǎng zěnme qù? Wèi shénme?
How does Yamamoto want to go?

❑ 朗读对话三，并注意发音和语气。Read Dialogue 3 aloud, pay attention to the pronunciation and the tone.

王军：　最近天气不错，咱们周末出去玩儿一趟¹吧？
Wáng Jūn:　Zuìjìn tiānqì búcuò, zánmen zhōumò chūqu wánr yí tàng ba?

山本: 好啊！怎么去？
Shānběn: Hǎo a! Zěnme qù?

王军: 骑车坐车都行。
Wáng Jūn: Qí chē zuò chē dōu xíng.

山本: 我觉得还是[2]骑车去好。
Shānběn: Wǒ juéde háishi qí chē qù hǎo.

王军: 骑车好是好，但是[3]比较累，
Wáng Jūn: Qí chē hǎo shì hǎo, dànshì bǐjiào lèi,

去不了太远的地方。
qù bù liǎo tài yuǎn de dìfang.

山本: 那倒是。你想去哪儿？
Shānběn: Nà dào shì. Nǐ xiǎng qù nǎr?

王军: 去爬山怎么样？
Wáng Jūn: Qù pá shān zěnmeyàng?

山本: 听说欧文上周去了。
Shānběn: Tīngshuō Ōuwén shàng zhōu qù le.

他说那个地方不错。
Tā shuō nàge dìfang búcuò.

王军: 是我给[4]他介绍的，那儿的
Wáng Jūn: Shì wǒ gěi tā jièshào de, nàr de

风景特别好。
fēngjǐng tèbié hǎo.

山本: 那咱们也去看看吧。
Shānběn: Nà zánmen yě qù kànkan ba.

王军: 好啊。
Wáng Jūn: Hǎo a.

山本: 坐火车去吧。来这里以后我还没坐过火车呢。
Shānběn: Zuò huǒchē qù ba. Lái zhèlǐ yǐhòu wǒ hái méi zuò guo huǒchē ne.

王军: 没问题。我今天就去买票。
Wáng Jūn: Méi wèntí. Wǒ jīntiān jiù qù mǎi piào.

Wang Jun:	The weather's been fine recently. How about an outdoor trip on weekend?
Yamamoto:	Great! How do we go?
Wang Jun:	Either by bike or by bus.
Yamamoto:	I think I'm up for a bike ride.
Wang Jun:	Bike ride's good, but it'd be so tiring that we won't be able to go far.
Yamamoto:	That's correct. Where do you want to go?
Wang Jun:	How about climb hills?
Yamamoto:	I heard that Irving went climbing last week. He said that was a good place.
Wang Jun:	I introduced that place to him. The view is good there.
Yamamoto:	Then we should go take a look as well.
Yamamoto:	Let's go by train. I haven't taken a train yet since I came here.
Wang Jun:	No problem. I will buy the ticket today.

Tips:

1. 趟 expresses the times of travelling.
2. Here 还是 expresses a decision after comparing and thinking.
3. Here 是 connects two identical words to indicate a concession, is somewhat similar to "though". A turn of meaning should follow the structure. E.g. 漂亮是漂亮，但是太贵了。(Piàoliang shì piàoliang, dànshì tài guì le.)
4. Here 给 is used to usher the object of an action.

❏ **和同伴一起，根据下面的提示复述对话三。** Retell Dialogue 3 according to the given hints with your partner.

因为最近天气不错，王军建议 (suggest) 周末出去玩儿一趟。山本听了很高兴，_____。

Yīnwèi zuìjìn tiānqì búcuò, Wáng Jūn jiànyì zhōumò chūqu wánr yí tàng. Shānběn tīng le hěn gāoxìng……

❏ **说一说。** Say it.

① 你觉得骑车去爬山好不好？为什么？
Nǐ juéde qí chē qù pá shān hǎo bu hǎo? Wèi shénme?
Do you think it a good idea to go climbing hills by bike? Why?

② 你喜欢坐火车吗？说说坐火车的好处和问题。
Nǐ xǐhuan zuò huǒchē ma? Shuōshuo zuò huǒchē de hǎochu hé wèntí.
Do you like travelling by train? Talk about its advantages and disadvantages.

❏ **朗读下面的短文，并模仿短文说说自己。** Read the following passage aloud and then imitate the passage to talk about yourself. 💿 05-06

乔丹是美国留学生，他在中国学汉语。刚到中国的时候，因为汉语水平不高，他一个人不敢坐公共汽车，经常打车。一个月以后，他才 (only) 第一次坐公共汽车。那天他上车后对售票员说了一句汉语，他问："一张票多少钱？"那个售票员很热情 (warm)。还有一个漂亮的中国姑娘告诉他，应该买一张交通卡 (transportation card)，因为很方便。

Qiáodān shì Měiguó liúxuéshēng, tā zài Zhōngguó xué Hànyǔ. Gāng dào Zhōngguó de shíhou, yīnwèi Hànyǔ shuǐpíng bù gāo, tā yí ge rén bù gǎn zuò gōnggòng qìchē, jīngcháng dǎ chē. Yí ge yuè yǐhòu, tā cái dì yī cì zuò gōnggòng qìchē. Nà tiān tā shàng chē hòu duì shòupiàoyuán shuō le yí jù Hànyǔ, tā wèn: "Yì zhāng piào duōshao qián?" Nàge shòupiàoyuán hěn rèqíng. Hái yǒu yí ge piàoliang de Zhōngguó gūniang gàosu tā, yīnggāi mǎi yì zhāng jiāotōng kǎ, yīnwèi hěn fāngbiàn.

活 动 Activities

一、双人活动 Pair work

下周有几位同学要去很远的地方参加一个活动。活动早晨8点开始。你觉得他们应该怎么坐车？和同伴商量两条乘车路线，并说明理由。Some students will go to a distant place next week to attent an activity which begins at 8 a.m. How do you think they should go there? Discuss with your partner and give two transportation routes, and then explain.

Plan 1	Plan 2
出发时间： chūfā shíjiān:	出发时间： chūfā shíjiān:
乘坐的车： chéngzuò de chē:	乘坐的车： chéngzuò de chē:
理由： lǐyóu:	理由： lǐyóu:

Pattern

先坐……，然后换……，再坐……
xiān zuò…,   ránhòu huàn…,   zài zuò…

给教师的提示
您需要根据当地情况选择一个较远的目的地，并事先准备几条乘车路线。

二、小组活动 Group work

1. 先利用下面的表格准备一下。First make preparations according to the following form.

	自行车 Bike	小轿车 Car
好处 hǎochu		
问题 wèntí		

2. 3–4人一组。和同伴们比较这两种交通工具。Work in groups of three or four students. Compare the two vehicles with your partners.

3. 你们觉得应该更多地使用哪种交通工具？为什么？What vehicle do you think should be used more? Why?

A tip for students

You may explain its advantages and disadvantages from a perspective of the characteristics of a vehicle.

三、全班活动 Class work

李卫是学生，今年刚毕业。他很想买一辆车。你觉得他该不该买车？ Li Wei is a student who has just graduated this year. He wants to buy a car. Do you think he should do this?

1. **全班分成4组，分别讨论开车的好处和坏处，乘坐公共交通的好处和坏处。** Divide the class into four groups and discuss respectively the advantages and the disadvantages of private cars and public transportation.

2. **选择自己的观点：支持李卫买车或反对李卫买车。** Choose your viewpoint: for or against Li Wei's decision of buying a car.

3. **按不同的观点再分组准备，每个组最少要有3个理由。** Divide the class again according to different viewpoints and prepare. Each group should provide at least three reasons.

4. **辩论。** Debate.

A tip for students

You must listen carefully when your opponent is stating reasons. Then you should try to persuade your opponent with your reasons.

语言练习 | Language Focus

一、朗读下列句子，注意语气和语调 Read the following sentences aloud, pay attention to the tone and the intonation 🎧 05-07

① 那么贵呀！你前天去接人怎么去的？
Nàme guì ya! Nǐ qiántiān qù jiē rén zěnme qù de?

② 去北京路应该坐280对吗？
Qù Běijīng Lù yīnggāi zuò èrbālíng duì ma?

③ 还有十多站呢。
Hái yǒu shí duō zhàn ne.

④ 哦，还挺远的。
Ò, hái tǐng yuǎn de.

⑤ 从咱们学校到机场，打车得多少钱？
Cóng zánmen xuéxiào dào jīchǎng, dǎ chē děi duōshao qián?

⑥ 是吗？在哪儿坐机场班车？
Shì ma? Zài nǎr zuò jīchǎng bānchē?

⑦ 骑车好是好，但是比较累，去不了太远的地方。
Qí chē hǎo shì hǎo, dànshì bǐjiào lèi, qù bu liǎo tài yuǎn de dìfang.

二、替换练习 Substitution exercises

1 那么**贵**呀！**你前天去接人怎么去的？**
Nàme guì ya! Nǐ qiántiān qù jiē rén zěnme qù de?

高	怎么上去呢
gāo	zěnme shàngqu ne
远	多长时间才能到
yuǎn	duō cháng shíjiān cái néng dào
冷	你要不要多穿一点儿
lěng	nǐ yào bu yào duō chuān yìdiǎnr

2 **只要是去北京路的车** 都 **行**。
Zhǐyào shì qù Běijīng Lù de chē dōu xíng.

是你做的我	喜欢
shì nǐ zuò de wǒ	xǐhuan
学过的生词他	会写
xué guo de shēngcí tā	huì xiě
我有时间	能参加
wǒ yǒu shíjiān	néng cānjiā

3 **从动物园** 到 **北京路还有几站？**
Cóng Dòngwùyuán dào Běijīng Lù hái yǒu jǐ zhàn?

宿舍	教室远不远
sùshè	jiàoshì yuǎn bu yuǎn
学校	飞机场要多长时间
xuéxiào	fēijī chǎng yào duō cháng shíjiān
饭馆儿	你的房间要走几分钟
fànguǎnr	nǐ de fángjiān yào zǒu jǐ fēnzhōng
上班	下班一共几个小时
shàng bān	xià bān yígòng jǐ ge xiǎoshí

三、根据下面对话的意思，用"才"、"就"填空 Fill in the blanks with 才 or 就 according to the meanings of the following dialogues

1 A：他今年多大？
Tā jīnnián duō dà?

B：他是我们班最小的，今年_____16岁。
Tā shì wǒmen bān zuì xiǎo de, jīnnián_____shí liù suì.

2 A：这家饭馆儿大吗？
Zhè jiā fànguǎnr dà ma?

B：不大，一共_____有七张桌子。
Bù dà, yígòng_____yǒu qī zhāng zhuōzi.

③ A：你今天来得这么早?
　　Nǐ jīntiān lái de zhème zǎo?

　　B：是啊，我今天7点半_____到教室了。
　　　 Shì a, wǒ jīntiān qī diǎn bàn_____ dào jiàoshì le.

④ A：听说他上学很早。
　　Tīngshuō tā shàng xué hěn zǎo.

　　B：是的，五岁半_____上学了。所以毕业很早。
　　　 Shìde, wǔ suì bàn_____ shàng xué le. Suǒyǐ bìyè hěn zǎo.

四、用 "……A是A，但是……" 提一个建议 Give a suggestion with ……A是A，但是……

① 这件衣服很便宜，你觉得朋友穿不合适，你给她一个建议(suggestion)。
Zhè jiàn yīfu hěn piányi, nǐ juéde péngyou chuān bù héshì, nǐ gěi tā yí ge jiànyì.

② 这个地方比较远，但听说很不错，你建议朋友去参观一下。
Zhège dìfang bǐjiào yuǎn, dàn tīngshuō hěn búcuò, nǐ jiànyì péngyou qù cānguān yíxià.

③ 这个菜有点儿贵，但是很多人都说好吃，你建议大家去尝尝。
Zhège cài yǒu diǎnr guì, dànshì hěn duō rén dōu shuō hǎo chī, nǐ jiànyì dàjiā qù chángchang.

五、用给出的词语，用"而且"说出完整的句子 Use 而且 to make complete sentences with the given words

① 英语　　汉语
　 Yīngyǔ　　Hànyǔ

② 漂亮　　性格
　 piāoliang　　xìnggé

③ 汉语　　汉字
　 Hànyǔ　　Hànzì

④ 啤酒　　白酒
　 píjiǔ　　báijiǔ

Word bank

十字路口　　交通事故
shízì lùkǒu　　jiāotōng shìgù
crossing　　traffic accident

撞　　摩托车
zhuàng　　mótuōchē
hit　　motorcycle

扩展活动 Extended Activities

一、看图比较 Look and compare

两人分别看着图A和图B（见第75页），向同伴描述图片的内容，听的人应该说出自己的图片和对方不一样的地方。Two students look at picture A and picture B (on Page 75) respectively. Describe to your partner what you see. The listener should tell the differences between the two pictures.

A tip for students

There are many differences between the two pictures. Do not look at your partner's picture until you have finished talking about the pictures.

Word bank

十字路口
shízì lùkǒu
crossing

交通事故
jiāotōng shìgù
traffic accident

撞
zhuàng
hit

摩托车
mōtuōchē
motorcycle

给教师的提示
如果时间合适，这个游戏您可以放在活动三的后面进行。

二、游戏：还是我最好 Game: I am the best

4人一组。4人分别扮演自行车、小轿车、大卡车和大轿车。每个人都要尽量说出自己的优点和别人的缺点。看看哪一种交通工具的优点最多。Work in groups of four. The four students respectively play the roles of a bike, a car, a truck and a limousine. Each should tell the advantages of your own and the disadvantages of the others. See which vehicle has the most advantages.

总结与评价 Summary and Evaluation

一、你学会了哪些跟交通工具有关的词语，试着把这些词语写出来。What words about vehicles have you learned? Try to write them all down.

二、你自己乘坐各种交通工具时能用汉语问问题了吗？能跟出租车司机或售票员交谈了吗？出门的时候一定要试一试。Can you ask questions in Chinese when taking various vehicles? Can you talk to a taxi driver or a conductor? Have a try next time when you're out.

三、完成任务的自我表现评价。Self-evaluation.

Are you satisfied with your own performance?

Very good   good   not so good   bad

Your own evaluation

A   B   C   Your willingness to state your opinions

A   B   C   Your willingness to raise your questions

A   B   C   Your enthusiasm to gather useful information

A   B   C   Your willingness to speak Chinese in class

第6课

能帮我找找吗？ (Néng bāng wǒ zhǎozhao ma?)

Can You Help Me Look for It?

目标 | Objectives

1. 复习简单的求助用语。Review some simple expressions of asking for help.
2. 学习询问和说明遇到的问题。Learn to enquire and explain the problems.
3. 学习简单地陈述原因。Learn to briefly explain the reason.
4. 学习向别人请求帮助。Learn to ask for help.

准备 Preparation

1. 试一试用参考句型向老师或同学借图片上的东西。Try to borrow the objects in the pictures from your teacher or classmates with the sentence pattern.

Pattern
用一下你的……，可以吗？
Yòng yíxià nǐ de ..., kěyǐ ma?

词典
cídiǎn

橡皮
xiàngpí

尺子
chǐzi

剪刀
jiǎndāo

笔
bǐ

相机
xiàngjī

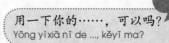

自行车
zìxíngchē

2. 看看下面的图片，和同伴一起根据图片内容用参考句型对话。Look at the following pictures and talk about them with the sentence pattern.

Pattern
我的……，请帮我……，好吗？
Wǒ de..., qǐng bāng wǒ..., hǎo ma?

Hǎo de. Nǐ hǎo hāor xiūxi ba.

① ② ③

78

词 语 Words and Expressions

☐ **朗读下列词语，注意发音和词语的意思。** Read the following words aloud, pay attention to the pronunciation and the meanings. 🔆 06-01

> 给教师的提示
>
> 课前别忘了提醒学生预习词语。

1 样 yàng appearance	2 皮儿 pír cover	3 添 tiān add	4 下(次) xià (cì) next (time)	5 舒服 shūfu comfortable	6 生词 shēngcí new words	7 部分 bùfen part
8 办 bàn do	9 练 liàn practice	10 前台 qiántái reception	11 地址 dìzhǐ address	12 国际 guójì international	13 教育 jiàoyù education	14 学院 xuéyuàn college
15 收发室 shōufā shì mail room						

☐ **根据图片内容，从你学过的词语中选择词语回答问题。** Choose the proper words and answer the questions according to the following picture.

② 他现在怎么样？

Tā xiànzài zěnmeyàng?

How is he now?

③ 他现在在哪儿？

Tā xiànzài zài nǎr?

Where is he now?

④ 他正在看信封上的什么？

Tā zhèngzài kàn xìnfēng shang de shénme?

What on the envelop is he looking at?

① 他为什么摔倒了？

Tā wèi shénme shuāi dǎo le?

Why does he fall?

句 子 Sentences

❑ 听录音，填词语。Listen to the recording and fill in the blanks. 🔵 06-02

1 是在我们这儿_____的吗？

Shì zài wǒmen zhèr_____de ma?

2 能帮我_____吗？

Néng bāng wǒ_____ma?

3 给你_____麻烦了。

Gěi nǐ_____máfan le.

4 我不认识的字_____多。

Wǒ bú rènshi de zì_____duō.

5 大部分是学过的，可是我没_____。

Dà bùfen shì xué guo de, kěshì wǒ méi_____.

6 我该_____呢？你能帮帮我吗？

Wǒ gāi_____ne? Nǐ néng bāngbang wǒ ma?

7 家里给我寄的书没有_____。

Jiā lǐ gěi wǒ jì de shū méiyǒu_____.

8 是不是_____写错了？

Shì bu shì_____xiě cuò le?

9 您觉得我_____怎么办呢？

Nín juéde wǒ_____zěnme bàn ne?

> **A tip for students**
>
> You may use *Pinyin* first if you have trouble with the Chinese characters.

❑ 朗读下列句子。Read the following sentences aloud.

1 是在我们这儿丢的吗？

Shì zài wǒmen zhèr diū de ma?

Did you leave it here?

2 能帮我找找吗？

Néng bāng wǒ zhǎozhao ma?

Can you help me look for it?

3 给你添麻烦了。

Gěi nǐ tiān máfan le.

Sorry to trouble.

4 我不认识的字越来越多。

Wǒ bú rènshi de zì yuè lái yuè duō.

More and more characters seem strange to me.

5 大部分是学过的，可是我没记住。

Dà bùfen shì xué guo de, kěshì wǒ méi jì zhù.

I learned most of them, but I failed to remember them.

6 我该怎么办呢？你能帮帮我吗？

Wǒ gāi zěnme bàn ne? Nǐ néng bāngbang wǒ ma?

What should I do? Can you help me?

7 家里给我寄的书没有收到。

Jiā lǐ gěi wǒ jì de shū méiyǒu shōu dào.

I haven't received the books my home sent me.

8 是不是地址写错了？

Shì bu shì dìzhǐ xiě cuò le?

Had the address been written wrong?

9 您觉得我应该怎么办呢？

Nín juéde wǒ yīnggāi zěnme bàn ne?

What do you think I should do?

> 给教师的提示
>
> 您可以采用各种方式操练句子，并纠正学生的发音。

□ 看图片，然后和同伴商量他们可能在说什么。Look at the pictures and discuss with your partner what they are probably talking about.

① ② ③

给教师的提示

有的图片可以说的话不止一句，您可以提醒学生多试一试。

Zěnme le?

Wǒmen zhèr méiyǒu cídiǎn.

给教师的提示

您可以在学生完成后，指出有问题的句子并给出正确的句子。

情 景 Situations

一

□ 听两遍录音，根据录音内容判断下列说法是否正确。Listen to the recording twice and decide whether the following statements are true or false. 🔘 06-03

1 玛莎来到了图书馆。 ☐

Mǎshā lái dào le túshūguǎn.

2 玛莎的汉语书丢了。 ☐

Mǎshā de Hànyǔ shū diū le.

3 玛莎吃完早饭，忘了拿她的书。☐

Mǎshā chī wán zǎofàn, wàng le ná tā de shū.

4 她的书是白皮儿的。 ☐

Tā de shū shì bái pír de.

5 她自己找到了她的书。 ☐

Tā zìjǐ zhǎo dào le tā de shū.

□ 朗读对话一，注意发音和语气。Read Dialogue 1 aloud, pay attention to the pronunciation and the tone.

服务员： Fúwùyuán:	您想吃什么？ Nín xiǎng chī shénme?
玛莎： Mǎshā:	对不起，我不吃饭，我找东西。 Duìbuqǐ, wǒ bù chī fàn, wǒ zhǎo dōngxi.
服务员： Fúwùyuán:	什么东西？是在我们这儿丢的吗？ Shénme dōngxi? Shì zài wǒmen zhèr diū de ma?

玛莎： 是我的汉语书。能帮我找找吗？
Mǎshā： Shì wǒ de Hànyǔ shū. Néng bāng wǒ zhǎozhao ma?

服务员： 什么时候丢的？
Fúwùyuán： Shénme shíhou diū de?

玛莎： 大概是中午1点左右¹吧，我吃完饭忘了拿。
Mǎshā： Dàgài shì zhōngwǔ yī diǎn zuǒyòu ba, wǒ chī wán fàn wàng le ná.

服务员： 是什么样的书？
Fúwùyuán： Shì shénme yàng de shū?

玛莎： 一本红皮儿的汉语书。
Mǎshā： Yī běn hóng pír de Hànyǔ shū.

服务员： 你等一下，我帮你问问。
Fúwùyuán： Nǐ děng yíxià, wǒ bāng nǐ wènwen.

玛莎： 好的。给你添麻烦了。
Mǎshā： Hǎo de. Gěi nǐ tiān máfan le.

服务员： 你看看是这一本吗？
Fúwùyuán： Nǐ kànkan shì zhè yī běn ma?

玛莎： 对，就是这本。太谢谢你了。
Mǎshā： Duì, jiù shì zhè běn. Tài xièxie nǐ le.

服务员： 不客气。下次可²别忘了。
Fúwùyuán： Bū kèqi. Xià cì kě bié wàng le.

Waiter:	What would you like to order?
Masha:	Excuse me; I'm here to look for something, not to have meal.
Waiter:	What is it? Did you leave it here?
Masha:	It's my Chinese book. Can you help me look for it?
Waiter:	When did you leave it?
Masha:	About one p.m. I left it here after lunch.
Waiter:	What's it like?
Masha:	It's a Chinese book with red cover.
Waiter:	Wait a minute. Let me check it for you.
Masha:	Okay. Sorry to trouble.
Waiter:	Is this the one?
Masha:	Yes, it is. Thank you very much.
Waiter:	You're welcome. Be careful next time.

Tips:

1. Here 左右 is used after a number to indicate an approximate number.
2. Here 可 is used for emphasis.

❑ **和同伴一起，根据下面的提示复述对话一。** Retell Dialogue 1 according to the given hints with your partner.

玛莎下课以后去学校附近的饭馆儿吃饭，吃完饭她忘了拿她的
Mǎshā xiàkè yǐhòu qù xuéxiào fùjìn de fànguǎnr chī fàn, chī wán fàn tā wàng le ná tā de
汉语书。下午她又来到饭馆儿。她告诉服务员_____，_____。服务员让她等
Hànyǔ shū. Xiàwǔ tā yòu lái dào fànguǎnr. Tā gàosu fúwùyuán ......, ... Fúwùyuán ràng tā děng
一下，_____。过了一会儿，_____
yíxià, ... Guò le yíhuìr, ...

☐ **听两遍录音，并回答下列问题。** Listen to the recording twice and answer the following questions. 🔘 06-04

1 欧文最近为什么不想上课？

Ōuwén zuìjìn wèi shénme bù xiǎng shàng kè?

Why doesn't Irving want to attend classes recently?

2 欧文不认识的字都是没学过的吗？

Ōuwén bú rènshi de zì dōu shì méi xué guo de ma?

Are those Chinese characters which Irving can't recognize never taught?

3 他为什么不练习写字？

Tā wèi shénme bú liànxí xiě zì?

Why doesn't he practice writing Chinese characters?

4 欧文希望李伟做什么？

Ōuwén xīwàng Lǐ Wěi zuò shénme?

What does Irving want Li Wei to do?

5 李伟打算怎样帮他？

Lǐ Wěi dǎsuàn zěnyàng bāng tā?

How does Li Wei plan to help him?

☐ **朗读对话二，注意发音和语气。** Read Dialogue 2 aloud, pay attention to the pronunciation and the tone.

欧文:	李伟，我最近特别不想上课。
Ōuwén:	Lǐ Wěi, wǒ zuìjìn tèbié bù xiǎng shàng kè.
李伟:	为什么？身体不舒服吗？
Lǐ Wěi:	Wèi shénme? Shēntǐ bù shūfu ma?
欧文:	不是。我不认识的字越来越[1]多了。
Ōuwén:	Bú shì. Wǒ bú rènshi de zì yuè lái yuè duō le.
李伟:	是没学过的生词吗？
Lǐ Wěi:	Shì méi xué guo de shēngcí ma?
欧文:	大部分是学过的，可是我没记住[2]。
Ōuwén:	Dà bùfen shì xué guo de, kěshì wǒ méi jì zhù.
李伟:	那是你没好好儿练习写字。
Lǐ Wěi:	Nà shì nǐ méi hǎohāor liànxí xiě zì.
欧文:	我觉得说话最重要。
Ōuwén:	Wǒ juéde shuōhuà zuì zhòngyào.
李伟:	可是你不学写字，就会觉得越来越难。
Lǐ Wěi:	Kěshì nǐ bù xué xiě zì, jiù huì juéde yuè lái yuè nán.
欧文:	是啊。我该怎么办呢？你能帮帮我吗？
Ōuwén:	Shì a. Wǒ gāi zěnme bàn ne? Nǐ néng bāngbang wǒ ma?
李伟:	看来[3]，咱们不能总是[4]聊天儿了，得练练写字。
Lǐ Wěi:	Kàn lái, zánmen bù néng zǒng shì liáo tiānr le, děi liànlian xiě zì.

Irving: Li Wei, I hate to attend classes recently.

Li Wei: Why? Are you ill?

Irving: No. More and more characters seem strange to me.

Li Wei: The new characters?

Irving: I learned most of them, but I failed to remember them.

Li Wei: That's because you didn't practice writing them.

Irving: I think speaking is the most important.

Li Wei: But if you don't learn how to write those characters, you will find them more and more difficult to remember.

Irving: Right. What should I do? Can you help me?

Li Wei: It seems that we can't chat all the time. We must practice writing characters.

Irving: Okay. I take your advice.

Li Wei: Let's start from today.

Irving: Okay, get down to business right away.

欧文: 行，我听你的。
Ōuwén: Xíng, wǒ tīng nǐ de.

李伟: 今天我们就开始吧。
Lǐ Wěi: Jīntiān wǒmen jiù kāishǐ ba.

欧文: 好，说练就练⁵。
Ōuwén: Hǎo, shuō liàn jiù liàn.

Tips:

1. 越来越 expresses an increasing degree of an action as time passes or it gets influenced. E.g. 天气越来越热了。
2. Here 住 is used after a verb as its complement, expressing something firm or stable.
3. 看来 is used when the speaker begins to give opinions according to acquired knowledge.
4. 总是 expresses continuance.
5. 说V就V is a sentence structure which indicates that the speaker will do something immediately after he/she talks about it, or that the speaker will not lose any time to do something urgent. E.g. 咱们说走就走。

☐ **和同伴一起，根据下面的提示复述对话二。** Retell Dialogue 2 according to the given hints with your partner.

欧文的身体没问题，但是他最近_____，因为书上_____。这些不认识
Ōuwén de shēntǐ méi wèntí, dànshì tā zuìjìn ......, yīnwèi shū shang .... Zhèxiē bú rènshi

的字大部分_____，可是_____。欧文觉得_____，所以他没有_____。李伟听了
de zì dà bùfen ......, kěshì .... Ōuwén juéde ......, suǒyǐ tā méiyǒu .... Lǐ Wěi tīng le

以后对欧文说"……"。
yǐhòu duì Ōuwén shuō "......".

☐ **说一说。** Say it.

(1) 你最近在学习中有什么问题吗？
Nǐ zuìjìn zài xuéxí zhōng yǒu shénme wèntí ma?
Do you have any problems in learning Chinese recently?

(2) 你下课以后练习写字吗？为什么？
Nǐ xià kè yǐhòu liànxí xiě zì ma? Wèi shénme?
Do you practice writing Chinese characters after class? Why?

(3) 你觉得汉语难吗？为什么？
Nǐ juéde Hànyǔ nán ma? Wèi shénme?
Do you find Chinese difficult? Why?

三

☐ **听两遍录音，并回答下列问题。** Listen to the recording twice and answer the following questions. 🔊 06-05

(1) 玛莎有什么问题？
Mǎshā yǒu shénme wèntí?
What's the matter with Masha?

(2) 老师让她去哪儿找？
Lǎoshī ràng tā qù nǎr zhǎo?
Where does the teacher tell her to look for it?

③ 玛莎的书已经寄出来多长时间了？

Mǎshā de shū yǐjīng jì chūlai duō cháng shíjiān le?

How long has Masha's book been sent?

④ 老师担心什么写错了？

Lǎoshī dānxīn shénme xiě cuò le?

What does the teacher think went wrong?

⑤ 玛莎写错了吗？

Mǎshā xiě cuò le ma?

Did Masha write wrong?

⑥ 现在玛莎应该去哪儿找她的书？

Xiànzài Mǎshā yīnggāi qù nǎr zhǎo tā de shū?

Where should Masha look for her book now?

☐ **朗读对话三，注意发音和语气。** Read Dialogue 3 aloud, pay attention to the pronunciation and the tone.

玛莎： 老师，家里给我寄的书没有收到。
Mǎshā: Lǎoshī, jiā lǐ gěi wǒ jì de shū méiyǒu shōu dào.

老师： 你去留学生楼的前台问问。
Lǎoshī: Nǐ qù liúxuéshēng lóu de qiántái wènwen.

玛莎： 我去问过了，那儿也没有。
Mǎshā: Wǒ qù wèn guo le, nàr yě méiyǒu.

老师： 那可能还没到，再等两天吧。
Lǎoshī: Nà kěnéng hái méi dào, zài děng liǎng tiān ba.

玛莎： 妈妈说已经寄出来¹十多天了。
Mǎshā: Māma shuō yǐjīng jì chūlai shí duō tiān le,

老师： 那是不是地址写错了？
Lǎoshī: Nà shì bu shì dìzhǐ xiě cuò le?

玛莎： 不会吧？
Mǎshā: Bū huì ba?

老师： 写的是国际教育学院吗？
Lǎoshī: Xiě de shì guójì jiàoyù xuéyuàn ma?

玛莎： 是教育学院。
Mǎshā: Shì jiàoyù xuéyuàn.

老师： 那可不行。还有别的教育学院呢。
Lǎoshī: Nà kě bū xíng. Hái yǒu biē de jiàoyù xuéyuàn ne.

玛莎： 那您觉得我应该怎么办呢？
Mǎshā: Nà nín juéde wǒ yīnggāi zěnme bàn ne?

老师： 去学校的收发室问问吧。
Lǎoshī: Qù xuéxiào de shōufā shì wènwen ba.

玛莎： 知道了。谢谢老师！
Mǎshā: Zhīdào le. Xièxie lǎoshī!

Masha:	I haven't received the books my home sent me.
Teacher:	You may ask the reception of the Overseas Students Building.
Masha:	I've been there. They're not there.
Teacher:	Perhaps they haven't arrived. You can wait for a few more days.
Masha:	My mother said that the books had been sent more than ten days before.
Teacher:	Had the address been written wrong?
Masha:	Are you serious?
Teacher:	Had it been School of International Education?
Masha:	School of Education.
Teacher:	That wouldn't have worked. There are other schools of education.
Masha:	What do you think I should do?
Teacher:	Go to the mail room to look for them.
Masha:	I see. Thank you!

Tips:

1. 出来 is used after a verb as a complement of direction. It indicates that the direction is toward the speaker.

85

☐ 画线连接。Match.

① 你去留学生楼的前台问问。
Nǐ qù liúxuésheng lóu de qiántái wènwen.

A 不会吧？
Bú huì ba?

② 那是不是地址写错了？
Nà shì bu shì dìzhǐ xiě cuò le?

B 我去问过了，那儿也没有。
Wǒ qù wēn guo le, nàr yě méiyǒu.

③ 那您觉得我应该怎么办呢？
Nà nín juéde wǒ yīnggāi zěnme bàn ne?

C 去学校的收发室问问吧。
Qù xuéxiào de shōufā shì wènwen ba.

☐ 说一说。Say it.

① 你知道用汉语怎么写地址吗？
Nǐ zhīdào yòng Hànyǔ zěnme xiě dìzhǐ ma?
Do you know how to write an address in Chinese?

② 汉语写地址的习惯和你们国家一样吗？有什么不一样的地方？
Hànyǔ xiě dìzhǐ de xíguàn hé nǐmen guójiā yíyàng ma? Yǒu shénme bù yíyàng de dìfang?
Is an address in Chinese written in the same way as in your country? What are the differences?

☐ 朗读下面的短文，并模仿短文说说自己遇到的问题。Read the following passage aloud and then imitate the passage to talk about the problems you have come across. 🔘 06-06

在家的时候我常常坐公共汽车。来到这里以后，我看到大家都骑自行车，所以我也买了一辆二手车(used bike)。每天都骑车(by bike)去学校。但是，最近我遇到(meet)一个问题，我的自行车上午打了气(inflate)，下午就没有气了。我不知道应该去哪儿修(fix)。去修的话，应该怎么说？

Zài jiā de shíhou wǒ chángcháng zuò gōnggòng qìchē. Lái dào zhèlǐ yǐhòu, wǒ kàn dào dàjiā dōu qí zìxíngchē, suǒyǐ wǒ yě mǎi le yí liàng èrshǒu chē. Měi tiān dōu qí chē qù xuéxiào, Dànshì, zuìjìn wǒ yù dào yí ge wèntí, wǒ de zìxíngchē shàngwǔ dǎ le qì, xiàwǔ jiù méiyǒu qì le. Wǒ bù zhīdào yīnggāi qù nǎr xiū. Qù xiū de huà, yīnggāi zěnme shuō?

活 动 Activities

一、双人活动 Pair work

一个人刚到中国，可能会遇到什么问题？先利用下面的表格准备一下。然后跟同伴说说自己的看法。 What difficulties would a new comer to China come across? Make preparations first according to the following form, and then talk about your opinions to your partner.

可能会遇到的问题 Difficulties could be encountered	可能的原因 Possible reasons	应该怎么办 What to do

二、小组活动 Group work

1. **3人一组，先利用下面的表格准备一下，然后把你最近遇到的问题给同伴们说一说。**
Work in groups of three. Make preparations first according to the following form, and then talk to your partners about the problems you've come across recently.

	最近遇到的问题（你或是你的朋友） Recent problems (you or your friend have come across)	原因 Reasons
住宿方面 Accomodation		
饮食方面 Diet		
学习方面 Study		
其他方面 Other problems		

2. **一起帮同伴出主意，找一找解决问题的办法。** Give some suggestions and try to work a way out.

A tip for students

When you give suggestions, you should pay attention to the proper Chinese expressions of solving problems.

三、模拟表演：好人难当 Role play: hard to be a good man

3–4人一组，根据下面的描述，编一个故事，给大家表演。Work in groups of three or four. Make up a story according to the following description and act it out.

情节描述：爸爸正要去幼儿园接孩子。路上遇到几个请他帮忙的人。他帮了他们，但是有的人满意，有的人不满意。他赶到了幼儿园的时候，孩子已经哭了。回到家他说明原因后会得到妻子原谅吗？Scenario: A father is on his way to the kindergarten to pick up his child when he meets a few people on the road who ask him for help. He helps them only to some of these people's satisfaction. When he arrives at the kindergarten, his child is crying already. Will he get his wife's forgiveness when he gets home and explains what has happened?

四、看图编故事 Make up a story according to the pictures

看看下面的两组图片，和同伴商量一下原因，组织一段话说明一下可能是什么原因。然后说说你觉得他们应该怎么办。Look at the following two sets of pictures. Discuss with your partner and then explain what the cause might be. Then tell what they should do.

语言练习 Language Focus

一、朗读下列句子，注意语气和语调 Read the following sentences aloud, pay attention to the tone and the intonation 🔊 06-07

1 能帮我找找吗？
Néng bāng wǒ zhǎozhǎo ma?

2 我该怎么办呢？你能帮帮我吗？
Wǒ gāi zěnme bàn ne? Nǐ néng bāngbang wǒ ma?

③ 您觉得我该怎么办呢？
Nín juéde wǒ gāi zěnme bàn ne?

④ 下次可别忘了。
Xià cì kě bié wàng le.

⑤ 今天我们就开始吧。
Jīntiān wǒmen jiù kāishǐ ba.

⑥ 是不是地址写错了？
Shì bu shì dìzhǐ xiě cuò le?

⑦ 去学校的收发室问问吧。
Qù xuéxiào de shōufā shì wènwen ba.

二、替换练习 Substitution exercises

① 你能帮我找找吗？
Nǐ néng bāng wǒ zhǎozhao ma?

看看
kànkan

问问
wènwen

拿一下
ná yíxià

③ 是不是地址写错了？
Shì bu shì dìzhǐ xiě cuò le?

名字写
míngzi xiě

电话号码记
diànhuà hàomǎ jì

东西拿
dōngxi ná

② 好，说练就练。
Hǎo, shuō liàn jiù liàn.

做　做
zuò　zuò

走　走
zǒu　zǒu

学　学
xué　xué

④ 我不认识的字越来越多了。
Wǒ bú rènshi de zì yuè lái yuè duō le.

这里的天气　　冷
Zhèlǐ de tiānqì　　lěng

雨下得　　大
Yǔ xià de　　dà

她变得　　漂亮
Tā biàn de　　piàoliang

他的衣服　　脏
Tā de yīfu　　zāng

三、模仿例句，回答问题 Follow the example and answer questions

Example：玛莎：妈妈说已经寄出来十多天了。
Mǎshā: Māma shuō yǐjīng jì chūlai shí duō tiān le.
老师：那是不是地址写错了？
Lǎoshī: Nà shì bu shì dìzhǐ xiě cuò le?

① A：我今天下午要开会，可能得5点才能下班。
Wǒ jīntiān xiàwǔ yào kāi huì, kěnéng děi wǔ diǎn cái néng xià bān.

B：　　　　　　　（那……）

89

② A：我听说那个公园特别好玩儿。
　　　Wǒ tīngshuō nàge gōngyuán tèbié hǎowánr.
　　B：_____（那……）

③ A：我觉得这件衣服太贵了。
　　　Wǒ juéde zhè jiàn yīfu tài guì le.
　　B：_____（那……）

④ A：听说星期六要去爬山，我不喜欢爬山。
　　　Tīngshuō xīngqīliù yào qù pá shān, wǒ bù xǐhuan pá shān.
　　B：_____（那……）

Example：咱们不能总是聊天儿了，得练练写字。
　　　　　　Zánmen bù néng zǒng shì liáo tiānr le, děi liànlian xiě zì.

① A：小王怎么还没来？
　　　Xiǎo Wáng zěnme hái méi lái?
　　B：_____（总是）

② A：你觉得学汉语难吗？
　　　Nǐ juéde xué Hànyǔ nán ma?
　　B：_____（总是）

③ A：你的电脑怎么了？
　　　Nǐ de diànnǎo zěnme le?
　　B：_____（总是）

四、用"左右"回答下面的问题 Answer the following questions with 左右

① 平时你几点起床？
　Píngshí nǐ jǐ diǎn qǐ chuáng?
　When do you usually get up?

② 你一般学习几个小时？
　Nǐ yìbān xuéxí jǐ ge xiǎoshí?
　How many hours do you usually study?

③ 一天你看多长时间的电视？
　Yì tiān nǐ kàn duō cháng shíjiān de diànshì?
　How long do you usually watch TV each day?

④ 从宿舍到教室你一般走多长时间？
　Cóng sùshè dào jiàoshì nǐ yìbān zǒu duō cháng shíjiān?
　How long does it usually take you to walk from the dorm to the classroom?

扩展活动 Extended Activities

一、看图比较 Look and compare

两人分别看着图A和图B（见第90页），向同伴描述图片的内容，听的人应该说出自己的图片和对方不一样的地方。 Two students look at picture A and picture B (on Page 90) respectively. Describe to your partner what you see. The listener should tell the differences between the two pictures.

Āyí...?

A

A tip for students

There are many differences between the two pictures. Do not look at your partner's picture until you have finished talking about the pictures.

二、游戏：猜词语 Game: guess the words

从下面的词语中选择一个词语，不要告诉大家是哪个词。想办法用汉语说它的意思，也可以用动作表示，但是不能说出词语中的任何一个字。 Choose one word from the following word bank and do not tell the class what it is. Explain its meaning in Chinese as well as in body language. Make sure you do not say any character of the word.

给教师的提示
您可以先示范一下，引导学生用简单的方式让别人明白。

Word bank

找	丢	忘	拿
zhǎo	diū	wàng	ná
look for	lose	forget	pick
客气	舒服	难	练习
kèqi	shūfu	nán	liànxí
polite	comfortable	difficult	practice
写	寄	着急	等
xiě	jì	zháojí	děng
write	send	worry	wait

总结与评价 Summary and Evaluation

一、遇到困难的时候，你会用汉语求助了吗？你学会了哪些求助时常用的句子？利用下面的表格复习一下。Can you ask for help in Chinese when you come across some difficulties? What expressions have you learned to ask for help? Review them according to the following form.

情况 Situations	可以说的话 Words
丢了东西，希望别人帮你找 Diū le dōngxi, xīwàng bié rén bāng nǐ zhǎo	
很着急，希望对方快一点儿 Hěn zháo jí, xīwàng duìfāng kuài yìdiǎnr	
自己没有办法，希望别人帮你 Zìjǐ méiyǒu bànfǎ, xīwàng bié rén bāng nǐ	
东西坏了，找人修理(fix) Dōngxi huài le, zhǎo rén xiūlǐ	

二、完成任务的自我表现评价。Self-evaluation.

Are you satisfied with your own performance?

Very good   good   not so good   bad

Your own evaluation

A   B   C   Your willingness to state your opinions

A   B   C   Your willingness to raise your questions

A   B   C   Your enthusiasm to gather useful information

A   B   C   Your willingness to speak Chinese in class

复习 1

Review 1

一、语言练习 Language Exercises

1. **选词填空。**Fill in the blanks with the proper words.

(1) 你在这儿等一会儿吧，他马上就来，_____先走了。（咱们 我们）
Nǐ zài zhèr děng yíhuìr ba, tā mǎshàng jiù lái,_____xiān zǒu le. (zánmen wǒmen)

(2) 她很忙，可是她经常_____我。（帮助 帮忙）
Tā hěn máng, kěshì tā jīngcháng_____wǒ. (bāngzhù bāng máng)

(3) 她的牙(teeth)掉了，不_____吃饭。（想 会）
Tā de yá diào le, bù_____chī fàn. (xiǎng huì)

(4) 今天我有事，你_____帮我请假吗？（能 要）
Jīntiān wǒ yǒu shì, nǐ_____bāng wǒ qǐng jià ma? (néng yào)

(5) 我三点刚吃过饭，现在不_____吃。（想 会）
Wǒ sān diǎn gāng chī guo fàn, xiànzài bù_____chī. (xiǎng huì)

(6) 少吃一点儿甜的东西，不_____胖的。（能 会）
Shǎo chī yìdiǎnr tián de dōngxi, bù_____pàng de. (néng huì)

(7) 8点上课，你怎么9点_____来，我7点半_____来了。（就 才）
Bā diǎn shàng kè, nǐ zěnme jiǔ diǎn_____lái, wǒ qī diǎn bàn_____lái le. (jiù cái)

(8) 她_____学了一年汉语_____说得这么好！（就 才）
Tā_____xué le yì nián Hànyǔ …… shuō de zhème hǎo! (jiù cái)

2. **用所给的词语口头完成句子。**Complete the following sentences orally with the given words.

(1) 她会说英语，_____（而且）
Tā huì shuō Yīngyǔ,   (érqiě)

(2) 我每天都有课，_____（而且）
Wǒ měi tiān dōu yǒu kè,   (érqiě)

(3) 我有一点儿头疼，_____（只要……就……）
Wǒ yǒu yìdiǎnr tóu téng,   (zhǐyào …… jiù ……)

(4) 学习汉字，_____（只要……就……）
Xuéxí Hànzì,   (zhǐyào …… jiù ……)

(5) 很多人都说学汉语很容易，_____（可是）
Hěn duō rén dōu shuō xué Hànyǔ hěn róngyì,   (kěshì)

(6) 今天天气不太好，_____（还是）
Jīntiān tiānqì bú tài hǎo,   (háishi)

(7) 我不爱喝啤酒，所以_____（一……也……）
Wǒ bú ài hē píjiǔ, suǒyǐ   (yī …… yě ……)

93

(8) 老师说得太快了，我_____ (一……也……)
　　Lǎoshī shuō de tài kuài le, wǒ　　　　　　　　　　　　(yī …… yě ……)

二、活动 Activities

1. **先看看下面的几幅图片，从中选择一张给你的同伴介绍，但不要告诉他/她是哪一幅，让他/她听完后指出是哪一幅。** Look at the following pictures and choose one of them to introduce to your partner. Do not tell him/her which picture it is and let him/her point out according to your description.

> **A tip for students**
>
> If your partner cannot point out which picture it is, you might need to describe it in a clearer way. The listener can ask questions while listening.

给教师的提示
您也可以自己选择一组内容与本单元有关的相似的图片。

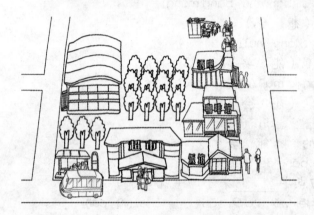

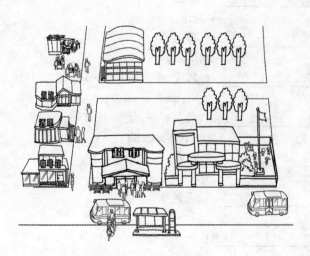

2. 请向同伴描述你们上课的教学楼在学校的什么位置，听的人边听边在下面画示意图。然后两人一起根据所画的图，描述从教学楼到图书馆应该怎么走。Describe to your partner the location of the teaching building where you have classes on the campus. The listener draws a map according to your description. Then describe how to get to the library from the teaching building according to the map.

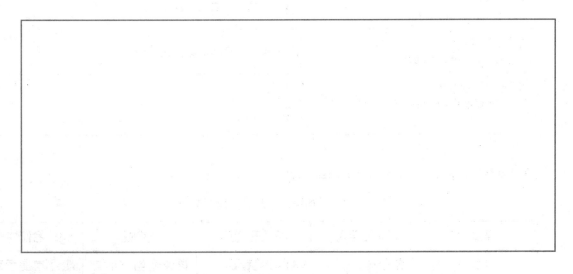

3. 猜词语比赛。Word-guessing game.

两人一组。将1到6课中的一些词语做成卡片，由一个同学用汉语说，另一个同学猜。看哪一组猜出的词语最多。Work in pairs. Write down some words from lesson 1 to lesson 6 on the cards. One student explains the meaning in Chinese and the other student guesses the word. See which group guesses out the most words.

A tip for students

Body language can help you, but you should try to make yourself understood with the Chinese you learned.

给教师的提示

您需要事先准备词语卡片。尽量不要选择那些意思比较抽象的词语。

三、短剧表演 Mini-play

将全班分成小组，抽签选择短剧的内容。大家一起商量短剧怎么演，每个人应该说什么话，准备好以后给大家表演。最后利用下面的表格给自己的小组和自己的表现打分，也要给其他的小组打分。Divide the class into groups and draw lots to decide the content of the play. Discuss how to act and what to say, and then act the play out in front of the class. After the performance, evaluate the performance of yourself, your group and other groups according to the following form.

参考内容：Plays suggested:
1. 初到中国的第一天吃饭和购物。Have meals and shop on the first day in China.
2. 去服装店买衣服后不合适，去换时遇到麻烦。The clothes you bought in a clothing store don't fit. You get troubled when exchanging the purchase.
3. 乘车和打车时因为听不懂汉语遇到很多问题。You come across a lot of troubles when taking a bus or a taxi because you don't understand Chinese.

学生用的评价表 Self-evaluation form for students

自己小组的表现 Your group's performance	A B C D E
自己的表现 Your performance	A B C D E
表现最好的小组 The best performed group	Group1 Group2 Group3
表现最好的同学 The best performed student	1. 2. 3.

教师用的评价表 Evaluation form for teacher

语言综合表现评价参考标准

等级	语音和语调	语法和词汇	流利性	合作性
优	非常准确	基本没有错误。	语速适当，非常流利。	能经常提示或帮助他人回答。
良	正确	偶尔有失误。	语速适当，但有停顿。	偶尔能提醒对方。
中	基本正确	语法词汇错误较多，但有控制。	停顿较多，句子总量不够。	基本没有主动参与的意识。
差	不正确	缺乏语法控制能力，词汇错误较多。	对语速没有控制，结结巴巴。	完全不能参与到活动中。

给教师的提示
您可以利用这个表格对学生的学习进行引导和评价。

第7课

真抱歉 (Zhēn bàoqiàn)

I Am So Sorry

目标 | **Objectives**

1. 复习询问和介绍生活习惯。Review how to enquire and introduce living habits.
2. 学习提出建议和发出邀请。Learn to give suggestions and extend an invitation.
3. 学习接受邀请和婉言谢绝。Learn to accept and turn down an invitation.
4. 学习道歉的常用语句。Learn the commonly used expressions of apologizing.

准备 Preparation

1. 利用下面的表格，检查一下你的生活习惯。然后和同伴一起看看你们有没有不好的习惯。Check your living habits according to the following form. Then check with your partner whether you have bad habits.

	时间或具体内容 Time or details	
起床 qǐ chuáng	平时: píngshí:	周末: zhōumò:
早饭 zǎofàn	平时: píngshí:	周末: zhōumò:
午饭 wǔfàn	平时: píngshí:	周末: zhōumò:
晚饭 wǎnfàn	平时: píngshí:	周末: zhōumò:
睡觉 shuì jiào	平时: píngshí:	周末: zhōumò:
运动 yùndòng	平时: píngshí:	周末: zhōumò:

2. 看看图片，想想在这些情况下我们可以说什么。Look at the pictures and think what we should say in these circumstances.

①   ②   ③

给教师的提示

您可以利用图片提问，使学生注意道歉在生活中的重要性。

3. 和同伴一起讨论还有哪些情况应该说道歉的话。Discuss with your partner in what other circumstances apologies are needed.

词 语 Words and Expressions

❏ 朗读下列词语，注意发音和词语的意思。Read the following words aloud, pay attention to the pronunciation and the meanings. 🔊 07-01

给教师的提示

课前别忘了提醒学生预习词语。

1	2	3	4	5	6	7
太极拳 tàijíquán Tai-chi	亮 liàng day	外国 wàiguó foreign	酒吧 jiǔbā bar	脸色 liǎnsè look	着 zháo an auxiliary of tone	午觉 wǔjiào noon nap
8	9	10	11	12	13	14
道理 dàolǐ reason	约 yuē appointment	长 zhǎng gain	油腻 yóunì oily	特 tè very	蛋糕 dàngāo cake	瘦 shòu slim
15	16	17	18	19		
懒 lǎn lazy	生气 shēng qì be mad	请客 qǐng kè treat	饺子 jiǎozi dumpling	一言为定 yì yán wéi dìng deal		

❑ 从你学过的词语中选择合适的词语进行搭配。Match the words below with the proper words you learned.

| 特 tè | 长 zhǎng | 约 yuē | 懒 lǎn |

句子 Sentences

❑ **听录音，填词语。**Listen to the recording and fill in the blanks. 💿 07-02

① 真_____，那么早我可能起不来。
Zhēn_____, nàme zǎo wǒ kěnéng qǐ bu lái.

② 晚上一起去_____怎么样?
Wǎnshang yìqǐ qù_____zěnmeyàng?

③ 我不太_____，你们去吧。
Wǒ bú tài_____, nǐmen qù ba.

④ 那怎么办呢? 你有什么好_____?
Nà zěnme bàn ne? Nǐ yǒu shénme hǎo_____?

⑤ 我很想去,可是这个_____我已经有约了。
Wǒ hěn xiǎng qù, kěshì zhège____wǒ yǐjīng yǒu yuē le.

⑥ 我想去买东西，一起去_____好吗?
Wǒ xiǎng qù mǎi dōngxi, yìqǐ qù_____hǎo ma?

⑦ 我今天还有_____，下次吧。
Wǒ jīntiān hái yǒu_____, xià cì ba.

⑧ 对不起,我来_____了。
Duìbuqǐ, wǒ lái_____le.

⑨ 我不是_____，是起不来。
Wǒ bú shì_____, shì qǐ bu lái.

⑩ 真的很抱歉，我下次一定_____。
Zhēn de hěn bàoqiàn, wǒ xià cì yídìng_____.

❑ **朗读下列句子。**Read the following sentences aloud.

① 真抱歉，那么早我可能起不来。
Zhēn bàoqiàn, nàme zǎo wǒ kěnéng qǐ bu lái.
I am sorry. I don't think I can get up that early.

② 晚上一起去酒吧怎么样?
Wǎnshang yìqǐ qù jiǔbā zěnmeyàng?
Would you like to go to a bar together tonight?

③ 我不太舒服，你们去吧。
Wǒ bú tài shūfu, nǐmen qù ba.
I don't feel well. Enjoy yourselves.

④ 那怎么办呢? 你有什么好主意?
Nà zěnme bàn ne? Nǐ yǒu shénme hǎo zhǔyi?
What should I do then? Do you have any good idea?

⑤ 我很想去，可是这个周末我已经有约了。
Wǒ hěn xiǎng qù, kěshì zhège zhōumò wǒ yǐjīng yǒu yuē le.
I'd love to, but I have an appointment this weekend.

⑥ 我想去买东西，一起去超市好吗?
Wǒ xiǎng qù mǎi dōngxi, yìqǐ qù chāoshì hǎo ma?
I want to buy some cakes. Shall we go to the supermarket together?

⑦ 我今天还有别的事儿，下次吧。
Wǒ jīntiān hái yǒu bié de shìr, xià cì ba.
I'm occupied today. Maybe next time.

⑧ 对不起，我来晚了。
Duìbuqǐ, wǒ lái wǎn le.
I'm sorry for being late.

⑨ 我不是睡懒觉，是起不来。

Wǒ bú shì shuì lǎn jiào, shì qǐ bu lái.

I did not sleep in, I was unable to get up.

⑩ 真的很抱歉，我下次一定注意。

Zhēn de hěn bàoqiàn, wǒ xià cì yídìng zhùyì.

I am really sorry. It won't happen again.

□ 看图片，然后和同伴商量一下他们可能在说什么。Look at the pictures and discuss with your partner what they are probably talking about.

① ② ③

 情景 Situations

一

□ 听两遍录音，并回答下列问题。Listen to the recording twice and answer the following questions. 🔘 07-03

① 李红每天几点起床？

Lǐ Hóng měi tiān jǐ diǎn qǐ chuáng?

When does Li Hong get up every day?

② 她为什么那么早起床？

Tā wèi shénme nàme zǎo qǐ chuáng?

Why does she get up so early?

③ 春香能跟李红一起去公园吗？为什么？

Chūnxiāng néng gēn Lǐ Hóng yìqǐ qù gōngyuán ma? Wèi shénme?

Can Chun Hyang go to the park with Li Hong? Why?

④ 早晨公园里人多吗？

Zǎochen gōngyuán lǐ rén duō ma?

Is the park crowded in the morning?

⑤ 早晨公园里有外国人吗？

Zǎochen gōngyuán lǐ yǒu wàiguó rén ma?

Are there any foreigners in the park in the morning?

□ 朗读对话一，注意发音和语气。Read Dialogue 1 aloud, pay attention to the pronunciation and the tone.

春香: 李红，你每天几点起床？
Chūnxiāng: Lǐ Hóng, nǐ měi tiān jǐ diǎn qǐ chuáng?

李红: 周一到周五是6点半，周末8点左右。
Lǐ Hóng: Zhōu yī dào zhōu wǔ shì liù diǎn bàn, zhōumò bā diǎn zuǒyòu.

春香: 那么早呀，起来干什么？
Chūnxiāng: Nàme zǎo ya, qǐ lái gàn shénme?

李红: 我早晨去公园打太极拳。
Lǐ Hóng: Wǒ zǎochen qù gōngyuán dǎ tàijíquán.

春香: 我也很想学太极拳。
Chūnxiāng: Wǒ yě hěn xiǎng xué tàijíquán.

李红: 那你跟我一起去吧。
Lǐ Hóng: Nà nǐ gēn wǒ yìqǐ qù ba.

春香: 太早了吧？要是冬天的话，
Chūnxiāng: Tài zǎo le ba? Yàoshi dōngtiān de huà,

天还没亮呢。
tiān hái méi liàng ne.

李红: 是[1]早了点儿。习惯了就好了。
Lǐ Hóng: Shì zǎo le diǎnr. Xíguàn le jiù hǎo le.

春香: 早晨公园里人多吗？
Chūnxiāng: Zǎochen gōngyuán lǐ rén duō ma?

李红: 不少，大部分是老人。
Lǐ Hóng: Bù shǎo, dà bùfen shì lǎorén.

春香: 有外国人吗？
Chūnxiāng: Yǒu wàiguó rén ma?

李红: 等[2]你去了，就有了。
Lǐ Hóng: Děng nǐ qù le, jiù yǒu le.

春香: 真抱歉，那么早我可能起不来[3]。
Chūnxiāng: Zhēn bàoqiàn, nàme zǎo wǒ kěnéng qǐ bu lái.

Chun Hyang:	Li Hong, when do you get up every day?
Li Hong:	I get up at half past six from Monday to Friday, and at about 8 on weekends.
Chun Hyang:	That early? What for?
Li Hong:	I practice Tai-chi in the park in the morning.
Chun Hyang:	I want to learn Tai-chi, too.
Li Hong:	You can go with me.
Chun Hyang:	Isn't it too early? It's not even day in winter.
Li Hong:	It is a bit early. But you will get used to it.
Chun Hyang:	Is the park crowded in the morning?
Li Hong:	A little. Most people are the seniors.
Chun Hyang:	Are there any foreigners?
Li Hong:	There will be one if you're there.
Chun Hyang:	I am sorry. I don't think I can get up that early.

Tips:

1. 是 must be stressed here to indicate confirmation.
2. Here 等 means 等到, and 等你去了 means *when/if you're there*.
3. 起不来 is the negative form of 起来. And 起来 means *get up*.

❑ 说一说。Say it.

① 李红是怎样邀请春香的？
Lǐ Hóng shì zěnyàng yāoqǐng Chūnxiāng de?
How does Li Hong invite Chun Hyang?

② 春香是怎样婉言谢绝邀请的？
Chūnxiāng shì zěnyàng wǎnyán xièjué yāoqǐng de?
How does Chun Hyang turn down the invitation politely?

❑ **和同伴一起，根据下面的提示复述对话一。** Retell Dialogue 1 according to the given hints with your partner.

> 李红喜欢打太极拳，所以她起床特别早。周一＿＿＿＿，周末＿＿＿＿。春香
> Lǐ Hóng xǐhuan dǎ tàijíquán, suǒyǐ tā qǐ chuáng tèbié zǎo. Zhōu yī ......, zhōumò .... Chūnxiāng
>
> 也很想＿＿＿＿，但是她觉得＿＿＿＿。春香想知道＿＿＿＿，李红告诉她 ＿＿＿＿。
> yě hěn xiǎng ......, dànshì tā juéde .... Chūnxiāng xiǎng zhīdào ......, Lǐ Hóng gàosu tā ....

❑ **说一说。** Say it.

① 在你们国家人们有早晨运动的习惯吗？

Zài nǐmen guójiā rénmen yǒu zǎochen yùndòng de xíguàn ma?

Do people in your countries have the habit of morning exercises?

② 你喜欢早起吗？你觉得早起有什么好处？

Nǐ xǐhuan zǎo qǐ ma? Nǐ juéde zǎo qǐ yǒu shénme hǎochu?

Do you like getting up early? What do you think are the advantages of getting up early?

③ 中国有句话叫"早睡早起身体好"。你同意吗？为什么？

Zhōngguó yǒu jù huà jiào "zǎo shuì zǎo qǐ shēntǐ hǎo". Nǐ tóngyì ma? Wèi shénme?

There is a Chinese saying, early to bed and early to rise makes a man healthy, wealthy and wise. Do you agree to this? Why?

二 ○─────────────────────────────────○

❑ **听两遍录音，根据录音内容判断下列说法是否正确。** Listen to the recording twice and decide whether the following statements are true or false. 🔘 07-04

① 他们晚上都要去酒吧。 ☐

Tāmen wǎnshang dōu yào qù jiǔbā.

② 他们中午都不睡午觉。 ☐

Tāmen zhōngwǔ dōu bú shuì wǔjiào.

③ 中午不睡午觉的话，晚上就能睡着。 ☐

Zhōngwǔ bú shuì wǔjiào de huà, wǎnshang jiù néng shuì zháo.

④ 山本每天睡觉以前都要喝酒。 ☐

Shānběn měi tiān shuì jiào yǐqián dōu yào hē jiǔ.

⑤ 欧文建议山本多运动。 ☐

Ōuwén jiànyì Shānběn duō yùndòng.

> 给教师的提示
> 您需要说出这些句子让学生判断。

⑥ 这个周末他们一起去爬山。 ☐

Zhège zhōumò tāmen yìqǐ qù pá shān.

❏ **朗读对话二，注意发音和语气。** Read Dialogue 2 aloud, pay attention to the pronunciation and the tone.

欧文：山本，晚上一起去酒吧怎么样[1]？
Ōuwén: Shānběn, wǎnshang yìqǐ qù jiǔbā zěnmeyàng?

山本：我不太舒服，你们去吧。
Shānběn: Wǒ bú tài shūfu, nǐmen qù ba.

欧文：你的脸色不太好，怎么了[2]？
Ōuwén: Nǐ de liǎnsè bú tài hǎo, zěnme le?

山本：最近我晚上经常睡
Shānběn: Zuìjìn wǒ wǎnshang jīngcháng shuì

不着[3]觉。
bu zháo jiào.

欧文：那你中午别睡午觉了。
Ōuwén: Nà nǐ zhōngwǔ bié shuì wǔjiào le.

山本：可是我已经习惯了。
Shānběn: Kěshì wǒ yǐjīng xíguàn le.

欧文：中午不睡，晚上就能
Ōuwén: Zhōngwǔ bú shuì, wǎnshang jiù néng

睡着了。
shuì zháo le.

山本：很多人都这样说，我打算
Shānběn: Hěn duō rén dōu zhèyàng shuō, wǒ dǎsuàn

试试。
shìshi.

欧文：睡不着的时候你干什么呢？
Ōuwén: Shuì bu zháo de shíhou nǐ gàn shénme ne?

山本：实在睡不着，我就起来喝酒。
Shānběn: Shízài shuì bu zháo, wǒ jiù qǐ lái hē jiǔ.

欧文：酒喝多了对身体不好。
Ōuwén: Jiǔ hē duō le duì shēntǐ bù hǎo.

山本：那怎么办呢？你有什么好主意？
Shānběn: Nà zěnme bàn ne? Nǐ yǒu shénme hǎo zhǔyi?

欧文：我看[4]你应该多运动。
Ōuwén: Wǒ kàn nǐ yīnggāi duō yùndòng.

山本：有道理，周末一起去爬山吧？
Shānběn: Yǒu dàolǐ, zhōumò yìqǐ qù pá shān ba?

欧文：我很想去，可是这个周末我已经有约了。
Ōuwén: Wǒ hěn xiǎng qù, kěshì zhège zhōumò wǒ yǐjīng yǒu yuē le.

Irving: Yamamoto, would you like to go to a bar together tonight?

Yamamoto: I don't feel well. Enjoy yourselves.

Irving: You don't look good. What's wrong?

Yamamoto: I have trouble falling asleep at night recently.

Irving: Then you should cancel your nap at noon.

Yamamoto: But I am used to it.

Irving: You'll fall asleep at night if you don't sleep at noon.

Yamamoto: Many people say that. I'll have a try.

Irving: What do you do when you can't sleep?

Yamamoto: I get up for some alcohol when sleep fails me.

Irving: Too much alcohol is bad for your health.

Yamamoto: What should I do then? Do you have any good idea?

Irving: I think you should take more exercises.

Yamamoto: It sounds reasonable. Shall we go climbing hills this weekend?

Irving: I'd love to, but I have an appointment this weekend.

Tips:
1. Here 怎么样 is used to enquire the listener's opinion.
2. Here 怎么了 is used to ask what is wrong with the listener.
3. 着 is used after a verb to indicate that an action has achieved its goal. The affirmative form is 睡得着.
4. Here 我看 is used to remind the listener of something according to the speaker's observation.

❑ 先利用下面的表格准备一下，然后跟同伴说说山本的生活习惯并说说你的建议。 Make preparations first according to the following form and then talk about Yamamoto's living habits and your suggestions to your partner.

Yamamoto's problems	Irving's suggestions
他最近经常睡不着觉。 Tā zuìjìn jīngcháng shuì bu zháo jiào.	
他睡不着的时候经常喝酒。 Tā shuì bu zháo de shíhou jīngcháng hē jiǔ.	
他最近身体不舒服。 Tā zuìjìn shēntǐ bù shūfu.	

❑ 说一说。Say it.

① 欧文是怎样邀请山本去酒吧的？

Ōuwén shì zěnyàng yāoqǐng Shānběn qù jiǔbā de?

How does Irving invite Yamamoto to a bar?

② 山本是怎样婉言谢绝邀请的？

Shānběn shì zěnyàng wǎnyán xièjué yāoqǐng de?

How does Yamamoto turn down the invitation politely?

③ 山本是怎样邀请欧文去爬山的？

Shānběn shì zěnyàng yāoqǐng Ōuwén qù pá shān de?

How does Yamamoto invite Irving to go climbing hills?

④ 欧文是怎样婉言谢绝的？

Ōuwén shì zěnyàng wǎnyán xièjué de?

How does Irving turn down the invitation politely?

三

❑ 听两遍录音，根据录音内容判断下列说法是否正确。Listen to the recording twice and decide whether the following statements are true or false. 🔘 07-05

① 李红不爱运动，所以长胖了。 ☐

Lǐ Hóng bú ài yùndòng, suǒyǐ zhǎng pàng le.

② 春香觉得中国菜太油腻了，吃了容易长胖。 ☐

Chūnxiāng juéde Zhōngguó cài tài yóunì le, chī le róngyì zhǎng pàng.

③ 李红爱吃肉，不爱吃甜的。 ☐

Lǐ Hóng ài chī ròu, bú ài chī tián de.

④ 玛莎爱吃甜的,但是她很瘦。 ☐
Mǎshā ài chī tián de, dànshì tā hěn shòu.

⑤ 今天他们都要去运动。 ☐
Jīntiān tāmen dōu yào qù yùndòng.

给教师的提示
上面的句子需要您说出来让学生判断。

☐ **朗读对话三,注意发音和语气。** Read Dialogue 3 aloud, pay attention to the pronunciation and the tone.

李红: 怎么办?我又胖了两斤。
Lǐ Hóng: Zěnme bàn? Wǒ yòu pàng le liǎng jīn.

玛莎: 听说你每天都运动,
Mǎshā: Tīngshuō nǐ měi tiān dōu yùndòng,
怎么会长胖呢?
zěnme huì zhǎng pàng ne?

春香: 可能中国菜太油腻了,我
Chūnxiāng: Kěnéng Zhōngguó cài tài yóunì le, wǒ
也胖了。
yě pàng le.

李红: 我倒不大爱吃肉,可是特爱
Lǐ Hóng: Wǒ dào bú dà ài chī ròu, kěshì tè ài
吃甜的。
chī tián de.

玛莎: 我也喜欢甜的,特别是蛋糕。
Mǎshā: Wǒ yě xǐhuan tián de, tèbié shì dàngāo.

春香: 你这么瘦,多吃点儿甜的
Chūnxiāng: Nǐ zhème shòu, duō chī diǎnr tián de
没关系。
méi guānxi.

李红: 我想去买东西,一起去超市好吗?
Lǐ Hóng: Wǒ xiǎng qù mǎi dōngxi, yìqǐ qù chāoshì hǎo ma?

玛莎: 好的。春香,你也一起去吧!
Mǎshā: Hǎo de. Chūnxiāng, nǐ yě yìqǐ qù ba!

春香: 我现在要去运动。走吧,一起去运动吧!
Chūnxiāng: Wǒ xiànzài yào qù yùndòng. Zǒu ba, yìqǐ qù yùndòng ba!

李红: 很抱歉!玛莎,你呢?
Lǐ Hóng: Hěn bàoqiàn! Mǎshā, nǐ ne?

玛莎: 我今天还有别的事儿,下次吧。
Mǎshā: Wǒ jīntiān hái yǒu bié de shìr, xià cì ba.

Li Hong: What should I do? I gained two more jin again.

Masha: I heard that you take exercises everyday. How come you gain weight?

Chun Hyang: Perhaps it's because Chinese dishes are too oily. I gain weight, too.

Li Hong: I don't eat meat too much, but I am crazy about sweet.

Masha: I like sweet, too, especially cakes.

Chun Hyang: You are slim. It's all right for you to eat some sweet.

Li Hong: I want to buy some cakes. Shall we go to the supermarket together?

Masha: Okay. Chun Hyang, will you go with us?

Chun Hyang: I'm going to take some exercises. Come on, let's go exercising.

Li Hong: Sorry. Masha, how about you?

Masha: I'm occupied today. Maybe next time.

Tip:
1. Here 倒 is used to indicate a concession. It is often used together with words which express the turn of meaning such as 可是, 就是.

❑ 　**和同伴一起，根据下面的提示复述对话三。** Retell Dialogue 3 according to the given hints with your partner.

> 李红每天都运动，可是＿＿＿，春香觉得＿＿＿。李红告诉她，自己＿＿＿。
> Lǐ Hóng měi tiān dōu yùndòng, kěshì......, Chūnxiāng juéde...... Lǐ Hóng gàosu tā, zìjǐ......
>
> 玛莎也爱吃＿＿＿，可是＿＿＿。现在李红想去＿＿＿，玛莎＿＿＿，春香＿＿＿。
> Mǎshā yě ài chī......, kěshì......, Xiànzài Lǐ Hóng xiǎng qù......, Mǎshā......, Chūnxiāng......

❑ 　**说一说。** Say it.

①　你觉得吃什么东西容易长胖？

　　Nǐ juéde chī shénme dōngxi róngyì zhǎng pàng?

　　What food do you think will make people gain weight?

②　你觉得什么东西吃多了，对身体不好？

　　Nǐ juéde shénme dōngxi chī duō le, duì shēntǐ bù hǎo?

　　What food do you think is harmful for your health if you eat too much of it?

❑ 　**听两遍录音，并回答下列问题。** Listen to the recording twice and answer the following questions. 🔘 07-06

①　欧文为什么来晚了？

　　Ōuwén wèi shénme lái wǎn le?

　　Why is Irving late?

②　昨天晚上欧文几点才睡觉？

　　Zuótiān wǎnshang Ōuwén jǐ diǎn cái shuì jiào?

　　When did Irving go to bed last night?

③　玛莎生气了吗？

　　Mǎshā shēng qì le ma?

　　Is Masha mad at him?

④　欧文向大家道歉时说了什么？

　　Ōuwén xiàng dàjiā dàoqiàn shí shuō le shénme?

　　What does Irving say when he apologizes?

⑤　欧文为什么要请大家吃饺子？

　　Ōuwén wèi shénme yào qǐng dàjiā chī jiǎozi?

　　Why does Irving treat everybody to dumplings?

❑ **朗读对话四，注意发音和语气。** Read Dialogue 4 aloud, pay attention to the pronunciation and the tone.

欧文： 对不起，我来晚了。
Ōuwén: Duìbuqǐ, wǒ lái wǎn le.

玛莎： 你又睡懒觉了吧?
Mǎshā: Nǐ yòu shuì lǎn jiào le ba?

欧文： 我不是睡懒觉，是¹起不来。
Ōuwén: Wǒ búshì shuì lǎn jiào, shì qǐ bu lái.

玛莎： 还说不是，现在都快10点了。
Mǎshā: Hái shuō bú shì, xiànzài dōu kuài shí diǎn le.

欧文： 我昨天晚上去酒吧了，快
Ōuwén: Wǒ zuótiān wǎnshang qù jiǔbā le, kuài

3点才睡觉。
sān diǎn cái shuì jiào.

玛莎： 那也不能让²我们大家等你
Mǎshā: Nà yě bù néng ràng wǒmen dàjiā děng nǐ

一个人!
yí ge rén!

欧文： 玛莎，别生气了。
Ōuwén: Mǎshā, bié shēng qì le.

玛莎： 我不是生气，是很生气。
Mǎshā: Wǒ bú shì shēng qì, shì hěn shēng qì.

欧文： 真的很抱歉，我下次一定注意。
Ōuwén: Zhēn de hěn bàoqiàn, wǒ xià cì yídìng zhùyì.

玛莎： 今天你得请客。
Mǎshā: Jīntiān nǐ děi qǐng kè.

欧文： 好的好的。我中午请大家吃饺子。
Ōuwén: Hǎo de hǎo de. Wǒ zhōngwǔ qǐng dàjiā chī jiǎozi.

玛莎： 一言为定!
Mǎshā: Yì yán wéi dìng!

Irving: I'm sorry for being late.
Masha: Did you sleep in again?
Irving: I did not sleep in, I was unable to get up.
Masha: Get out, it's almost ten o'clock.
Irving: I went to the bar last night and didn't go to bed until almost three.
Masha: That doesn't give you the reason to keep us waiting for you!
Irving: Masha, don't be mad.
Masha: I am not mad, but very mad.
Irving: I am really sorry. It won't happen again.
Masha: You should treat us today.
Irving: Okay. I'll treat you to dumplings for lunch.
Masha: Deal!

Tips:

1. 不是……是…… is used to deny the previous statement and express a turn of meaning.
2. Here 让 means *let* or *make*. This sentence is a dual-function constituent sentence. 我们 in the sentence is both the object of the verb 让 and the subject of the predicate 等.

❑　　说一说。Say it.

(1) 你觉得欧文应该道歉吗？

Nǐ juéde Ōuwén yīnggāi dàoqiàn ma?

Do you think Irving should apologize?

(2) 如果朋友像欧文这样来晚了，你会怎么做？

Rúguǒ péngyou xiàng Ōuwén zhèyàng lái wǎn le, nǐ huì zěnme zuò?

What would you do if your friend is late for an appointment like Irving does?

(3) 你有过像欧文这样来晚的事情吗？给大家说说。

Nǐ yǒu guo xiàng Ōuwén zhèyàng lái wǎn de shìqing ma? Gěi dàjiā shuōshuo.

Have you ever been late like Irving does? Tell the class about it.

活 动　Activities

一、小组活动　Group work

1. 你们认为下面哪些生活习惯是不健康的？为什么？ Which of the following habits do you think are unhealthy? Why?

  ⬭ 睡懒觉、睡午觉、12点以后睡觉⋯⋯
    shuì lǎn jiào, shuì wǔjiào, shí'èr diǎn yǐhòu shuì jiào...

  ⬭ 不吃早饭、不吃晚饭、吃辣的、吃肉⋯⋯
    bù chī zǎofàn, bù chī wǎnfàn, chī là de, chī ròu...

  ⬭ 喝咖啡、喝酒、喝茶⋯⋯
    hē kāfēi, hē jiǔ, hē chá...

2. 针对两种最不健康的生活习惯，说说你们的建议。 Choose two of the unhealthiest living habits and give your suggestions.

最不健康的生活习惯 The unhealthiest living habits	你们的建议 Your suggestions	怎样对别人提出建议 How to give suggestions
例如：喝酒 hē jiǔ	少喝或者不喝。 Shǎo hē huòzhě bù hē.	以后别喝酒了。以后少喝点儿。 Yǐhòu bié hē jiǔ le. Yǐhòu shǎo hē diǎnr.
1.		
2.		

3. 大家一起聊一聊，到底什么样的生活习惯才是健康的。Discuss what healthy living habits are.

二、双人活动 Pair work

1. 先利用下面的表格准备一下，然后跟同伴说说你下一周的时间安排。Make preparations first according to the following form and then talk about your schedule for next week to your partner.

> **A tip for students**
>
> You may make a good arrangement for your time without classes and the weekend.

	上午	下午	晚上
星期一 xīngqī yī			
星期二 xīngqī èr			
星期三 xīngqī sān			
星期四 xīngqī sì			
星期五 xīngqī wǔ			

2. 你周末打算做什么？多问几个人，看看谁那天有空，邀请他/她和你一起去。What's your plan for the weekend? Ask some more people, see who is free and invite him/her to go with you.

☐ 看电影　　　☐ 逛街　　　☐ 爬山　　　☐ 游泳　　　☐ 打篮球　　　☐ 吃饭

　kàn diānyǐng　　guàng jiē　　pá shān　　　yōuyǒng　　　dǎ lānqiú　　　chī fàn

> **A tip for students**
>
> You may add the things you want to do and invite other students.

三、小组活动 Group work

3-4人一组，为节日长假的第一天设计一系列有意思的活动，然后邀请大家参加。看哪组邀请到的人最多。Work in groups of three or four. Plan some interesting activities for the first day of the vacation, and then invite your classmates to join you. See which group is the most popular.

> 给教师的提示
>
> 您可以根据学习这一课的具体时间，对活动做出一些具体要求。

四、看图编故事并表演 Make up a story according to the following pictures and act

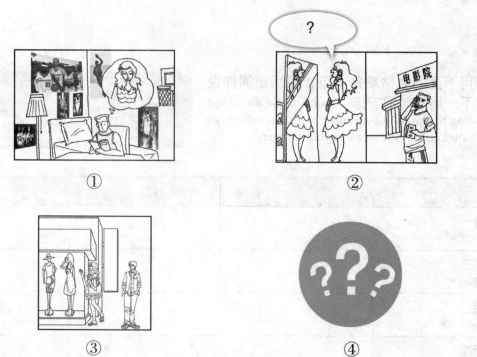

①　②

③　④

语言练习 Language Focus

一、朗读下列句子，注意语气和语调 Read the following sentences aloud, pay attention to the tone and the intonation 🔘 07-07

① 那么早呀，起来干什么？
Nàme zǎo ya, qǐ lái gàn shénme?

② 太早了吧？要是冬天的话，天还没亮呢。
Tài zǎo le ba? Yàoshi dōngtiān de huà, tiān hái méi liàng ne.

③ 真抱歉，那么早我可能起不来。
Zhēn bàoqiàn, nàme zǎo wǒ kěnéng qǐ bu lái.

④ 我不太舒服，你们去吧。
Wǒ bú tài shūfu, nǐmen qù ba.

⑤ 那怎么办呢？你有什么好主意？
Nà zěnme bàn ne? Nǐ yǒu shénme hǎo zhǔyi?

⑥ 我很想去，可是这个周末我已经有约了。
Wǒ hěn xiǎng qù, kěshì zhège zhōumò wǒ yǐjīng yǒu yuē le.

⑦ 我今天还有别的事儿，下次吧。
Wǒ jīntiān hái yǒu bié de shìr, xià cì ba.

二、替换练习 Substitution exercises

① 晚上一起去酒吧怎么样？
Wǎnshang yìqǐ qù jiǔbā zěnmeyàng?

一起去看电影
Yìqǐ qù kàn diànyǐng

我们从现在开始说汉语
Wǒmen cóng xiànzài kāishǐ shuō Hànyǔ

今天早一点休息
Jīntiān zǎo yìdiǎn xiūxi

晚饭后咱们去散散步
Wǎnfàn hòu zánmen qù sànsan bù

② 我不太舒服，你们去吧。
Wǒ bú tài shūfu, nǐmen qù ba.

我不想吃饭
Wǒ bù xiǎng chī fàn

我去不了
Wǒ qù bu liǎo

我没兴趣
Wǒ méi xìngqù

③ 你的脸色不太好，怎么了？
Nǐ de liǎnsè bú tài hǎo, zěnme le?

你的朋友
Nǐ de péngyou

你的脚
Nǐ de jiǎo

这个电视机
Zhège diànshìjī

三、根据句子的意思，请用"我看……"提醒朋友 Remind your friend using 我看…… according to the meanings of the following sentences

① 朋友很累，需要休息。
Péngyou hěn lèi, xūyào xiūxi.

② 告诉他早一点儿去更好，迟到了不好。
Gàosu tā zǎo yìdiǎnr qù gèng hǎo, chídào le bù hǎo.

③ 让朋友明天带上雨伞，可能有雨。
Ràng péngyou míngtiān dài shang yǔsǎn, kěnéng yǒu yǔ.

四、请用"不是……是……"完成对话 Complete the following dialogues with 不是……是……

① A：你怎么不敢告诉他？
Nǐ zěnme bù gǎn gàosu tā?

B：＿＿＿＿＿＿＿＿．（不知道）
(bù zhīdào)

② A：你不喜欢吃就别吃了。
Nǐ bù xǐhuan chī jiù bié chī le.

B：＿＿＿＿＿＿＿＿．（不舒服）
(bù shūfu)

3 A：听说你不喜欢旅行？
　　Tīngshuō nǐ bù xǐhuan lǚxíng?

B：＿＿＿＿＿＿＿．（没有钱）
　　　　　　　　（méiyǒu qián）

4 A：你没学过汉语吗？
　　Nǐ méi xué guo Hànyǔ ma?

B：＿＿＿＿＿＿＿．（忘）
　　　　　　　　（wàng）

扩展活动　Extended Activities

一、看图比较　Look and compare

两人分别看着图A和图B (见第113页)，向同伴描述图片的内容，听的人应该说出自己的图片和对方不一样的地方。Two students look at picture A and picture B (on Page 113) respectively. Describe to your partner what you see. The listener should tell the differences between the two pictures.

A tip for students

There are many differences between the two pictures. Do not look at your partner's picture until you have finished talking about the pictures.

Ⓐ

B

二、游戏：邀请和拒绝 Game: invite and turn down

将一些生活内容写在小纸条上，每个同学抽一张。请一位同学先按照纸条上的内容邀请旁边的人，旁边的人婉言谢绝后再邀请下一个人。Write some daily activities on the notes. Each student chooses one note and invites the student beside him/her in relay. But the student who is invited should turn down the invitation and invite the next student.

Word bank

吃饭	看电影	逛街	喝酒
chī fàn	kàn diànyǐng	guàng jiē	hē jiǔ
have meal	see a movie	go shopping	have alcohol
爬山	游泳	唱歌	跳舞
pá shān	yóuyǒng	chàng gē	tiào wǔ
climb hills	swim	sing	dance

总结与评价 Summary and Evaluation

一、在本课你学会了哪些提建议的句子？学会了哪些邀请别人时可以说的话？做错了事情你会道歉了吗？利用下面的表格复习一下。What expressions of giving suggestions have you learned? What expressions of inviting someone have you learned? Do you know how to apologize if you have done something inappropriate? Review what you have learned according to the following form.

情况 Situations	可以说的话 What to say
邀请 yāoqǐng	
接受邀请 jiēshòu yāoqǐng	
谢绝邀请 xièjué yāoqǐng	
道歉 dàoqiàn	

二、完成任务的自我表现评价。Self-evaluation.

Are you satisfied with your own performance?

Very good　　good　　not so good　　bad

Your own evaluation

A　　B　　C　　Your willingness to state your opinions

A　　B　　C　　Your willingness to raise your questions

A　　B　　C　　Your enthusiasm to gather useful information

A　　B　　C　　Your willness to speak Chinese in class

第8课

我可以换一个房间吗?
(Wǒ kěyǐ huàn yí ge fángjiān ma?)

May I Change a Room?

目标 | Objectives

1 复习打电话和提要求的常用语句。Review the commonly used expressions of making a phone call and requests.

2 学习提出服务要求。Learn to ask for services.

3 学习订房、退房时的常用语句。Learn the commonly used expressions of booking a room and checking out.

4 学习表达对服务的不满。Learn to express the dissatisfaction with services.

准备 Preparation

1. **看看下面的情况，想一想，如果是你，打电话的时候会怎么说。** Look at the following situations and think what you would say.

   ○ 有一个问题想问老师，给老师打电话时，接电话的不是老师。
   You intend to ask your teacher a question. It's not your teacher who answers the phone when you call.

   ○ 给自己的房间打电话找同屋，可是接电话的人是同屋的朋友。
   You call your room for your roommate, but the person who answers the phone is your roommate's friend.

2. **两人一组，按照上面的情况试一试。** Work in pairs and act the above circumstances out.

3. **总结一下用汉语打电话的常用语句。** Summarize the commonly used expressions of making a phone call in Chinese.

情况 Situations	可以说的话 What to say
开始打电话 kāishǐ dǎ diànhuà	
开始接电话 kāishǐ jiē diànhuà	

115

情况 Situations	可以说的话 What to say
在电话里介绍自己 zài diànhuà lǐ jièshào zìjǐ	
结束电话 jiéshù diànhuà	

4. 利用下面的表格准备一下，然后用"请……"和"……，可以吗？"提要求。Make preparations according to the following form, and then make some requests with 请…… and ……，可以吗?

情况 Situations	可以说的话 What to say
不知道去邮局怎么走，问人。 Bù zhīdào qù yóujú zěnme zǒu, wèn rén.	
忘了带词典，想借别人的。 Wàng le dài cídiǎn, xiǎng jiè biéren de.	
让别人帮你买一个面包。 Ràng biéren bāng nǐ mǎi yí ge miànbāo.	
买东西以前想尝尝。 Mǎi dōngxi yǐqián xiǎng chángchang.	

词 语 Words and Expressions

☐ 朗读下列词语，注意发音和词语的意思。 Read the following words aloud, pay attention to the pronunciation and the meanings. 🔘08-01

1	2	3	4	5	6	7
标准间 biāozhǔn jiān standard room	三人间 sān rén jiān triple room	洗澡 xǐ zǎo take a bath	交 jiāo give	订金 dìngjīn deposit	结账 jié zhàng check	退 tuì refund
8	9	10	11	12	13	14
热闹 rènao noisy	海 hǎi sea	手续 shǒuxù procedure	服务 fúwù service	客人 kèrén guest	订 dìng book	醒 xǐng wake

15	16	17	18	19	20	
早餐 zǎocān breakfast	卫生间 wèishēngjiān toilet	打扫 dǎsǎo clean	要求 yāoqiú requirement	蚊子 wénzi mosquito	蚊香 wénxiāng mosquito incense	

□ 从你学过的词语中选择合适的词语进行搭配。Match the words below with the proper words you learned.

退 tuì 交 jiāo 订 dìng 打扫 dǎsǎo

句 子 Sentences

□ 听录音，填词语。Listen to the recording and fill in the blanks. 🔘 08-02

1 请问，还有_____吗？
Qǐngwèn, hái yǒu_____ma?

2 房间可以_____吗？
Fángjiān kěyǐ_____ma?

3 请问，您有什么_____？
Qǐngwèn, nín yǒu shénme_____?

4 我是1204房间，我可以_____一个房间吗？
Wǒ shì yāo'èrlíngsì fángjiān, wǒ kěyǐ_____yí ge fángjiān ma?

5 我想要_____能看见海的房间。
Wǒ xiǎng yào_____néng kàn jiàn hǎi de fángjiān.

6 请您来总台办一下_____。
Qǐng nín lái zǒngtái bàn yíxià_____.

7 请帮我订_____出租车。
Qǐng bāng wǒ dìng_____chūzū chē.

8 现在还不到12点，可是没有_____水。
Xiànzài hái bú dào shí'èr diǎn, kěshì méiyǒu_____shuǐ.

9 这个卫生间不_____。
Zhège wèishēngjiān bù_____.

10 房间里_____有蚊子，有没有蚊香？
Fángjiān lǐ_____yǒu wénzi, yǒu méiyǒu wénxiāng?

□ 朗读下列句子。Read the following sentences aloud.

1 请问，还有房间吗？
Qǐngwèn, hái yǒu fángjiān ma?
Are there any rooms available, please?

2 房间可以洗澡吗？
Fángjiān kěyǐ xǐ zǎo ma?
Are the rooms with bath?

3 您有什么需要？
Nín yǒu shénme xūyào?
May I help you?

4 我是1204房间，我可以换一个房间吗？
Wǒ shì yāo'èrlíngsì fángjiān, wǒ kěyǐ huàn yí ge fángjiān ma?
This is Room 1204. May I change a room?

5 我想要一间能看见海的房间。
Wǒ xiǎng yào yì jiān néng kàn jiàn hǎi de fángjiān.
I want a room with a view of the sea.

6 请您来总台办一下手续。
Qǐng nín lái zǒngtái bàn yíxià shǒuxù.
Please come to the reception desk to go through the procedure.

⑦ 请帮我订一辆出租车。

Qǐng bāng wǒ dìng yí liàng chūzū chē.

Please book a taxi for me.

⑧ 现在还不到12点，可是没有热水。

Xiànzài hái bú dào shí'èr diǎn, kěshì méiyǒu rè shuǐ.

It's not twelve o'clock yet, but the hot water is not supplied anymore.

⑨ 这个卫生间不干净。

Zhège wèishēngjiān bù gānjìng.

The toilet isn't clean.

⑩ 房间里好像有蚊子，有没有蚊香？

Fángjiān lǐ hǎoxiàng yǒu wénzi, yǒu méiyǒu wénxiāng?

There seems to be mosquitoes in the room. Do you have mosquito incense?

☐ 看图片，然后和同伴商量一下他们可能在说什么。Look at the pictures and discuss with your partner what they are probably talking about.

① ② ③

情景 Situations

☐ 听两遍录音，并回答下列问题。Listen to the recording twice and answer the following questions. 🔊 08-03

① 她在哪儿？想干什么？

Tā zài nǎr? Xiǎng gàn shénme?

Where is she? What does she want to do?

② 现在有什么样的房间？一个人一天多少钱？

Xiànzài yǒu shénme yàng de fángjiān? Yí ge rén yì tiān duōshao qián?

What kind of rooms is available? How much is it for each person per day?

③ 房间能洗澡吗？

Fángjiān néng xǐ zǎo ma?

Are the rooms with bath?

④ 玛莎要住几天？

Mǎshā yào zhù jǐ tiān?

How many days will Masha stay?

⑤ 她交了多少钱？为什么？

Tā jiāo le duōshao qián? Wèi shénme?

How much money does she pay? Why?

❑ **朗读对话一，注意发音和语气。** Read Dialogue 1 aloud, pay attention to the pronunciation and the tone.

玛莎： Mǎshā:	请问，还有房间吗？ Qǐngwèn, hái yǒu fángjiān ma?
服务员： Fúwùyuán:	很抱歉，标准间已经没有了。 Hěn bàoqiàn, biāozhǔn jiān yǐjīng méiyǒu le.
玛莎： Mǎshā:	现在有什么样的房间？ Xiànzài yǒu shénme yàng de fángjiān?
服务员： Fúwùyuán:	只有三人间了。 Zhǐyǒu sān rén jiān le.
玛莎： Mǎshā:	一个人多少钱？ Yí ge rén duōshao qián?
服务员： Fúwùyuán:	一个人一天80元人民币。 Yí ge rén yì tiān bāshí yuán rénmínbì.
玛莎： Mǎshā:	房间可以洗澡吗？ Fángjiān kěyǐ xǐ zǎo ma?
服务员： Fúwùyuán:	可以。12点以前都有热水。 Kěyǐ. Shí'èr diǎn yǐqián dōu yǒu rè shuǐ.
玛莎： Mǎshā:	我要住两天。 Wǒ yào zhù liǎng tiān.
服务员： Fúwùyuán:	请交200元订金。 Qǐng jiāo liǎngbǎi yuán dìngjīn.
玛莎： Mǎshā:	不是160吗？ Bú shì yìbǎiliù ma?
服务员： Fúwùyuán:	结账的时候我们会退给你。 Jié zhàng de shíhou wǒmen huì tuì gěi nǐ.

Masha: Are there any rooms available, please?
Clerk: Sorry. There is no standard room left.
Masha: What kind of rooms do you have?
Clerk: Only triples.
Masha: How much is it for each person?
Clerk: 80 yuan for each person per day.
Masha: Are the rooms with bath?
Clerk: Yes. Hot water is supplied before 12 o'clock.
Masha: I'll stay for two days.
Clerk: Please give me 200 yuan for deposit?
Masha: Isn't it 160?
Clerk: You will get the refund when checking out.

❑ **和同伴一起，根据下面的提示复述对话一。** Retell Dialogue 1 according to the given hints with your partner.

玛莎来到一家旅馆(hotel)，她……，服务员……，这样的房间一个人……，每天
Mǎshā lái dào yì jiā lǚguǎn, tā......, fúwùyuán......, zhèyàng de fángjiān yí ge rén......, měi tiān

12点……。玛莎要……，服务员……，玛莎问为什么……，服务员告诉她……
shí'èr diǎn....... Mǎshā yào......, fúwùyuán......, Mǎshā wèn wèi shénme......, fúwùyuán gàosu tā......

❑ 说一说。Say it.

 如果你出门旅行，你对旅馆的房间有什么要求？

Rúguǒ nǐ chū mén lǚxíng, nǐ duì lǚguǎn de fángjiān yǒu shénme yāoqiú?

What are your requirements of a hotel room when you travel?

② 出门旅行时，你住过的不好的房间有哪些问题？

Chū mén lǚxíng shí, nǐ zhù guo de bù hǎo de fángjiān yǒu nǎxiē wèntí?

What were the problems with a dissatisfying room you ever lived in when you travelled?

二

❑ 听两遍录音，并回答下列问题。Listen to the recording twice and answer the following questions. 🔊 08-04

① 他住哪个房间？

Tā zhù nǎge fángjiān?

Which room is he in?

② 他为什么给总台打电话？

Tā wèi shénme gěi zǒngtái dǎ diànhuà?

Why does he call the reception?

③ 旅馆还有能看见海的房间吗？

Lǚguǎn hái yǒu néng kàn jiàn hǎi de fángjiān ma?

Is there still a room with a view of the sea?

④ 服务员让他去总台干什么？

Fúwùyuán ràng tā qù zǒngtái gàn shénme?

Why does the attendant suggest him to go to the reception?

❑ 朗读对话二，注意发音和语气。Read Dialogue 2 aloud, pay attention to the pronunciation and the tone.

欧文： 喂，是总台[1]吗？
Ōuwén: Wèi, shì zǒngtái ma?

服务员： 是，您有什么需要[2]？
Fúwùyuán: Shì. nín yǒu shénme xūyào?

欧文： 我是1204房间，我可以
Ōuwén: Wǒ shì yāo'èrlíngsì fángjiān, wǒ kěyǐ

换一个房间吗？
huàn yí ge fángjiān ma?

服务员： 您的房间有什么问题？
Fúwùyuán: Nín de fángjiān yǒu shénme wèntí?

欧文： 旁边的房间太"热闹"了，
Ōuwén: Pángbiān de fángjiān tài "rènao" le,

我需要安静。
wǒ xūyào ānjìng.

服务员： 好的，我帮您看看[3]。
Fúwùyuán: Hǎo de, wǒ bāng nín kànkan.

Irving:	Hello, is this the reception desk?
Attendant:	Yes. May I help you?
Irving:	This is Room 1204. May I change a room?
Attendant:	Are there any problems?
Irving:	The room next to mine is too noisy. I need quietness.
Attendant:	Okay. I'll check it for you.
Irving:	I want a room with a view of the sea.
Attendant:	Sorry. There's no such a room left.
Irving:	Other rooms then.
Attendant:	Please come to the reception desk to go through the procedure.
Irving:	Okay. Thanks!

欧文：　我想要一间能看见海的房间。
Ōuwén：　Wǒ xiǎng yào yì jiān néng kàn jiàn hǎi de fángjiān.

服务员：　抱歉，那样的房间已经没有了。
Fúwùyuán：　Bàoqiàn, nàyàng de fángjiān yǐjīng méiyǒu le.

欧文：　那就换别的吧。
Ōuwén：　Nà jiù huàn biè de ba.

服务员：　请您来总台办⁴一下手续。
Fúwùyuán：　Qǐng nín lái zǒngtái bàn yíxià shǒuxù.

欧文：　好的。谢谢！
Ōuwén：　Hǎo de. Xièxie!

Tips:

1. 总台 means *reception desk*.
2. Here 需要 is a noun used to express the desire for something.
3. Here 看看 means *ask about* or *check out*.
4. Here 办 means *deal with*. E.g. 办签证.

☐ **利用下面的表格准备一下，然后说说欧文换房间的事儿。** Make preparations according to the following form and then talk about Irving changing his room.

欧文原来的房间 Irving's previous room	欧文希望换的房间 Room Irving wants	最后的结果 Result

☐ **说一说。** Say it.

① 如果旁边的房间非常"热闹"，你怎么办？

Rúguǒ pángbiān de fángjiān fēicháng "rènao", nǐ zěnme bàn?

What would you do if the room next to yours is too noisy?

② 如果你想睡觉，你的同屋在听音乐或者唱歌，你怎么办？

Rúguǒ nǐ xiǎng shuì jiào, nǐ de tóngwū zài tīng yīnyuè huòzhě chàng gē, nǐ zěnme bàn?

What would you do if you want to sleep while your roommate is listening to music or singing?

☐ **听两遍录音，并回答下列问题。** Listen to the recording twice and answer the following questions. 🔘 08-05

① 她现在在哪儿？

Tā xiànzài zài nǎr?

Where is she now?

② 她明天几点去机场？

Tā míngtiān jǐ diǎn qù jīchǎng?

When is she going to the airport tomorrow?

121

③ 她为什么打电话?

Tā wèi shénme dǎ diànhuà?

Why does she call?

④ 她明天打算几点起床?

Tā míngtiān dǎsuàn jǐ diǎn qǐ chuáng?

When does she plan to get up tomorrow?

❏ **朗读对话三,注意发音和语气。** Read Dialogue 3 aloud, pay attention to the pronunciation and the tone.

服务员: 您好,这里是总台,很高兴为您服务。
Fúwùyuán: Nín hǎo, zhèlǐ shì zǒngtái, hěn gāoxìng wèi nín fúwù.

春香: 你好! 我是305房间的客人。
Chūnxiāng: Nǐ hǎo! Wǒ shì sānlíngwǔ fángjiān de kèrén.

服务员: 需要我帮您做什么?
Fúwùyuán: Xūyào wǒ bāng nín zuò shénme?

春香: 我明天早晨5点要去机场,请帮我订一辆出租车。
Chūnxiāng: Wǒ míngtiān zǎochen wǔ diǎn yào qù jīchǎng, qǐng bāng wǒ dìng yí liàng chūzū chē.

服务员: 好的。您还有什么需要?
Fúwùyuán: Hǎo de. Nín hái yǒu shénme xūyào?

春香: 请帮我订叫醒服务。
Chūnxiāng: Qǐng bāng wǒ dìng jiào xǐng fúwù.

服务员: 您想几点起床?
Fúwùyuán: Nín xiǎng jǐ diǎn qǐ chuáng?

春香: 4点20吧。
Chūnxiāng: Sì diǎn èrshí ba.

服务员: 好的,需要帮您订一
Fúwùyuán: Hǎo de, xūyào bāng nín dìng yí

份早餐吗?
fèn zǎocān ma?

春香: 不用了², 谢谢!
Chūnxiāng: Bú yòng le, xièxie!

Attendant:	Hello, this is the reception desk. Glad to be at your service.
Chun Hyang:	Hello. This is Room 305.
Attendant:	What can I do for you?
Chun Hyang:	I'm going to the airport at five o'clock tomorrow morning. Please book a taxi for me.
Attendant:	Okay. Anything else?
Chun Hyang:	Please book a wake-up call service for me.
Attendant:	What time would you like to get up?
Chun Hyang:	Twenty past four.
Attendant:	Okay. Do you need to book breakfast?
Chun Hyang:	No, thanks!

Tips:

1. Here 为 is used to usher the object.
2. 不用了 indicates something unnecessary.

❑ **和同伴一起，根据下面的提示复述对话三。** Retell Dialogue 3 according to the given hints with your partner.

春香住在旅馆的305房间，她正在给旅馆的总台打电话。……
Chūnxiāng zhù zài lǚguǎn de sānlíngwǔ fángjiān, tā zhèngzài gěi lǚguǎn de zǒngtái dǎ diànhuà.......

❑ **听两遍录音，根据录音内容判断下列说法是否正确。** Listen to the recording twice and decide whether the following statements are true or false. 🔘 08-06

① 玛莎要换房。 ☐
Mǎshā yào huàn fáng.

② 她的房间没有热水。 ☐
Tā de fángjiān méiyǒu rè shuǐ.

③ 她的房间没有卫生间。 ☐
Tā de fángjiān méiyǒu wèishēngjiān.

④ 她问总台要蚊香。 ☐
Tā wèn zǒngtái yào wénxiāng.

❑ **朗读对话四，注意发音和语气。** Read Dialogue 4 aloud, pay attention to the pronunciation and the tone.

玛莎: Mǎshā:	是总台吗？我要退房。 Shì zǒngtái ma? Wǒ yào tuì fáng.
总台: Zǒngtái:	有什么问题吗？ Yǒu shénme wèntí ma?
玛莎: Mǎshā:	现在还不到12点，可是 Xiànzài hái bú dào shí'èr diǎn, kěshì 没有热水。 méiyǒu rè shuǐ.
总台: Zǒngtái:	对不起，我马上帮您看看。 Duìbuqǐ, wǒ mǎshàng bāng nín kànkan.
玛莎: Mǎshā:	还有，这个卫生间不干净。 Hái yǒu, zhège wèishēngjiān bù gānjìng.
总台: Zǒngtái:	对不起，对不起！我们马上去 Duìbuqǐ, duìbuqǐ! Wǒmen mǎshàng qù 打扫。 dǎsǎo.

Masha: Is this the reception desk? I want to check out.
Reception: Are there any problems?
Masha: It's not twelve o'clock yet, but the hot water is not supplied anymore.
Reception: I am sorry. I'll check that for you right now.
Masha: And the toilet isn't clean.
Reception: I am so sorry. We'll be cleaning it right away.
Masha: Okay.
Reception: Is there anything else?
Masha: There seems to be mosquitoes in the room. Do you have mosquito incense?
Reception: It's on the desk in your room.
Masha: Oh, I see.

玛莎: 好吧[2]。
Mǎshā: Hǎoba.

总台: 您还有什么要求?
Zǒngtái: Nín hái yǒu shénme yāoqiú?

玛莎: 房间里好像有蚊子,有没有蚊香?
Mǎshā: Fángjiān lǐ hǎoxiàng yǒu wénzi, yǒu méiyǒu wénxiāng?

总台: 蚊香已经放在您房间的桌子上了。
Zǒngtái: Wénxiāng yǐjīng fàng zài nín fángjiān de zhuōzi shang le.

玛莎: 哦[2],我看到了。
Mǎshā: Ò, wǒ kàn dào le.

Tips:
1. Here 好吧 means to agree.
2. 哦 indicates that the speaker understands or realizes something.

❑ 说一说。Say it.

① 玛莎为什么要求退房?
Mǎshā wèi shénme yāoqiú tuì fáng?
Why does Masha want to check out?

② 最后玛莎退房了吗? 为什么?
Zuìhòu Mǎshā tuì fáng le ma? Wèi shénme?
Does Masha check out at last? Why?

③ 如果是你,你会怎么做?
Rúguǒ shì nǐ, nǐ huì zěnme zuò?
What would you do if you were Masha?

④ 请用自己的话说说玛莎的事情。
Qǐng yòng zìjǐ de huà shuōshuo Mǎshā de shìqing.
Tell Masha's story in your own words.

活动 Activities

一、双人活动 Pair work

1. 利用下面的表格准备一下,然后和同伴交流,看看你们的想法有什么不同。Make preparations according to the following form, and then exchange ideas with your partner and see whether you are different from each other.

出门旅行时 When travelling	最担心什么 Most concerned	最希望什么 Most desired
住宿 lodging zhùsù		
吃饭 diet chī fàn		
费用 expenses fèiyong		
其他 other factors qítā		

2. 和同伴一起总结出门旅行时应该注意的问题，然后和大家交流。Summarize the things you should pay attention to when travelling with your partner, and then share your ideas with the class.

二、小组活动 Group work

大卫有3天假期，有2000元钱，他打算从下周开始出门旅游。3人一组，根据他的情况和同伴商量一下，给大卫一些吃住等方面的建议。David will have a three-day holiday and he plans to travel next week with 2000 yuan. Work in groups of three, discuss David's situation with your partners and give David some suggestions on diet, lodging, etc.

给教师的提示
您可以在全班交流时请学生说说他们的理由。

A tip for students
You should try your best to work out a better arrangement.

三、全班活动 Class work

王老师要去上海开会，会议星期六早晨八点开始。请你打电话或上网查询合适的航班和市中心的三星级酒店信息，给王老师提供两套方案。Mr. Wang is going to Shanghai for a meeting which begins at 8 a.m. on Saturday. Make phone calls or search the Internet for information of flights and three-star hotels downtown. Provide Mr. Wang with two schemes.

A tip for students
You should pay attention to appropriate timing and reasonable price.

给教师的提示
您可以让学生课外打电话查询，下次上课报告查询结果。

四、看图编故事并表演 Make up a story according to the following pictures and act

Duìbuqǐ!

语言练习 Language Focus

一、朗读下列句子，注意语气和语调 Read the following sentences aloud, pay attention to the tone and the intonation 🔘 08-07

1 请问，还有房间吗？
Qǐngwèn, hái yǒu fángjiān ma?

2 现在有什么样的房间？
Xiànzài yǒu shénme yàng de fángjiān?

3 房间可以洗澡吗？
Fángjiān kěyǐ xǐ zǎo ma?

4 我是1204房间，我可以换一个房间吗？
Wǒ shì yāo'èrlíngsì fángjiān, wǒ kěyǐ huàn yí ge fángjiān ma?

5 我想要一间能看见海的房间。
Wǒ xiǎng yào yì jiān néng kàn jiàn hǎi de fángjiān.

6 需要我帮您做什么？
Xūyào wǒ bāng nín zuò shénme?

7 请帮我订叫醒服务。
Qǐng bāng wǒ dìng jiào xǐng fúwù.

二、替换练习 Substitution exercises

1 <u>12点以前都有热水</u>。
Shí'èr diǎn yǐqián dōu yǒu rè shuǐ.

周五	他都没有时间
Zhōu wǔ	tā dōu méiyǒu shíjiān
中午	我都在教室
Zhōngwǔ	wǒ dōu zài jiàoshì
吃饭	应该洗手
Chī fàn	yīnggāi xǐ shǒu
新年	我们一定要回家
Xīnnián	wǒmen yídìng yào huí jiā

2 <u>好的</u>，我帮您看看。
Hǎo de, wǒ bāng nín kànkan.

可以
Kěyǐ

好吧
Hǎo ba

行
Xíng

126

3 请问，您有什么<u>需要</u>?
Qǐngwèn, nín yǒu shénme xūyào?

事儿
shìr

要求
yāoqiú

意见 (complaint)
yìjiàn

4 请帮我订<u>一辆出租车</u>。
Qǐng bāng wǒ dìng yí liàng chūzū chē.

一份早餐
yí fèn zǎocān

一个房间
yí ge fángjiān

一张飞机票
yì zhāng fēijī piào

三、用"好的，……"完成下面的对话 Complete the following dialogues with 好的，……

1 A：如果你想买东西，我们就一起去吧。
Rúguǒ nǐ xiǎng mǎi dōngxi, wǒmen jiù yìqǐ qù ba.

B：_____.

2 A：你明天早一点回来，行吗？
Nǐ míngtiān zǎo yìdiǎn huílai, xíng ma?

B：_____.

3 A：你们说话请小声一点儿。
Nǐmen shuō huà qǐng xiǎo shēng yìdiǎnr.

B：_____.

4 A：如果想喝水，这里有。
Rúguǒ xiǎng hē shuǐ, zhèlǐ yǒu.

B：_____.

四、用"不用了，……"完成下面的对话 Complete the following dialogues with 不用了，……

1 A：如果你需要坐出租车，我可以帮你联系。
Rúguǒ nǐ xūyào zuò chūzū chē, wǒ kěyǐ bāng nǐ liánxi.

B：_____.

2 A：你需要吃的东西，我的房间里有！
Nǐ xūyào chī de dōngxi, wǒ de fángjiān lǐ yǒu!

B：_____.

③ A：请老师帮助你看看哪里有便宜的饭馆儿。
　　Qǐng lǎoshī bāngzhù nǐ kànkan nǎlǐ yǒu piányi de fànguǎnr.

　　B：_____.

④ A：如果你一个人不想去，就请大家跟你一起去吧！
　　Rúguǒ nǐ yí ge rén bù xiǎng qù, jiù qǐng dàjiā gēn nǐ yìqǐ qù ba!

　　B：_____.

扩展活动　Extended Activities

一、看图比较　Look and compare

两人分别看着图A和图B（见第129页），向同伴描述图片的内容，听的人应该说出自己的图片和对方不一样的地方。Two students look at picture A and picture B (on Page 129) respectively. Describe to your partner what you see. The listener should tell the differences between the two pictures.

Ⓐ

A tip for students

There are many differences between the two pictures. Do not look at your partner's picture until you have finished talking about the pictures.

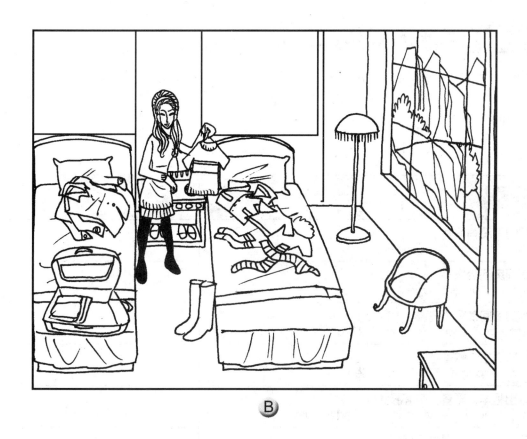

B

二、游戏：服务大比拼 Game: better services

从词卡中抽一张，利用参考句型向"服务员"（旁边的同学）提问，"服务员"应该尽量帮助客人解决问题。如抽到的是"苹果"，应该问"我的苹果坏了，怎么办？"或者"没有苹果，怎么办？"回答的人可以说"我们还有苹果，我可以再给你送来。"或者"一楼有卖水果的商店，你可以去买。"等等。Pick one card from the word cards and ask the attendant (the student beside you) some questions with the reference sentence patterns. The attendant should try his/her best to help the guest. For example, if you pick the 苹果 card, you should say 我的苹果坏了，怎么办？ or 没有苹果，怎么办？ The clerk may answer 我们还有苹果，我可以再给你送来。 or 一楼有卖水果的商店，你可以去买。etc.

Patterns

我的……坏了，怎么办？
Wǒ de ...... huài le, zěnme bàn?

没有……，怎么办？
Méiyǒu ......, zěnme bàn?

A tip for students

If the clerk answers well, the class should applaud.

给教师的提示

您需要准备一些词汇卡片，如钱、水、电视、空调等等，旅馆的客人有可能要用到或者吃到的东西都可以。

总结与评价 Summary and Evaluation

一、学会住旅馆订房间的常用语句了吗？住宿时遇到问题能自己解决了吗？利用下面的表格复习一下。注意正确使用"请问……"和"请帮我……"。Have you learned the expressions of booking a room at a hotel now? Can you now solve the problems you come across on your own when you live at a hotel? Review what you have learned according to the following form. Pay attention to the correct use of 请问…… and 请帮我……。

情况 Situations	可以说的话 What to say
询问有没有房间 xúnwèn yǒu méiyǒu fángjiān	
询问房间价格 xúnwèn fángjiān jiàgé	
询问房间情况（洗澡、上网等） xúnwèn fángjiān qíngkuàng (xǐ zǎo, shàng wǎng děng)	
要求送水、蚊香等 yāoqiú sòng shuǐ, wénxiāng děng	
订出租车、早餐、叫醒服务等 dìng chūzū chē, zǎocān, jiào xǐng fúwù děng	
房间有问题，要求换房间 fángjiān yǒu wèntí, yāoqiú huàn fángjiān	

二、完成任务的自我表现评价。Self-evaluation.

Are you satisfied with your own performance?

Very good   good   not so good   bad

Your own evaluation

A   B   C   Your willingness to state your opinions

A   B   C   Your willingness to raise your questions

A   B   C   Your enthusiasm to gather useful information

A   B   C   Your willness to speak Chinese in class

第 9 课

你的房间一定很漂亮
(Nǐ de fángjiān yídìng hěn piàoliang)

Your Room Must Be Beautiful

目标 | Objectives

1. 复习如何说明方位处所。 Review how to tell locations.
2. 学习介绍一个房间。 Learn to describe a room.
3. 学习比较两个不同的房间。 Learn to compare two different rooms.

准备 Preparation

1. 两人一组，大家一起看学校附近的商业街地图，只能看1分钟。上面有很多地方，每人选择三个自己常去的地方和一个没去过的地方。Work in pairs. Look at the map of the business streets near the school for only one minute. There are many places in the map. Each studenet should choose three places he/she often goes to and one place he/she has never been to.

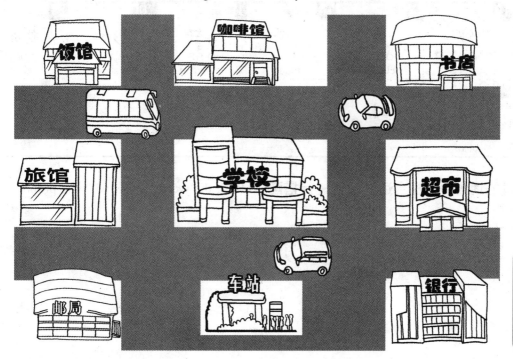

给教师的提示
您如果能根据你们学校周边的情况事先准备一张商业区的简单示意图，效果会更好。

（1）先介绍这些地方及具体位置。 *Describe those places and their locations.*

（2）大家一起商量一个两人都常去的地方，具体位置怎么介绍最好。并向全班汇报。

  Find out one place that both of you often go to and discuss how to introduce its location. Then introduce it to the whole class.

（3）全班一起再看地图。并改正说得不准确的地方。 *The whole class look at the map together again and correct the wrong descriptions.*

2. 你现在住在哪儿？你的房间里有什么？ Where do you live now? What's in your room?

词 语 Words and Expressions

☐ 朗读下列词语，注意发音和词语的意思。 Read the following words aloud, pay attention to the pronunciation and the meanings. 💿 09-01

给教师的提示
课前别忘了提醒学生预习词语。

1	2	3	4	5	6	7
租 zū rent	房 fáng apartment	费 fèi fee	付 fù pay	一半儿 yíbànr half	卧室 wòshì bedroom	衣柜 yīguì wardrobe
8	**9**	**10**	**11**	**12**	**13**	**14**
冰箱 bīngxiāng fridge	客厅 kètīng sitting room	厨房 chúfáng kitchen	差不多 chàbuduō about the same	窗户 chuānghu window	对面 duìmiàn opposite	前面 qiánmiàn front
15	**16**	**17**	**18**	**19**	**20**	**21**
右边 yòubian right	书架 shūjià bookshelf	清 qīng clearly	食品 shípǐn food	柜子 guìzi cupboard	影响 yǐngxiǎng disturb	整齐 zhěngqí orderly
22	**23**	**24**				
挂 guà hang	摆 bǎi place	心情 xīnqíng mood				

☐ 从你学过的词语中选择合适的词语进行搭配。 Match the words below with the proper words you learned.

租 zū	付 fù	挂 guà	摆 bǎi

句 子 Sentences

❑ **听录音，填词语。** Listen to the recording and fill in the blanks. 🔘 09-02

① 我在学校附近_____了房子。
Wǒ zài xuéxiào fùjìn_____le fángzi.

② （房间里）有一张床，一张桌子，一个_____。
(Fángjiān lǐ) yǒu yì zhāng chuáng, yì zhāng zhuōzi, yí ge_____.

③ 电视和冰箱在_____的客厅里。
Diànshì hé bīngxiāng zài_____de kètīng lǐ.

④ 虽然卫生间_____小，但是卧室挺大的。
Suīrán wèishēngjiān_____xiǎo, dànshì wòshì tǐng dà de.

⑤ 窗户在门的_____，窗户前面是一张桌子，床在右边。
Chuānghu zài mén de_____, chuānghu qiánmiàn shì yì zhāng zhuōzi, chuáng zài yòubian.

⑥ 床的_____有一个衣柜。
Chuáng de_____yǒu yí ge yīguì.

⑦ 你不太_____两个人一起住，是吧?
Nǐ bú tài_____liǎng ge rén yìqǐ zhù, shì ba?

⑧ 我的房间_____漂亮，但是很干净。
Wǒ de fángjiān_____piàoliang, dànshì hěn gānjìng.

⑨ 你每天都自己_____房间吗?
Nǐ měi tiān dōu zìjǐ_____fángjiān ma?

⑩ 一进房间_____就好。
Yí jìn fángjiān_____jiù hǎo.

❑ **朗读下列句子。** Read the following sentences aloud.

① 我在学校附近租了房子。
Wǒ zài xuéxiào fùjìn zū le fángzi.
I rent an apartment near school.

② （房间里）有一张床，一张桌子，一个衣柜。
(Fángjiān lǐ) yǒu yì zhāng chuáng, yì zhāng zhuōzi, yí ge yīguì.
There is a bed, a desk, and a wardrobe.

③ 电视和冰箱在中间的客厅里。
Diànshì hé bīngxiāng zài zhōngjiān de kètīng lǐ.
The TV and the fridge are in the sitting room in the middle.

④ 虽然卫生间比较小，但是卧室挺大的。

Suīrán wèishēngjiān bǐjiào xiǎo, dànshì wòshì tǐng dà de.

Though the toilet is small, the bedroom is big.

⑤ 窗户在门的对面，窗户前面是一张桌子，床在右边。

Chuānghu zài mén de duìmiàn, chuānghu qiánmiàn shì yì zhāng zhuōzi, chuáng zài yòubian.

The window is opposite to the door, with a desk in front of it and a bed on the right.

⑥ 床的旁边有一个衣柜。

Chuáng de pángbiān yǒu yí ge yīguì.

A wardrobe stands beside the bed.

⑦ 你不太习惯两个人一起住，是吧?

Nǐ bú tài xíguàn liǎng ge rén yìqǐ zhù, shì ba?

You aren't used to sharing a room, are you?

⑧ 我的房间算不上漂亮，但是很干净。

Wǒ de fángjiān suàn bu shàng piàoliang, dànshì hěn gānjìng.

I wouldn't say beautiful, but clean.

⑨ 你每天都自己打扫房间吗?

Nǐ měi tiān dōu zìjǐ dǎsǎo fángjiān ma?

Do you clean your room every day?

⑩ 一进房间心情就好。

Yí jìn fángjiān xīnqíng jiù hǎo.

I get a good mood whenever I come in.

❑ **看图片，然后和同伴商量怎么介绍这个房间。** Look at the picture and discuss with your partner how to describe this room.

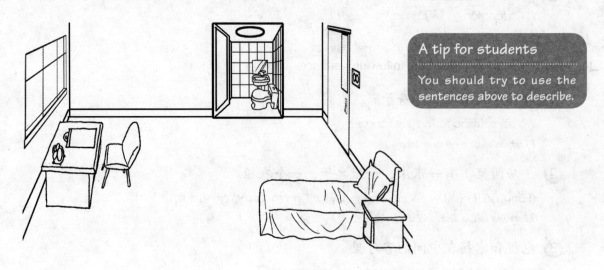

> **A tip for students**
>
> You should try to use the sentences above to describe.

情 景 Situations

①

☐ **听两遍录音，根据录音内容判断下列说法是否正确。** Listen to the recording twice and decide whether the following statements are true or false. ● 09-03

① 山本住在留学生宿舍。　　　　　☐
Shānběn zhù zài liúxuéshēng sùshè.

② 学校附近的房子两个人住不算贵。　☐
Xuéxiào fùjìn de fángzi liǎng ge rén zhù bú suàn guì.

③ 有两个卧室，一个人住一间。　　☐
Yǒu liǎng ge wòshì, yí ge rén zhù yì jiān.

④ 房间里没有电视和冰箱。　　　　☐
Fángjiān lǐ méiyǒu diànshì hé bīngxiāng.

⑤ 客厅和厨房两个人一起用。　　　☐
Kètīng hé chúfáng liǎng ge rén yìqǐ yòng.

☐ **朗读对话一，注意发音和语气。** Read Dialogue 1 aloud, pay attention to the pronunciation and the tone.

欧文： Ōuwén:	山本，听说 你不住在留学生宿舍。 Shānběn, tīngshuō nǐ bú zhù zài liúxuéshēng sùshè.	Irving: Yamamoto, it's said that you don't live at the overseas students' dorm.
山本： Shānběn:	是啊，我在学校附近租了房子。 Shì a, wǒ zài xuéxiào fùjìn zū le fángzi.	Yamamoto: Right. I rent an apartment near school.
欧文： Ōuwén:	房费贵吗？ Fáng fèi guì ma?	Irving: Is it expensive?
山本： Shānběn:	两个人住，一个人付一半。不算贵²。 Liǎng ge rén zhù, yí ge rén fù yí bàn. Bú suàn guì.	Yamamoto: Two people share the apartment, each pays half the rent, not too expensive.
欧文： Ōuwén:	还是³两个人住一间哪？ Háishi liǎng ge rén zhù yì jiān na?	Irving: You share one bedroom?
山本： Shānběn:	有两个卧室，一个人住一间。 Yǒu liǎng ge wòshì, yí ge rén zhù yì jiān.	Yamamoto: There are two bedrooms, one for each.
欧文： Ōuwén:	那不错嘛⁵！ Nà búcuò ma!	Irving: That's good.
山本： Shānběn:	是啊。我挺满意的。 Shì a. Wǒ tǐng mǎnyì de.	Yamamoto: Yes. I like it there.
欧文： Ōuwén:	房间里都有什么？ Fángjiān lǐ dōu yǒu shénme?	Irving: What's in the room?
山本： Shānběn:	有一张床，一张桌子，一个衣柜。 Yǒu yì zhāng chuáng, yì zhāng zhuōzi, yí ge yīguì.	Yamamoto: There is a bed, a desk, and a wardrobe.
		Irving: There isn't a TV or a fridge?
		Yamamoto: The TV and the fridge are in the sitting room in the middle.
		Irving: I see. You share the sitting room and the toilet.
		Yamamoto: Yes, and the kitchen.

欧文: 没有电视和冰箱吗?
Ōuwén: Méiyǒu diànshì hé bīngxiāng ma?

山本: 电视和冰箱在中间的客厅里。
Shānběn: Diànshì hé bīngxiāng zài zhōngjiān de kètīng lǐ.

欧文: 我明白了,客厅和卫生间两个人一起用。
Ōuwén: Wǒ míngbai le, kètīng hé wèishēngjiān liǎng ge rén yìqǐ yòng.

山本: 对,还有厨房也是一起用。
Shānběn: Duì, hái yǒu chúfáng yě shì yìqǐ yòng.

Tips:

1. Here 听说 means *hear from others*. Other words can be put between the two characters.
2. 不算贵 means that the speaker doesn't think it is expensive.
3. Here 还是 indicates that a phenomenon continues to exist or an action continues. It is similar to 仍然.
4. 哪 is an auxiliary of tone. If the *Pinyin* of the previous character ends with –n, the pronunciation of 啊 (a) becomes 哪 (na).
5. Here 嘛 means that the reason is obvious.

□ 说一说。Say it.

① 你现在住的房间房费贵不贵? 你喜欢这个房间吗? 为什么?

Nǐ xiànzài zhù de fángjiān fáng fèi guì bu guì? Nǐ xǐhuan zhège fángjiān ma? Wèi shénme?

Is your current rent high? Do you like your room? Why?

② 根据对话内容,介绍一下山本的新家。

Gēnjù duìhuà nèiróng, jièshào yíxià Shānběn de xīn jiā.

Describe Yamamoto's new home according to Dialogue 1.

□ 听两遍录音,并回答下列问题。Listen to the recording twice and answer the following questions. 09-04

① 欧文去山本的新家了吗?

Ōuwén qù Shānběn de xīn jiā le ma?

Did Irving go to Yamamoto's new home?

② 欧文觉得山本的新家怎么样?

Ōuwén juéde Shānběn de xīn jiā zěnmeyàng?

What does Irving think of Yamamoto's new home?

③ 山本的房间比春香的房间大吗?

Shānběn de fángjiān bǐ Chūnxiāng de fángjiān dà ma?

Is Yamamoto's room bigger than Chun Hyang's?

④ 山本的房间里有放书的地方吗?

Shānběn de fángjiān lǐ yǒu fàng shū de dìfang ma?

Is there a place for books in Yamamoto's room?

⑤ 山本的房间里还有什么?

Shānběn de fángjiān lǐ hái yǒu shénme?

What else is in Yamamoto's room?

朗读对话二，注意发音和语气。Read Dialogue 2 aloud, pay attention to the pronunciation and the tone.

玛莎： 欧文，听说你去山本的新家了。
Mǎshā: Ōuwén, tīngshuō nǐ qù Shānběn de xīn jiā le.

欧文： 对，我觉得他的新家挺好的。
Ōuwén: Duì, wǒ juéde tā de xīn jiā tǐng hǎo de.

玛莎： 可是我听说卫生间特别小。
Mǎshā: Kěshì wǒ tīngshuō wèishēngjiān tèbié xiǎo.

欧文： 虽然卫生间比较小，但是卧室
Ōuwén: Suīrán wèishēngjiān bǐjiào xiǎo, dànshì wòshì

挺大的。
tǐng dà de.

玛莎： 比我和春香的房间大吗？
Mǎshā: Bǐ wǒ hé Chūnxiāng de fángjiān dà ma?

欧文： 大小差不多，但是他一个人住。
Ōuwén: Dàxiǎo chàbuduō, dànshì tā yí ge rén zhù.

玛莎： 哦。房间是什么样子？
Mǎshā: Ò. Fángjiān shì shénme yàngzi?

欧文： 窗户在门的对面，窗户
Ōuwén: Chuānghu zài mén de duìmiàn, chuānghu

前面是一张桌子，床在右边。
qiánmiàn shì yì zhāng zhuōzi, chuáng zài yòubian.

床的旁边有一个衣柜。
Chuáng de pángbiān yǒu yí ge yīguì.

玛莎： 房间里有放书的地方吗？
Mǎshā: Fángjiān lǐ yǒu fàng shū de dìfang ma?

欧文： 床的对面是一个书架。
Ōuwén: Chuáng de duìmiàn shì yí ge shūjià.

玛莎： 房间里还有什么？
Mǎshā: Fángjiān lǐ hái yǒu shénme?

欧文： 我记不清[1]了，大概还有一个放食品的小柜子吧。
Ōuwén: Wǒ jì bu qīng le, dàgài hái yǒu yí ge fàng shípǐn de xiǎo guìzi ba.

Masha: Irving, I hear that you went to Yamamoto's new home.
Irving: Yes. I think it is a good place.
Masha: But the toilet is said to be very small.
Irving: Though the toilet is small, the bedroom is big.
Masha: Bigger than me and Chun Hyang's?
Irving: About the same size, but it's for himself.
Masha: Oh, what's it like?
Irving: The window is opposite to the door, with a desk in front of it and a bed on the right. A wardrobe stands beside the bed.
Masha: Is there a place for books in the room?
Irving: There's a bookshelf opposite to the bed.
Masha: What else is in the room?
Irving: I don't remember clearly. Perhaps there is a cupboard.

Tip:
1. Here 清 means *clearly*. The affirmative form of 记不清 is 记得清.

说一说。Say it.

1 说说山本的房间怎么样？是怎样布置的？
Shuōshuo Shānběn de fángjiān zěnmeyàng? Shì zěnyàng bùzhì de?
How is Yamamoto's room? How is it arranged?

② 你现在住的房间里都有什么？是怎样布置的？

Nǐ xiànzài zhù de fángjiān lǐ dōu yǒu shénme? Shì zěnyàng bùzhì de?

What is in your room? How is it arranged?

③ 你们的教室里都有什么？是怎样布置的？

Nǐmen de jiàoshì lǐ dōu yǒu shénme? Shì zěnyàng bùzhì de?

What is in your classroom? How is it arranged?

☐ 听两遍录音，并回答下列问题。Listen to the recording twice and answer the following questions. 🔘 09-05

① 玛莎和谁住一个房间？

Mǎshā hé shuí zhù yí ge fángjiān?

Who does Masha share the room with?

② 她们俩的生活习惯一样吗？

Tāmen liǎ de shēnghuó xíguàn yíyàng ma?

Do they have the same living habits?

③ 玛莎在家的时候一个人住吗？

Mǎshā zài jiā de shíhou yí ge rén zhù ma?

Does Masha have her own room when she's at home?

④ 玛莎他们家谁打扫房间？

Mǎshā tāmen jiā shuí dǎsǎo fángjiān?

Who cleans the house for Masha's family?

⑤ 玛莎喜欢怎样布置房间？

Mǎshā xǐhuan zěnyàng bùzhì fángjiān?

How does Masha prefer to arrange her room?

☐ 朗读对话三，注意发音和语气。Read Dialogue 3 aloud, pay attention to the pronunciation and the tone.

玛莎： 春香，你喜欢我们的房间吗？
Mǎshā: Chūnxiāng, nǐ xǐhuan wǒmen de fángjiān ma?

春香： 喜欢。不过两个人住有点小。
Chūnxiāng: Xǐhuan. Búguò liǎng ge rén zhù yǒudiǎn xiǎo.

玛莎： 我习惯晚睡早起，经常影响你休息吧？
Mǎshā: Wǒ xíguàn wǎn shuì zǎo qǐ, jīngcháng yǐngxiǎng nǐ xiūxi ba?

春香： 我没关系[1]。你不太习惯两个人一起住，是吧？
Chūnxiāng: Wǒ méi guānxi. Nǐ bú tài xíguàn liǎng ge rén yìqǐ zhù, shì ba?

玛莎： 有点儿。我在家一直是一个人住。
Mǎshā: Yǒudiǎnr. Wǒ zài jiā yìzhí shì yí ge rén zhù.

春香:　你的房间一定很漂亮。
Chūnxiāng:　Nǐ de fángjiān yídìng hěn piāoliang.

玛莎:　我的房间算不上漂亮，
Mǎshā:　Wǒ de fángjiān suàn bu shàng piāoliang,

但是很干净。
dànshì hěn gānjìng.

春香:　你每天都自己打扫房间吗？
Chūnxiāng:　Nǐ měi tiān dōu zìjǐ dǎsǎo fángjiān ma?

玛莎:　我们家都是我妈收拾房间。
Mǎshā:　Wǒmen jiā dōu shì wǒ mā shōushi fángjiān.

春香:　你不帮你妈打扫吗？
Chūnxiāng:　Nǐ bù bāng nǐ mā dǎsǎo ma?

玛莎:　我有时候也打扫，我喜欢
Mǎshā:　Wǒ yǒu shíhou yě dǎsǎo, wǒ xǐhuan

房间干干净净，整整
fángjiān gāngān jìngjìng, zhěngzhěng

齐齐的。
qíqí de.

春香:　你特别喜欢在房间里挂上画儿，
Chūnxiāng:　Nǐ tèbié xǐhuan zài fángjiān lǐ guà shang huàr,

摆上花儿，是吗？
bǎi shang huàr, shì ma?

玛莎:　你不喜欢吗？
Mǎshā:　Nǐ bù xǐhuan ma?

春香:　我也喜欢。一进房间心情就²好。
Chūnxiāng:　Wǒ yě xǐhuan. Yí jìn fángjiān xīnqíng jiù hǎo.

Masha:	Chun Hyang, do you like our room?
Chun Hyang:	Yes. But it is a bit small for two people.
Masha:	I stay up late and get up early. Do I disturb you?
Chun Hyang:	It doesn't matter to me. You aren't used to sharing a room, are you?
Masha:	A little. I have my own room when I'm at home.
Chun Hyang:	Your room must be beautiful.
Masha:	I wouldn't say beautiful, but clean.
Chun Hyang:	Do you clean your room every day?
Masha:	My mother does the cleaning for my family.
Chun Hyang:	Don't you help your mother?
Masha:	Sometimes I do. I like my room clean and orderly.
Chun Hyang:	You like to hang pictures and place fowlers in your room, don't you?
Masha:	Don't you like that?
Chun Hyang:	I do. I get a good mood whenever I come in.

Tips:

1. Here 我没关系 means that something is okay with the speaker.

2. 一……就…… indicates that once an action takes place, the result follows right after it.

❑ 说一说。Say it.

根据对话内容准备一下，然后说说你和玛莎有什么不一样。
Gēnjù duìhuà nèiróng zhǔnbèi yíxià, ránhòu shuōshuo nǐ hé Mǎshā yǒu shénme bù yíyàng.
Make preparations according to Dialogue 3 and tell the differences between you and Masha.

	玛莎 Masha	你自己 You
生活习惯 shēnghuó xíguàn **Living habits**		
在家怎么住 zài jiā zěnme zhù **Whether share a room at home**		
房间是否漂亮 fángjiān shìfǒu piàoliang **Whether the room's beautiful**		
是否打扫房间 shìfǒu dǎsǎo fángjiān **Whether clean the room**		
喜欢怎么布置房间 xǐhuan zěnme bùzhì fángjiān **How to arrange the room**		

❑ 朗读下面的短文，并模仿短文介绍你自己的房间。Read the following passage aloud and then imitate the passage to introduce your own room. 🔘 09-06

　　我的新家在学校的西边。一共有三个房间：两个卧室和一个客厅。还有一个卫生间和一个厨房。我和一个中国学生每人住一间卧室，一起用客厅、卫生间和厨房。

　　我的房间和留学生楼的房间差不多，但是只有一张床、一张桌子和一个衣柜，所以我觉得挺大的。我的桌子放在窗户的前面，桌子左边有一个书架，我的床在右边，床的旁边是衣柜。我有两把椅子(chair)，一把放在桌子前面，另一把放在书架旁边，上面放着一些小食品。

　　现在房间里没有画儿，也没有花儿。周末我打算去买画儿和花儿。我想下个星期我的房间一定会非常漂亮。

　　Wǒ de xīn jiā zài xuéxiào de xībian. Yígòng yǒu sān ge fángjiān: liǎng ge wòshì hé yí ge kètīng. Hái yǒu yí ge wèishēngjiān hé yí ge chúfáng. Wǒ hé yí ge Zhōngguó xuésheng měi rén zhù yì jiān wòshì, yìqǐ yòng kètīng, wèishēngjiān hé chúfáng.

　　Wǒ de fángjiān hé liúxuéshēng lóu de fángjiān chàbuduō, dànshì zhǐyǒu yì zhāng chuáng, yì zhāng zhuōzi hé yí ge yīguì, suǒyǐ wǒ juéde tǐng dà de. Wǒ de zhuōzi fàng zài chuānghu de qiánmiàn, zhuōzi zuǒbian yǒu yí ge shūjià, wǒ de chuáng zài yòubian, chuáng de pángbiān shì yīguì. Wǒ yǒu liǎng bǎ yǐzi, yì bǎ fàng zài zhuōzi qiánmiàn, lìng yì bǎ fàng zài shūjià pángbiān, shàngmiàn fàng zhe yìxiē xiǎo shípǐn.

　　Xiànzài fángjiān lǐ méiyǒu huār, yě méiyǒu huàr. Zhōumò wǒ dǎsuàn qù mǎi huār hé huàr. Wǒ xiǎng xià ge xīngqī wǒ de fángjiān yídìng huì fēicháng piàoliang.

活 动 Activities

一、双人活动 Pair work

1. 先熟悉小词库里的所有词语。Get acquainted with all the words in the word bank first.

Word bank

| 床 chuáng bed | 桌子 zhuōzi desk | 椅子 yǐzi chair | 衣柜 yīguì wardrobe | 书架 shūjià bookshelf | 沙发 shāfā sofa |
| 茶几 chájī tea table | 冰箱 bīngxiāng refrigerator | 电视 diànshì television | 电视柜 diànshìguì TV cabinet | 花儿 huār flower | 画儿 huàr picture |

2. 将上面的所有东西，摆放在下面的空房间里。Put all the objects in the vacant room below.

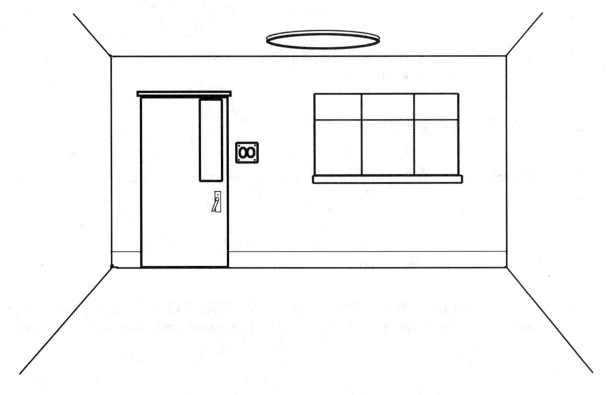

3. 2人一组，向同伴介绍自己布置的房间。听的人边听边画。Work in pairs. Introduce the room you arranged to your partner. The listener should draw a picture as he/she listens.

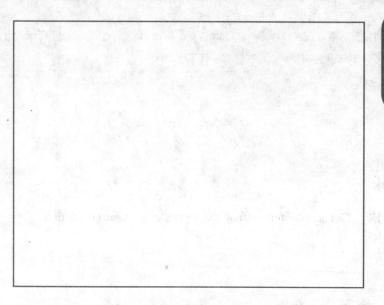

> **A tip for students**
>
> After you finish your drawing, compare it with the original one to see whether they are the same.

4. 向大家介绍你的同伴布置的房间。Introduce the room your partner arranged to the class.

二、介绍一个房间 Introduce a room

1. 全班一起仔细看老师展示的房间。The whole class looks carefully at the room presented by the teacher.

> **给教师的提示**
>
> 您可以用照片、录相等方式向学生展示一个房间。

2. 3人一组，凭记忆画出示意图，并介绍房间的样子。Work in groups of three. Draw a sketch map according to your memory, and then introduce the room.

3. 各组向全班汇报。All the groups report to the class.

4. 再看一次老师的展示，修改介绍的内容。Watch the teacher's display again and correct your introduction.

三、理想的教室 An ideal classroom

3人一组，商量一个重新装饰教室的计划，布置一个你们认为理想的教室。Work in groups of three. Draw a plan of re-decorating the classroom and then arrange an ideal classroom in your opinion.

语言练习 Language Focus

一、朗读下列句子，注意语气和语调 Read the following sentences aloud, pay attention to the tone and the intonation 🔘 09-07

1. 两个人住，一个人付一半，不算贵。
   Liǎng ge rén zhù, yí ge rén fù yíbàn, bú suàn guì.

2. 还是两个人住一间哪。
   Háishi liǎng ge rén zhù yì jiān na?

3. 那不错嘛！
   Nà búcuò ma!

4. 大小差不多，但是他一个人住。
   Dàxiǎo chàbuduō, dànshì tā yí ge rén zhù.

5. 房间里有放书的地方吗？
   Fángjiān lǐ yǒu fàng shū de dìfang ma?

6. 我没关系。你不太习惯两个人一起住，是吧？
   Wǒ méi guānxi. Nǐ bú tài xíguàn liǎng ge rén yìqǐ zhù, shì ba?

二、替换练习 Substitution exercises

1. 听说你不住在留学生宿舍。
   Tīngshuō nǐ bú zhù zài liúxuéshēng sùshè.
   > 老师病了
   > lǎoshī bìng le
   > 他妈妈来了
   > tā māma lái le
   > 那家饭馆的饭很好吃
   > nà jiā fànguǎn de fàn hěn hǎo chī
   > 他爸爸是中国人
   > tā bàba shì Zhōngguórén

3. 那不错嘛！
   Nà búcuò ma!
   > 做饭很容易
   > Zuò fàn hěn róngyì
   > 一点儿也不难
   > Yìdiǎnr yě bù nán
   > 我没听到
   > Wǒ méi tīng dào
   > 我不习惯
   > Wǒ bù xíguàn

2. 还是两个人住一间哪？
   Háishi liǎng ge rén zhù yì jiān na?
   > 不想去
   > bù xiǎng qù
   > 没参加
   > méi cānjiā
   > 没听明白
   > méi tīng míngbai
   > 不习惯
   > bù xíguàn

4. 我的房间算不上漂亮，但是很干净。
   Wǒ de fángjiān suàn bu shàng piàoliang, dànshì hěn gānjìng.
   > 大
   > dà
   > 新
   > xīn
   > 暖和
   > nuǎnhuo
   > 舒服
   > shūfu

三、按要求改说下面的句子 Paraphrase the following sentences according to the requirements

用"虽然……但是……"改说下面的句子。Paraphrase the sentences with 虽然……但是…….

① 房间比较小，离学校很近。
Fángjiān bǐjiào xiǎo, lí xuéxiào hěn jìn.

② 饭馆有一点儿小，饭菜的味道很好。
Fànguǎn yǒu yìdiǎnr xiǎo, fàncài de wèidào hěn hǎo.

③ 这个城市不太大，人很多。
Zhège chéngshì bú tài dà, rén hěn duō.

④ 这件衣服很漂亮，很贵。
Zhè jiàn yīfu hěn piàoliang, hěn guì.

用"一……就……"改说下面的句子。Paraphrase the sentences with 一……就…….

① 孩子看见妈妈，马上不哭 (cry) 了。
Háizi kàn jiàn māma, mǎshàng bù kū le.

② 到了晚上，天气很冷。
Dào le wǎnshang, tiānqì hěn lěng.

③ 他吃完饭，马上睡觉。
Tā chī wán fàn, mǎshàng shuì jiào.

④ 他到了图书馆以后，马上开始看书了。
Tā dào le túshūguǎn yǐhòu, mǎshàng kāishǐ kàn shū le.

扩展活动 Extended Activities

一、看图比较 Look and compare

两人分别看着图A和图B（见第145页），向同伴描述图片的内容，听的人应该说出自己的图片和对方不一样的地方。Two students look at picture A and picture B (on Page 145) respectively. Describe to your partner what you see. The listener should tell the differences between the two pictures.

A tip for students

There are many differences between the two pictures. Do not look at your partner's picture until you have finished talking about the pictures.

Word bank

沙发	茶几	茶壶	茶杯
shāfā	chájī	cháhú	chábēi
sofa	tea table	teapot	teacup

144

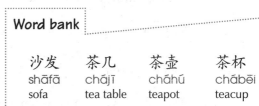

Word bank

沙发	茶几	茶壶	茶杯
shāfā	chájī	cháhú	chábēi
sofa	tea table	teapot	teacup

二、游戏：挂地图 Game: hang the map

两人一组，一个人蒙上眼睛往墙上挂地图或者画儿，另一个人利用参考句型，帮助同伴把画儿挂正。Work in pairs. One student tries to hang a map or a picture on the wall with his/her eyes covered. The other student helps him/her achieve horizontal with the reference sentence patterns.

Patterns

太高/低了，往下/上一点儿。
Tài gāo/dī le, wǎng xià/shàng yìdiǎnr.

……边往……一点儿。
...... biān wǎng ...... yìdiǎnr.

再往……一点儿。
Zài wǎng ...... yìdiǎnr.

总结与评价 Summary and Evaluation

一、在本课你学会了哪些介绍房间的句子？你能介绍自己的房间了吗？用下面的表格复习一下。What sentences have you learned to describe a room from this lesson? Can you introduce your room now? Review what you have learned according to the following form.

情况 Situations	可以说的话 What to say
房间的大小 size fángjiān de dàxiǎo	
房间的价格 price fángjiān de jiàgé	
房间怎么样 condition fángjiān zěnmeyàng	
房间里有什么 what's in the room fángjiān lǐ yǒu shénme	
家具摆放的位置 locations of furniture jiājù bǎifàng de wèizhì	
怎么布置 arrangement zěnme bùzhì	

145

二、完成任务的自我表现评价。Self-evaluation.

Are you satisfied with your own performance?

Very good   good   not so good   bad

Your own evaluation

A   B   C   Your willingness to state your opinions

A   B   C   Your willingness to raise your questions

A   B   C   Your enthusiasm to gather useful information

A   B   C   Your willness to speak Chinese in class

第 10 课

我的朋友病了 (Wǒ de péngyou bìng le)

My Friend Is Ill

目标 | Objectives

1 复习简单说明感冒等病症。Review how to describe the symptoms of a cold.

2 学习询问和说出身体的状况。Learn to enquire and tell your physical condition.

3 学习请假时简单说明理由。Learn to state reasons when asking for leave.

4 学习询问和简单说明如何去医院看病。Learn to enquire and tell how to see a doctor.

准 备 Preparation

1. 和同伴一起看看下面的图片，说说他们怎么了。Look at the following pictures with your partner and discuss what is wrong with them.

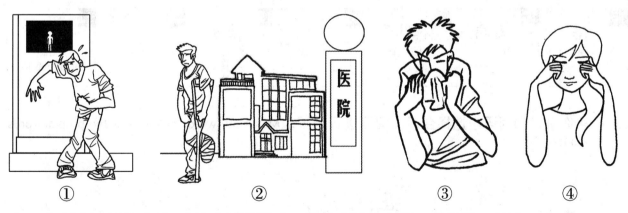

① ② ③ ④

2. 如果上面图片中的4个人去医院看病，他们应该怎么说？和同伴一起试一试。If the four people in the pictures go to the hospital, what should they say? Try with your partner.

Word bank

肚子	疼	头	腿	摔	感冒
dùzi	téng	tóu	tuǐ	shuāi	gǎnmào
belly	ache	head	leg	fall	catch a cold

147

3. 如果上面图片中的4个人不能上课，应该怎么向老师请假？ If the four people in the pictures can't attend classes, how should they ask for leave?

Patterns

老师，我……，不能上课。
Lǎoshī, wǒ……, bù néng shàng kè.

老师，我要请假，我……。
Lǎoshī, wǒ yào qǐng jià, wǒ …….

词语 Words and Expressions

❑ 朗读下列词语，注意发音和词语的意思。 Read the following words aloud, pay attention to the pronunciation and the meanings. 🔵 10-01

给教师的提示
课前别忘了提醒学生预习词语。

1 好久 hǎojiǔ long	2 请假 qǐng jià ask for leave	3 厉害 lìhai serious	4 感觉 gǎnjué feel	5 力气 lìqi strength	6 旅行 lǚxíng travel	7 奶奶 nǎinai grandmother
8 照片 zhàopiàn picture	9 精神 jīngshen vigorous	10 坚持 jiānchí keep doing sth.	11 锻炼 duànliàn do exercise	12 腿 tuǐ leg	13 确实 quèshí surely	14 照顾 zhàogù take care of
15 陪 péi company	16 看病 kàn bìng see a doctor	17 拉肚子 lā dùzi have diarrhea	18 发烧 fā shāo have a fever	19 挂号 guà hào register	20 处 chù office	21 内科 nèikē internal medicine

❑ 从你学过的词语中选择合适的词语进行搭配。 Match the words below with the proper words you learned.

感觉
gǎnjué

坚持
jiānchí

照顾
zhàogù

锻炼
duànliàn

句子 Sentences

□ **听录音，填词语。** Listen to the recording and fill in the blanks. 🔘 10-02

1 因为身体不太好，我_____回家了。
Yīnwèi shēntǐ bú tài hǎo, wǒ_____huí jiā le.

2 病得很_____吗？现在怎么样？
Bìng de hěn_____ma? Xiànzài zěnmeyàng?

3 你的_____不太好。
Nǐ de_____bú tài hǎo.

4 我晚上睡得不好，_____吃不下饭。
Wǒ wǎnshang shuì de bù hǎo,_____chī bú xià fàn.

5 今天我能_____走吗？
Jīntiān wǒ néng_____zǒu ma?

6 我得去_____我的爷爷。
Wǒ děi qù_____wǒ de yéye.

7 他一直坚持_____，身体非常好。
Tā yìzhí jiānchí_____, shēntǐ fēicháng hǎo.

8 奶奶的_____不太好，走路还行，爬不了山。
Nǎinai de_____bú tài hǎo, zǒu lù hái xíng, pá bù liǎo shān.

9 我的朋友病了，我想_____她去医院。
Wǒ de péngyou bìng le, wǒ xiǎng_____tā qù yīyuàn.

10 她拉肚子，还_____。
Tā lā dùzi, hái_____.

□ **朗读下列句子。** Read the following sentences aloud.

1 因为身体不太好，我请假回家了。
Yīnwèi shēntǐ bú tài hǎo, wǒ qǐng jià huí jiā le.
I asked for leave and went home for my poor health.

2 病得很厉害吗？现在怎么样？
Bìng de hěn lìhai ma? Xiànzài zěnmeyàng?
Was it serious? How do you feel now?

3 你的脸色不太好。
Nǐ de liǎnsè bú tài hǎo.
You don't look well.

4 我晚上睡得不好，而且吃不下饭。
Wǒ wǎnshang shuì de bù hǎo, érqiě chī bú xià fàn.
I have trouble sleeping at night and have no appetite.

5 今天我能早点儿走吗？
Jīntiān wǒ néng zǎo diǎnr zǒu ma?
May I leave school a bit earlier today?

6 我得去接我的爷爷。
Wǒ děi qù jiē wǒ de yéye.
I have to pick up my grandfather.

7 他一直坚持锻炼，身体非常好。
Tā yìzhí jiānchí duànliàn, shēntǐ fēicháng hǎo.
He keeps doing exercises and enjoys very good health.

8 奶奶的腿不太好，走路还行，爬不了山。
Nǎinai de tuǐ bú tài hǎo, zǒu lù hái xíng, pá bù liǎo shān.
My grandmother has trouble with her legs. It's okay to walk, but not to climb hills.

9 我的朋友病了，我想陪她去医院。
Wǒ de péngyou bìng le, wǒ xiǎng péi tā qù yīyuàn.
My friend is ill, and I want to company her to the hospital.

10 她拉肚子，还发烧。
Tā lā dùzi, hái fā shāo.
She has diarrhea and fever.

□ 看图片，然后和同伴商量一下他们可能在说什么。Look at the pictures and discuss with your partner what they are probably talking about.

情景 Situations

□ 听两遍录音，并回答下列问题。Listen to the recording twice and answer the following questions. ⊙ 10-03

1 欧文为什么好久没见到李红？

Ōuwén wèi shénme hǎojiǔ méi jiàn dào Lǐ Hóng?

Why hasn't Irving seen Li Hong for a long time?

2 李红怎么了？

Lǐ Hóng zěnme le?

What's the matter with Li Hong?

3 李红的脸色为什么不太好？

Lǐ Hóng de liǎnsè wèi shénme bú tài hǎo?

Why doesn't Li Hong look well?

4 李红去过医院了吗？

Lǐ Hóng qù guo yīyuàn le ma?

Has Li Hong been to the hospital?

□ 朗读对话一，注意发音和语气。Read Dialogue 1 aloud, pay attention to the pronunciation and the tone.

欧文： 李红，好久不见。
Ōuwén: Lǐ Hóng, hǎojiǔ bú jiàn.

李红： 是啊，我刚回来没几天[1]。
Lǐ Hóng: Shì a, wǒ gāng huí lái méi jǐ tiān.

欧文： 你去哪儿了？
Ōuwén: Nǐ qù nǎr le?

李红： 因为身体不太好，我请假回家了。
Lǐ Hóng: Yīnwèi shēntǐ bú tài hǎo, wǒ qǐng jià huí jiā le.

欧文: 病得很厉害吗？现在
Ōuwén: Bìng de hěn lìhai ma? Xiànzài

怎么样？
zěnmeyàng?

李红: 没有大问题，只是[2]感觉
Lǐ Hóng: Méiyǒu dà wèntí, zhǐshì gǎnjué

没有力气。
méiyǒu lìqi.

欧文: 你的脸色不太好。
Ōuwén: Nǐ de liǎnsè bú tài hǎo.

李红: 我晚上睡得不好，而且
Lǐ Hóng: Wǒ wǎnshang shuì de bù hǎo, érqiě

吃不下饭[3]。
chī bú xià fàn.

欧文: 你应该去医院看看。
Ōuwén: Nǐ yīnggāi qù yīyuàn kànkan.

李红: 看过了，大夫也开[4]了药。
Lǐ Hóng: Kàn guo le, dàifu yě kāi le yào.

欧文: 那好好休息，需要帮忙的话给我打电话。
Ōuwén: Nà hǎohao xiūxi, xūyào bāng máng de huà gěi wǒ dǎ diànhuà.

李红: 好的，谢谢你!
Lǐ Hóng: Hǎo de, xièxie nǐ!

Irving:	Li Hong, long time no see.
Li Hong:	Yes. I just came back.
Irving:	Where have you been?
Li Hong:	I asked for leave and went home for my poor health.
Irving:	Was it serious? How do you feel now?
Li Hong:	It's no big deal, I just feel weak.
Irving:	You don't look well.
Li Hong:	I have trouble sleeping at night and have no appetite.
Irving:	You should see a doctor.
Li Hong:	I already did that. And the doctor prescribed me some medicine.
Irving:	Have a good rest then. Call me if you need help.
Li Hong:	Okay, thank you!

Tips:

1. Here 没 means *not yet*. 没几天 indicates a very short time.
2. Here 只是 indicates a slight turn of meaning, denoting 不过.
3. Here 下 is used after a verb as a resultative complement to describe the consequences of an action. Its affirmative form is 吃得下饭.
4. Here 开 means *prescribe*.

❏ **按照下面的提示和同伴一起说说李红的情况。** Talk about Li Hong's condition according to the following hints to your partner.

李红因为_____，回了一趟家，刚_____。她没有_____，只是_____。这几天她
Lǐ Hóng yīnwèi ......, huí le yí tàng jiā, gāng ...... Tā méiyǒu ......, zhǐshì ...... Zhè jǐ tiān tā

晚上_____，_____，所以脸色_____。她已经去_____。
wǎnshang ......, ..., suǒyǐ liǎnsè ...... Tā yǐjīng qù ......

❑　　说一说。Say it.

1 你有没有睡不着觉的时候？如果有，是为什么？

Nǐ yǒu méiyǒu shuì bu zháo jiào de shíhou? Rúguǒ yǒu, shì wèi shénme?

Have you ever had trouble sleeping? If so, why?

2 你有没有吃不下饭的时候？如果有，是为什么？

Nǐ yǒu méiyǒu chī bú xià fàn de shíhou? Rúguǒ yǒu, shì wèi shénme?

Have you ever lost your appetite? If so, why?

3 你觉得睡不着觉、吃不下饭的时候应该怎么办？

Nǐ juéde shuì bu zháo jiào, chī bú xià fàn de shíhou yīnggāi zěnme bàn?

What do you think you should do if you have trouble sleeping or have no appetite?

（二）

❑　　听两遍录音，根据录音内容判断下列说法是否正确。Listen to the recording twice and decide whether the following statements are true or false. 🔘 10-04

1 今天欧文不能来上课。　　□　　**4** 她的奶奶身体不太好。　　□

Jīntiān Ōuwén bù néng lái shàng kè.　　　　Tā de nǎinai shēntǐ bú tài hǎo.

2 欧文要去接他的爷爷和奶奶。　　□　　**5** 欧文说要多给爷爷照一些照片。　　□

Ōuwén yào qù jiē tā de yéye hé nǎinai.　　　　Ōuwén shuō yào duō gěi yéye zhào yìxiē zhàopiàn.

3 他的爷爷身体非常好。　　□

Tā de yéye shēntǐ fēicháng hǎo.

❑　　朗读对话二，注意发音和语气。Read Dialogue 2 aloud, pay attention to the pronunciation and the tone.

欧文:	老师，今天我能早点儿走吗？
Ōuwén:	Lǎoshī, jīntiān wǒ néng zǎo diǎnr zǒu ma?
老师:	有什么事吗？
Lǎoshī:	Yǒu shénme shì ma?
欧文:	我得去接我的爷爷。|
Ōuwén:	Wǒ děi qù jiē wǒ de yéye.
老师:	哦。他来中国旅行吗？
Lǎoshī:	Ò. Tā lái Zhōngguó lǚxíng ma?
欧文:	对。你看，这是我爷爷奶奶的照片。
Ōuwén:	Duì. Nǐ kàn, zhè shì wǒ yéye nǎinai de zhàopiàn.

老师:　你爷爷很精神，身体一定不错。
Lǎoshī:　Nǐ yéye hěn jīngshen, shēntǐ yídìng búcuò.

欧文:　他一直坚持锻炼，身体
Ōuwén:　Tā yìzhí jiānchí duànliàn, shēntǐ

非常好。
fēicháng hǎo.

老师:　你奶奶没来吗？
Lǎoshī:　Nǐ nǎinai méi lái ma?

欧文:　奶奶的腿不太好，走路还行，
Ōuwén:　Nǎinai de tuǐ bú tài hǎo, zǒu lù hái xíng,

爬不了山。
pá bù liǎo shān.

老师:　腿不好，出来旅行确实[1]不方便。
Lǎoshī:　Tuǐ bù hǎo, chū lái lǚxíng quèshí bù fāngbiàn.

欧文:　是啊，所以爷爷说要多照
Ōuwén:　Shì a, suǒyǐ yéye shuō yào duō zhào

几张相给奶奶看。
jǐ zhāng xiàng gěi nǎinai kàn.

老师:　那就快去吧。好好照顾你爷爷。
Lǎoshī:　Nà jiù kuài qù ba. Hǎohao zhàogù nǐ yéye.

欧文:　谢谢老师！
Ōuwén:　Xièxie lǎoshī!.

Irving:	May I leave school a bit earlier today?
Teacher:	What's the matter?
Irving:	I have to pick up my grandfather.
Teacher:	Oh. Is he travelling to China?
Irving:	Yes. Look, this is a picture of my grandparents.
Teacher:	Your grandfather looks vigorous. He must be in good health.
Irving:	He keeps doing exercises and enjoys very good health.
Teacher:	Isn't your grandmother coming?
Irving:	My grandmother has trouble with her legs. It's okay to walk, but not to climb hills.
Teacher:	It's surely inconvenient to travel with leg trouble.
Irving:	Yes. That's why my grandfather said he'd take more pictures for my grandmother to see.
Teacher:	Then you should go now. Take good care of your grandfather.
Irving:	Thank you!

Tip:

1. Here 确实 is used to express a positive attitude towards a reality.

❑　**说一说。** Say it.

① 跟同伴一起，根据对话内容组织一段话，说说对话里的事情。

Work with your partner. Make a paragraph according to Dialogue 1 to tell the story in the dialogue.

② 你的爷爷奶奶身体怎么样？没事的时候他们最喜欢做什么？

How are your grandparents? What do they like to do the most when they are free?

③ 你们国家的老人喜欢参加什么活动？

What activities do seniors in your country like to participate in?

三

听两遍录音，根据录音内容判断下列说法是否正确。 Listen to the recording twice and decide whether the following statements are true or false. 🔘 10-05

① 春香为什么给李红打电话？

　Chūnxiāng wèi shénme gěi Lǐ Hóng dǎ diànhuà?

　Why does Chun Hyang call Li Hong?

② 接电话的时候李红正在做什么？

　Jiē diànhuà de shíhou Lǐ Hóng zhèngzài zuò shénme?

　What is Li Hong doing when she answers the phone?

③ 春香希望李红告诉她什么？

　Chūnxiāng xīwàng Lǐ Hóng gàosu tā shénme?

　What does Chun Hyang want Li Hong to tell her?

④ 春香的朋友怎么不舒服？

　Chūnxiāng de péngyou zěnme bù shūfu?

　What's wrong with Chun Hyang's friend?

⑤ 春香朋友的病应该在哪个科看？

　Chūnxiāng péngyou de bìng yīnggāi zài nǎge kē kàn?

　Which department should Chun Hyang's friend register in?

⑥ 在学校医院看病快吗？

　Zài xuéxiào yīyuàn kàn bìng kuài ma?

　Is it fast to see a doctor at school?

朗读对话三，注意发音和语气。 Read Dialogue 3 aloud, pay attention to the pronunciation and the tone.

春香: Chūnxiāng:	你好！我是春香。 Nǐ hǎo! Wǒ shì Chūnxiāng.
李红: Lǐ Hóng:	春香，你好！有什么事儿吗？ Chūnxiāng, nǐ hǎo! Yǒu shénme shìr ma?
春香: Chūnxiāng:	李红，你忙吗？ Lǐ Hóng, nǐ máng ma?
李红: Lǐ Hóng:	我正准备去上课。 Wǒ zhèng zhǔnbèi qù shàng kè.
春香: Chūnxiāng:	我的朋友病了，我想陪她去医院。 Wǒ de péngyou bìng le, wǒ xiǎng péi tā qù yīyuàn.

李红: Lǐ Hóng:	我能¹帮你做什么? Wǒ néng bāng nǐ zuò shénme?
春香: Chūnxiāng:	你告诉我到了医院 Nǐ gàosu wǒ dào le yīyuàn 怎么看病就行²。 zěnme kàn bìng jiù xíng.
李红: Lǐ Hóng:	你的朋友怎么不舒服? Nǐ de péngyou zěnme bù shūfu?
春香: Chūnxiāng:	她拉肚子,还发烧。 Tā lā dùzi, hái fā shāo.
李红: Lǐ Hóng:	那你们先找到挂号处, Nà nǐmen xiān zhǎo dào guà hào chù, 挂一个内科。 guà yí ge nèikē.
春香: Chūnxiāng:	要等多长时间? Yào děng duō cháng shíjiān?
李红: Lǐ Hóng:	不一定³,有的时候等的 Bù yídìng, yǒu de shíhou děng de 时间比较长。 shíjiān bǐjiào cháng.
春香: Chūnxiāng:	哪个医院看病比较快? Nǎge yīyuàn kàn bìng bǐjiào kuài?
李红: Lǐ Hóng:	去学校医院看看吧,那儿可能比较快。 Qù xuéxiào yīyuàn kànkan ba, nàr kěnéng bǐjiào kuài.
春香: Chūnxiāng:	好的。 Hǎo de.

Chun Hyang:	Hello, this is Chun Hyang.
Li Hong:	Hello, Chun Hyang. What's up?
Chun Hyang:	Li Hong, are you occupied now?
Li Hong:	I'm just about to go to the class.
Chun Hyang:	My friend is ill, and I want to company her to the hospital. What can I do for you?
Li Hong:	Please tell me what to do in a hospital.
Chun Hyang:	What's wrong with your friend?
Li Hong:	She has diarrhea and fever.
Chun Hyang:	Go to the registration office and register for internal medicine.
Li Hong:	How long will it take?
Chun Hyang:	It depends. Sometimes you have to wait for a long time.
Li Hong:	Which hospital is faster?
Chun Hyang:	Try the school hospital. It might be faster.
Li Hong:	Okay.

Tip:

1. Here 能 is used to express that somebody is able to do something.
2. Here 行 means *fine*.
3. 不一定 indicates uncertainty.

❑ 说一说。Say it.

① 简单说说在你们国家的医院一般怎么看病。

Talk about the procedure of seeing a doctor in your country.

② 你在别的国家看过病吗?为什么?

Have you seen a doctor in other countries? Why?

③ 你知道中医(Chinese medicine)一般用什么东西治(treat)病吗?

Do you know what a doctor of traditional Chinese medicine uses to treat illnesses?

155

四

☐ **朗读下面的短文，并模仿短文说说自己的情况。** Read the following passage aloud and then imitate the passage to talk about your own condition. 🔘 10-06

　　我喜欢运动，也很注意锻炼身体，我的身体一直很不错，很少生病。刚来这里的时候，有点儿不习惯，身体经常感到(feel)有些不舒服，还拉过几次肚子，但是我还没有去过这里的医院。因为来以前妈妈担心(worry)我看病不方便，给我准备了很多常用(common)的药。不舒服的时候我就吃自己带来的药。现在我的汉语水平比以前好多了，自己也能去医院看病了。听我的同屋说在学校的医院看病很方便。

　　Wǒ xǐhuan yùndòng, yě hěn zhùyì duànliàn shēntǐ, wǒ de shēntǐ yìzhí hěn búcuò, hěn shǎo shēng bìng. Gāng lái zhèlǐ de shíhou, yǒudiǎnr bù xíguàn, shēntǐ jīngcháng gǎndào yǒuxiē bù shūfu, hái lā guo jǐ cì dùzi, dànshì wǒ hái méiyǒu qù guo zhèlǐ de yīyuàn. Yīnwèi lái yǐqián māma dānxīn wǒ kàn bìng bù fāngbiàn, gěi wǒ zhǔnbèi le hěn duō chángyòng de yào. Bù shūfu de shíhou wǒ jiù chī zìjǐ dài lái de yào. Xiànzài wǒ de Hànyǔ shuǐpíng bǐ yǐqián hǎo duō le, zìjǐ yě néng qù yīyuàn kàn bìng le. Tīng wǒ de tóngwū shuō zài xuéxiào de yīyuàn kàn bìng hěn fāngbiàn.

活 动 Activities

一、小组活动 Group work

1. **利用人体图，和同伴一起说说你们知道的身体部位名称。** Name the body parts you know along with your partner according to the body picture.

A tip for students

You may use *Pinyin* first if you have trouble with the Chinese characters.

2. 一人手指某一个身体部位时，另一人要迅速说出部位名称。When one student points at a part, the other student should name that part quickly.

> **A tip for students**
>
> You should do it faster and faster.

二、全班活动 Class work

1. 每个人从老师准备的卡片中拿一个表示身体部位的词语。由一个同学开始按参考句型提问，旁边的同学回答后，继续向另一个同学提问。Each student chooses one card with the word of a body part on it. One student starts to ask a question with the reference sentence structure. The student next to him/her answers and then continues to ask the third student.

Pattern

A：老师，我要请假。
Lǎoshī, wǒ yào qǐng jiǎ.

B：你怎么了？
Nǐ zěnme le?

C：我……
Wǒ ……

三、看图编故事并表演 Make up a story according to the following pictures and act

3人一组。根据情景A和B中的前两幅图片提供的内容，商量后面可能发生的事。然后选择一个故事给大家表演。Work in groups of three. Discuss what might happen next according to the two given pictures in each Situation A and B. Then choose one situation and act it out.

Word bank

受伤	撞	摔	口罩	手绢儿
shòu shāng	zhuàng	shuāi	kǒuzhào	shǒujuànr
injure	hit	fall	mouth guard	handkerchief

① ②

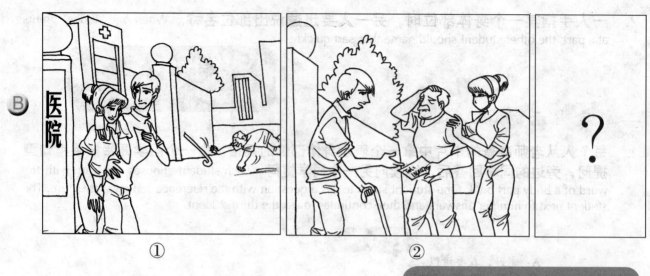

A tip for students

You may choose a well-compiled story to act to the class. Prepare what you should say.

语言练习 Language Focus

一、朗读下列句子，注意语气和语调 Read the following sentences aloud, pay attention to the tone and the intonation 🔘 10-07

1 因为身体不太好，我请假回家了。
Yīnwèi shēntǐ bú tài hǎo, wǒ qǐng jià huí jiā le.

2 没有大问题，只是感觉没有力气。
Méiyǒu dà wèntí, zhǐshì gǎnjué méiyǒu lìqi.

3 你爷爷很精神，身体一定不错。
Nǐ yéye hěn jīngshen, shēntǐ yídìng búcuò.

4 他一直坚持锻炼，身体非常好。
Tā yìzhí jiānchí duànliàn, shēntǐ fēicháng hǎo.

5 奶奶的腿不太好，走路还行,爬不了山。
Nǎinai de tuǐ bú tài hǎo, zǒu lù hái xíng, pá bù liǎo shān.

6 我的朋友病了，我想陪她去医院。
Wǒ de péngyou bìng le, wǒ xiǎng péi tā qù yīyuàn.

7 她拉肚子，还发烧。
Tā lā dùzi, hái fā shāo.

8 那你们先找到挂号处，挂一个内科。
Nà nǐmen xiān zhǎo dào guà hào chù, guà yí ge nèikē.

二、替换练习 Substitution exercises

① 我刚回来没**几天**。
Wǒ gāng huí lái méi jǐ tiān.

多长时间
duō cháng shíjiān

几周
jǐ zhōu

几个月
jǐ ge yuè

③ 今天我能**早点儿走**吗?
Jīntiān wǒ néng zǎo diǎnr zǒu ma?

休息一天
xiūxi yì tiān

不吃药
bù chī yào

不上课
bú shàng kè

② 爷爷一直**坚持锻炼**,身体非常好。
Yéye yìzhí jiānchí duànliàn, shēntǐ fēicháng hǎo.

奶奶天天坚持散步
Nǎinai tiāntiān jiānchí sàn bù

妈妈每天都运动
Māma měi tiān dōu yùndòng

爸爸喜欢打篮球
Bàba xǐhuan dǎ lánqiú

④ 我的朋友**病**了,我想**陪她去医院**。
Wǒ de péngyou bìng le, wǒ xiǎng péi tā qù yīyuàn.

要走了　　送她去机场
yào zǒu le　　sòng tā qù jīchǎng

不舒服　　让他去医院看病
bù shūfu　　ràng tā qù yīyuàn kàn bìng

有事儿　　帮他请假
yǒu shìr　　bāng tā qǐng jià

三、用"只是"完成下列对话 Complete the following dialogues with 只是

① A:你不喜欢这里的生活吗?
Nǐ bù xǐhuan zhèlǐ de shēnghuó ma?

B:＿＿＿＿＿＿＿＿。(习惯)
(xíguàn)

② A:你不认识他吗?
Nǐ bú rènshi tā ma?

B:＿＿＿＿＿＿＿＿。(了解)
(liǎojiě)

③ A:他不愿意参加今天的活动?
Tā bú yuànyi cānjiā jīntiān de huódòng?

B:＿＿＿＿＿＿＿＿。(明天有考试)
(míngtiān yǒu kǎo shì)

④ A:你觉得这件衣服不好看吗?
Nǐ juéde zhè jiàn yīfu bù hǎo kàn ma?

B:＿＿＿＿＿＿＿＿。(有点儿贵)
(yǒudiǎnr guì)

四、用 "不一定，……" 回答下面的问题 Answer the following questions with 不一定，……

1. 你明天去逛商店吗？
Nǐ míngtiān qù guàng shāngdiàn ma?

2. 明天不会下雨吧？
Míngtiān bú huì xià yǔ ba?

3. 现在去电影院买不到票了吧？
Xiànzài qù diànyǐngyuàn mǎi bú dào piào le ba?

4. 我们别去了，周末饭馆的人很多。
Wǒmen bié qù le, zhōumò fànguǎn de rén hěn duō.

扩展活动 Extended Activities

一、看图比较 Look and compare

两人分别看着图A和图B（见第161页），向同伴描述图片的内容，听的人应该说出自己的图片和对方不一样的地方。Two students look at picture A and picture B (on Page 161) respectively. Describe to your partner what you see. The listener should tell the differences between the two pictures.

A

A tip for students

There are many differences between the two pictures. Do not look at your partner's picture until you have finished talking about the pictures.

Word bank

护士	发烧	受伤
hùshi	fā shāo	shòu shāng
nurse	fever	injure

Word bank

护士	发烧	受伤
hùshi	fā shāo	shòu shāng
nurse	fever	injure

B

二、游戏：猜词语 Game: guess words

分成两个组，每个组派一个人用身体语言表演一种病状，让另一个组猜。Divide the class into two groups. Each group assigns a representative to act out a symptom with body language and let the other group guess.

Word bank

感冒	拉肚子	咳嗽	嗓子疼
gǎnmào	lā dùzi	késou	sǎngzi téng
catch a cold	diarrhea	cough	sore throat

发烧	恶心	吐	
fā shāo	ěxīn	tù	
fever	nausea	vomit	

总结与评价 Summary and Evaluation

一、在本课你学会了哪些提建议的句子？学会了哪些邀请别人时可以说的话？做错了事情你会道歉了吗？利用下面的表格复习一下。What expressions of giving suggestions have you learned from this lesson? What expressions of inviting someone have you learned? Do you know how to apologize if you have done something inappropriate? Review what you have learned according to the following form.

情况 Situations	可以说的话 What to say
身体好 shēntǐ hǎo	
身体不好 shēntǐ bù hǎo	
吃东西不习惯时 chī dōngxi bù xíguàn shí	
生活不习惯时 shēnhuó bù xíguàn shí	
要请假去机场时 yào qǐng jià qù jīchǎng shí	
要请假陪朋友时 yào qǐng jià péi péngyǒu shí	
生病请假时 shēn bìng qǐng jià shí	

二、完成任务的自我表现评价。Self-evaluation.

Are you satisfied with your own performance?

Very good   good   not so good   bad

Your own evaluation

A   B   C   Your willingness to state your opinions

A   B   C   Your willingness to raise your questions

A   B   C   Your enthusiasm to gather useful information

A   B   C   Your willness to speak Chinese in class

第 11 课

我要理发 (Wǒ yào lǐ fà)

I Need a Haircut

目标 | Objectives

① 复习提要求的基本语句。Review the basic expressions of making requests.

② 学习去理发店理发的常用语句。Learn the commonly used expressions of going to a barber's.

③ 学习说明自己对发型的一般要求。Learn to express your requirements on hairstyle.

④ 学习简单介绍和评价发型。Learn to introduce and comment on a hairstyle.

准备 Preparation

1. 看图片，用"想不想……"向同伴提问，用"……吧"向同伴提要求。Look at the picture, raise questions with 想不想……and make requests with ……吧.

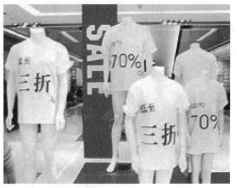

2. 和同伴一起谈谈下面的问题。Talk about the following questions with your partner.

① 在家的时候，你一般多长时间理一次发？

Zàijiā de shíhou, nǐ yìbān duō cháng shíjiān lǐ yí cì fà?

How often do you have a haircut when you are at home?

② 来这个学校以后，你理过发吗？为什么？

Lái zhège xuéxiào yǐhòu, nǐ lǐ guo fà ma? Wèi shénme?

Have you had a haircut since you came to this school? Why?

③ 你知道哪些跟理发有关的词语？

Nǐ zhīdào nǎxiē gēn lǐ fà yǒuguān de cíyǔ?

What words do you know about haircut?

词语 Words and Expressions

☐ 朗读下列词语，注意发音和词语的意思。Read the following words aloud, pay attention to the pronunciation and the meanings. 🎧 11-01

给教师的提示

课前别忘了提醒学生预习词语。

1 理 lǐ cut	2 发型 fàxíng hairstyle	3 平头 píngtóu crew cut	4 凉快 liángkuai cool	5 寸头 cùntóu brush cut	6 理发 lǐ fà haircut	7 剪 jiǎn cut
8 头发 tóufa hair	9 烫 tàng perm	10 吹 chuī blow	11 照 zhǎo look (into the mirror)	12 镜子 jìngzi mirror	13 染 rǎn dye	14 选 xuǎn choose
15 修 xiū trim	16 留 liú save	17 发 fà hair				

☐ 从你学过的词语中选择合适的词语进行搭配。Match the words below with the proper words you learned.

剪
jiǎn

烫
tàng

选
xuǎn

留
liú

句 子 Sentences

□ **听录音，填词语**。Listen to the recording and fill in the blanks. 🎧 11-02

1 我想理个_____。
Wǒ xiǎng lǐ ge_____.

6 剪完_____吧。
Jiǎn wán_____ ba.

2 那个人理的是什么_____?
Nàge rén lǐ de shì shénme_____?

7 想_____个什么样的发型?
Xiǎng_____ge shénme yàng de fàxíng?

3 想_____理呀?
Xiǎng_____lǐ ya?

8 我想_____，还想把下面烫一下。
Wǒ xiǎng_____, hái xiǎng bǎ xiàmiàn tàng yíxià.

4 剪_____就行。
Jiǎn_____jiù xíng.

9 把下面_____就行了。
Bǎ xiàmiàn_____jiù xíng le.

5 你的头发很好，_____烫一下?
Nǐ de tóufa hěn hǎo,_____tàng yíxià?

10 你要留_____吗?
Nǐ yào liú_____ma?

□ **朗读下列句子**。Read the following sentences aloud.

1 我想理个平头。
Wǒ xiǎng lǐ ge píngtóu.
I want a crew cut.

6 剪完吹一吹吧。
Jiǎn wán chuī yì chuī ba.
Blow dry after cutting.

2 那个人理的是什么发型?
Nàge rén lǐ de shì shénme fàxíng?
What is that man's hairstyle?

7 想做个什么样的发型?
Xiǎng zuò ge shénme yàng de fàxíng?
What hairstyle do you want?

3 想怎么理呀?
Xiǎng zěnme lǐ ya?
How do you want it?

8 我想染发，还想把下面烫一下。
Wǒ xiǎng rǎn fà, hái xiǎng bǎ xiàmiàn tàng yíxià.
I want to have my hair dyed and also permed on the ends.

4 剪短一点儿就行。
Jiǎn duǎn yìdiǎnr jiù xíng.
Simply a shorter cut.

9 把下面修一修就行了。
Bǎ xiàmiàn xiū yì xiū jiù xíng le.
Just trim the ends.

5 你的头发很好，想不想烫一下?
Nǐ de tóufa hěn hǎo, xiǎng bu xiǎng tàng yíxià?
Your hair is great. Do you need a perm?

10 你要留长发吗?
Nǐ yào liú cháng fà ma?
Are you saving your hair?

165

❑ 看图片，然后和同伴商量一下他们可能在说什么。Look at the pictures and discuss with your partner what they are probably talking about.

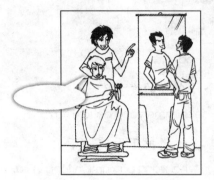

Nǐ xiǎng zuò ge shénme yàng de fàxíng?

情 景 Situations

❑ 听两遍录音，并回答下列问题。Listen to the recording twice and answer the following questions. 11-03

1 欧文想理什么发型？
Ōuwén xiǎng lǐ shénme fàxíng?
What hairstyle does Irving want?

3 欧文喜欢的是什么发型？
Ōuwén xǐhuan de shì shénme fàxíng?
What hairstyle does Irving like?

2 师傅觉得怎么样？
Shīfu juéde zěnmeyàng?
What does the barber think?

4 理发以前先做什么？
Lǐ fà yǐqián xiān zuò shénme?
What should one do before haircut?

❑ 朗读对话一，注意发音和语气。Read Dialogue 1 aloud, pay attention to the pronunciation and the tone.

师傅： 先生，想理个什么发型？
Shīfu: Xiānsheng, xiǎng lǐ ge shénme fàxíng?

欧文： 我想理个平头。
Ōuwén: Wǒ xiǎng lǐ ge píngtóu.

师傅： 可以。理短一点儿凉快。
Shīfu: Kěyǐ. Lǐ duǎn yìdiǎnr liángkuai.

欧文： 那个人理的是什么发型？
Ōuwén: Nàge rén lǐ de shì shénme fàxíng?

师傅: 那种发型我们叫寸头。
Shīfu: Nà zhǒng fàxíng wǒmen jiào cùntóu.

欧文: 我就想理那样的。
Ōuwén: Wǒ jiù xiǎng lǐ nàyàng de.

师傅: 好的。先洗头吧。
Shīfu: Hǎo de. Xiān xǐ tóu ba.

欧文: 我想干洗。
Ōuwén: Wǒ xiǎng gānxǐ.

师傅: 没问题。
Shīfu: Méi wèntí.

Barber: What style would you like, sir?
Irving: I want a crew cut.
Barber: Okay. Short hair makes you feel cooler.
Irving: What is that man's hairstyle?
Barber: We call that brush cut.
Irving: I want that.
Barber: Okay. Let's wash your hair first.
Irving: I want it dry-cleaned.
Barber: No problem.

□ 画线连接。Draw lines and link.

1 想理个什么发型？
Xiǎng lǐ ge shénme fàxíng?

2 那个人理的是什么发型？
Nàge rén lǐ de shì shénme fàxíng?

3 我就想理那样的。
Wǒ jiù xiǎng lǐ nàyàng de.

A 好的，先洗头吧。
Hǎo de, xiān xǐ tóu ba.

B 我想理个平头。
Wǒ xiǎng lǐ ge píngtóu.

C 那种发型我们叫寸头。
Nà zhǒng fàxíng wǒmen jiào cùntóu.

□ 说一说。Say it.

你现在是什么发型？你还知道什么发型？
Nǐ xiànzài shì shénme fàxíng? Nǐ hái zhīdao shénme fàxíng?
What's your current hairstyle? What other hairstyles do you know?

（二）

□ 听两遍录音，根据录音内容判断下列说法是否正确。Listen to the recording twice and decide whether the following statements are true or false. 11-04

1 山本要剪短一点儿。 □
Shānběn yào jiǎn duǎn yìdiǎnr.

2 山本两边也要剪短一点儿。 □
Shānběn liǎngbiān yě yào jiǎn duǎn yìdiǎnr.

3 他不想吹，想烫一烫。 □
Tā bù xiǎng chuī, xiǎng tàng yí tàng.

4 剪完以后，山本觉得太短了。 □
Jiǎn wán yǐhòu, Shānběn juéde tài duǎn le.

5 山本要看看后面，所以师傅 □
Shānběn yào kànkan hòumiàn, suǒyǐ shīfu
给他照镜子(mirror)。
gěi tā zhào jìngzi.

❑　**朗读对话二，注意发音和语气。**Read Dialogue 2 aloud, pay attention to the pronunciation and the tone.

山本:　师傅，我要理发。
Shānběn:　Shīfu, wǒ yào lǐ fà.

师傅:　请这边坐。想怎么理呀？
Shīfu:　Qǐng zhè biān zuò. Xiǎng zěnme lǐ ya?

山本:　剪短一点儿就行。
Shānběn:　Jiǎn duǎn yìdiǎnr jiù xíng.

师傅:　你的头发很好，想不想烫一下？
Shīfu:　Nǐ de tóufa hěn hǎo, xiǎng bu xiǎng tàng yíxià?

山本:　不要。剪完吹一吹[1]吧。
Shānběn:　Búyào. Jiǎn wán chuī yì chuī ba.

师傅:　好的。先洗头吧。
Shīfu:　Hǎo de. Xiān xǐ tóu ba.

山本:　师傅，两边不要剪短。
Shānběn:　Shīfu, liǎngbiān búyào jiǎn duǎn.

师傅:　好的。
Shīfu:　Hǎo de.

（过了一会儿）
（guò le yíhuìr）

师傅:　你看，这样可以吗？
Shīfu:　Nǐ kàn, zhèyàng kěyǐ ma?

山本:　再剪短一点儿吧。
Shānběn:　Zài jiǎn duǎn yìdiǎnr ba.

师傅:　没问题。
Shīfu:　Méi wèntí.

山本:　我想看看后面。
Shānběn:　Wǒ xiǎng kànkan hòumiàn.

师傅:　我给你照[2]。你看怎么样？
Shīfu:　Wǒ gěi nǐ zhào. Nǐ kàn zěnmeyàng?

山本:　可以了。
Shānběn:　Kěyǐ le.

Yamamoto:	I want a haircut.
Barber:	Take your seat please. How do you want it?
Yamamoto:	Simply a shorter cut.
Barber:	Your hair is great. Do you need a perm?
Yamamoto:	No. Blow dry after cutting.
Barber:	Okay. Let's wash your hair first.
Yamamoto:	Keep the two sides, please.
Barber:	Okay.
(after a while)	
Yamamoto:	Look, how about this?
Barber:	Cut a bit more.
Yamamoto:	No problem.
Barber:	I want to take a look at the back.
Yamamoto:	I hold the mirror for you. How do you think?
Barber:	Fine.

Tips:

1. 一 is used between two identical monosyllablic verbs to indicate that the action is transient or experimental. E.g. 听一听.

2. Here 照 means *look into the mirror*.

❑ **和同伴一起，根据下面的提示复述对话二。** Retell Dialogue 2 according to the given hints with your partner.

> 山本的头发长了，他想_____，师傅问他_____，_____。山本还特别告诉师
> Shānběn de tóufa cháng le, tā xiǎng ......, shīfu wèn tā ......, ... Shānběn hái tèbié gàosu
>
> 傅_____。师傅剪完以后_____，可是山本觉得_____。最后_____
> shīfu ...... Shīfu jiǎn wán yǐhòu ......, kěshì Shānběn juéde ...... Zuìhòu ......

三

❑ **听两遍录音，并回答下列问题。** Listen to the recording twice and answer the following questions. 🔘11-05

① 玛莎想做什么样的发型？

Mǎshā xiǎng zuò shénme yàng de fàxíng?

What hairstyle does Masha want?

② 她今天要不要剪短一点儿？

Tā jīntiān yào búyào jiǎn duǎn yìdiǎnr?

Does she want to have her hair cut short today?

③ 玛莎喜欢长发还是短发？

Mǎshā xǐhuan cháng fā háishì duǎn fā?

Does Masha prefer long hair or short hair?

④ 师傅介绍的发型，玛莎觉得怎么样？

Shīfu jièshào de fàxíng, Mǎshā juéde zěnmeyàng?

What does Masha think of the hairstyle recommended by the hairdresser?

❑ **朗读对话三，注意发音和语气。** Read Dialogue 3 aloud, pay attention to the pronunciation and the tone.

师傅: 小姐，该你了[1]。 Shīfu: Xiǎojiě, gāi nǐ le.	Hairdresser: It's your turn, miss.
玛莎: 先洗头吗？ Mǎshā: Xiān xǐ tóu ma?	Masha: Should I have my hair washed first?
师傅: 对，这边坐。 Shīfu: Duì, zhè biān zuò.	Hairdresser: Yes, take your seat here. What hairstyle do you want?
想做[2]个什么样的发型？ Xiǎng zuò ge shénme yàng de fàxíng?	
玛莎: 我想染发，还想把下面 Mǎshā: Wǒ xiǎng rǎn fā, hái xiǎng bǎ xiàmiàn 烫一下。 tàng yíxià.	Masha: I want to have my hair dyed and also permed on the ends.
师傅: 你先选一下颜色吧。 Shīfu: Nǐ xiān xuǎn yíxià yánsè ba.	Hairdresser: Choose the color, please.
玛莎: 我要这个颜色。 Mǎshā: Wǒ yào zhège yánsè.	Masha: This one.
	Hairdresser: Okay. Would you like to cut it a bit shorter?
	Masha: No. Just trim the ends.
	Hairdresser: Are you saving your hair?
	Masha: Yes. I like long hair.
	Hairdresser: Look, how about this style?
	Masha: The waves are too small. I like big waves.
	Hairdresser: How about this?
	Masha: This one is beautiful.

师傅： 好的。要不要剪短一点儿？
Shīfu: Hǎo de. Yào búyào jiǎn duǎn yìdiǎnr?

玛莎： 不要。把下面修一修³就行了。
Mǎshā: Búyào. Bǎ xiàmiàn xiū yì xiū jiù xíng le.

师傅： 你要留长发吗？
Shīfu: Nǐ yào liú cháng fà ma?

玛莎： 对，我喜欢长发。
Mǎshā: Duì, wǒ xǐhuan cháng fà.

师傅： 你看⁴，这个发型可以吗？
Shīfu: Nǐ kàn, zhège fàxíng kěyǐ ma?

玛莎： 这个花太小了，我喜欢大花。
Mǎshā: Zhège huā tài xiǎo le, wǒ xǐhuan dà huā.

师傅： 这个怎么样？
Shīfu: Zhège zěnmeyàng?

玛莎： 这个发型挺漂亮的。
Mǎshā: Zhège fàxíng tǐng piàoliang de.

Tips:

1. Here 该 means *should*. 该你了 means *it is your turn.*
2. Here 做 means to trim or cut hair.
3. Here 修 means to trim the hair in order to make it pretty.
4. Here 你看 means *how do you think?*

❑ 说一说。Say it.

① 根据对话内容，和同伴一起组织一段话，说说玛莎希望做的发型。
Gēnjù duìhuà nèiróng, hé tóngbàn yìqǐ zǔzhī yí duàn huà, shuōshuo Mǎshā xīwàng zuò de fàxíng.
Make up a paragraph with your partner to talk about the hairstyle Masha likes according to Dialogue 3.

② 你希望做什么样的发型，试着说一说。
Nǐ xīwàng zuò shénme yàng de fàxíng, shì zhe shuō yì shuō.
Try to describe the hairstyle you wish to have.

❑ 朗读下面的短文，并模仿短文说说自己的情况。Read the following passage aloud and then imitate the passage to talk about your own condition. 🔘 11-06

　　我的头发长得特别快，在家的时候，一个月就要去理一次发。来到这个学校以后我一次也没理过，所以头发已经长了。天气热的时候很难受(uncomfortable)。其实(in fact)学校附近有很多理发店(barber's shop)、美发厅(hair salon)，可是我不知道应该去哪一家，另外我担心自己说不清楚。周末我要去理发，我看见学校东门旁边的那一家人挺多的，应该理得不错。我打算去试一试。

Wǒ de tóufa zhǎng de tèbié kuài, zàijiā de shíhou, yí ge yuè jiù yào qù lǐ yí cì fā. Lái dào zhège xuéxiào yǐhòu wǒ yí cì yě méi lǐ guo, suǒyǐ tóufa yǐjīng cháng le. Tiānqì rè de shíhou hěn nánshòu. Qíshí xuéxiào fùjìn yǒu hěn duō lǐ fā diàn、měifā tīng, kěshì wǒ bù zhīdào yīnggāi qù nǎ yì jiā, lìngwài wǒ dānxīn zìjǐ shuō bu qīngchu. Zhōumò wǒ yào qù lǐ fā, wǒ kàn jiàn xuéxiào dōng mén pángbiān de nà yì jiā rén tǐng duō de, yīnggāi lǐ de búcuò. Wǒ dǎsuàn qù shì yí shì.

活动 Activities

一、双人活动 Pair work

和同伴一起看图片,说说下面几个地方有什么区别,人们去那儿一般可以干什么。
Look at the pictures and tell what the differences are between the following places and what generally people go to these places for.

> **Word bank**
>
> | 理发 | 剪发 | 烫发 |
> |---|---|---|
> | lǐ fà | jiǎn fà | tàng fà |
> | haircut | haircut | have one's hair permed |
> | 直发 | 染发 | |
> | zhí fà | rǎn fà | |
> | straight hair | dye one's hair | |

二、小组活动 Group work

1. **3人一组。看看下面的几种发型,你喜欢哪一种?和同伴说说为什么。** Work in groups of three. Look at the following hairstyles, and then tell your partner which one you like the best and why.

> **Word bank**
>
> | 合适 | 适合 |
> |---|---|
> | héshì | shìhé |
> | appropriate | suitable |

> **A tip for students**
>
> If you can't find a hairstyle you like, draw it to the class.

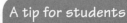

2. 你喜欢班里哪位同学的发型？如果你要理这个发型，应该怎么跟师傅说？ Whose hairstyle in your class do you like the best? If you want the same hairstyle, what should you say to the hairdresser?

给教师的提示

小组活动后您可以让几个学生说说，和大家交流一下。

三、看图编故事并表演 Make up a story according to the following pictures and act

①   ②   ③   ④

语言练习 Language Focus

一、朗读下列句子，注意语气和语调 Read the following sentences aloud, pay attention to the tone and the intonation 🔘 11-07

1. 那个人理的是什么发型？
Nàge rén lǐ de shì shénme fàxíng?

2. 想怎么理呀？
Xiǎng zěnme lǐ ya?

3. 你的头发很好，想不想烫一下？
Nǐ de tóufa hěn hǎo, xiǎng bu xiǎng tàng yíxià?

4. 想做个什么样的发型？
Xiǎng zuò ge shénme yàng de fàxíng?

5. 你要留长发吗？
Nǐ yào liú cháng fà ma?

6. 你看，这样可以吗？
Nǐ kàn, zhèyàng kěyǐ ma?

7. 再剪短一点儿吧。
Zài jiǎn duǎn yìdiǎnr ba.

8. 剪短一点儿就行。
Jiǎn duǎn yìdiǎnr jiù xíng.

二、替换练习 Substitution exercises

① 我就想理那样的。
Wǒ jiù xiǎng lǐ nàyàng de.

吃苹果
chī píngguǒ

去爬山
qù pá shān

学汉语
xué Hànyǔ

② 想做什么样的发型?
Xiǎng zuò shénme yàng de fàxíng?

衣服
yīfu

工作
gōngzuò

饭
fàn

③ 该你了。
Gāi nǐ le.

起床
qǐ chuáng

走
zǒu

你说
nǐ shuō

④ 你看,这个发型可以吗?
Nǐ kàn, zhège fàxíng kěyǐ ma?

明天去
míngtiān qù

这样
zhèyàng

让大卫参加
ràng Dàwèi cānjiā

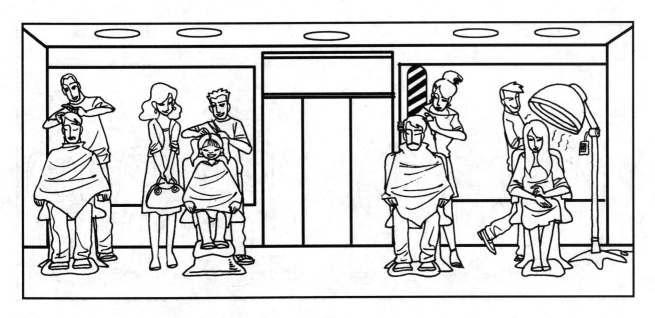

B

三、用 "V一V" 完成下面的对话 Complete the following dialogues with "V一V"

① A：我的手机坏了。
　　Wǒ de shǒujī huài le.

　　B：＿＿＿＿＿＿＿＿。（看）
　　　　　　　　　　　　　　（kàn）

② A：你觉得这件衣服我能穿吗？
　　Nǐ juéde zhè jiàn yīfu wǒ néng chuān ma?

　　B：＿＿＿＿＿＿＿＿。（试）
　　　　　　　　　　　　　　（shì）

③ A：我的钥匙丢了，怎么办呢？
　　Wǒ de yàoshi diū le, zěnme bàn ne?

　　B：＿＿＿＿＿＿＿＿。（找）
　　　　　　　　　　　　　　（zhǎo）

④ A：这种苹果好吃吗？
　　Zhè zhǒng píngguǒ hǎo chī ma?

　　B：＿＿＿＿＿＿＿＿。（尝）
　　　　　　　　　　　　　　（cháng）

扩展活动 Extended Activities

一、看图比较 Look and compare

两人分别看着图A和图B（见第173页），向同伴描述图片的内容，听的人应该说出自己的图片和对方不一样的地方。Two students look at picture A and picture B (on Page 173) respectively. Describe to your partner what you see. The listener should tell the differences between the two pictures.

Ⓐ

A tip for students

There are many differences between the two pictures. Do not look at your partner's picture until you have finished talking about the pictures.

二、游戏：词语接龙 Game: word relay

试试从学过的词语中选择合适的词语做连接词语的游戏。 Choose some of the words you have learned for the game.

规则如下：词语里必须有一个字和上一个词语中的一个字相同。如"上课——上午——下午——中午——中国" The rule is as follows: The word must contain a same Chinese character as is contained in the previous word. For example "上课——上午——下午——中午——中国".

给教师的提示

您可以选择任何一个词开始，也可以让学生选。

总结与评价 Summary and Evaluation

一、在本课你学会了哪些去理发的时候可以说的话？在理发馆你能说出自己的要求了吗？利用下面的表格复习一下。What expressions of going to a barber's have you learned from this lesson? Can you make your requests in a barber's now? Review what you have learned according to the following form.

具体情况 Situations	可以说的话 What to say
自己想理的发型 zìjǐ xiǎng lǐ de fàxíng	
自己的具体要求 zìjǐ de jùtǐ yāoqiú	
不放心后面的时候 bú fàngxīn hòumiàn de shíhou	
想要卷发的时候 xiǎng yào juǎn fà de shíhou	
想染发的时候 xiǎng rǎn fà de shíhou	
想留长发的时候 xiǎng liú cháng fà de shíhou	
想剪短的时候 xiǎng jiǎn duǎn de shíhou	

二、完成任务的自我表现评价。Self-evaluation.

Are you satisfied with your own performance?

Very good   good   not so good   bad

Your own evaluation

A   B   C   Your willingness to state your opinions

A   B   C   Your willingness to raise your questions

A   B   C   Your enthusiasm to gather useful information

A   B   C   Your willingness to speak Chinese in class

第 12 课

我边学边忘 (Wǒ biān xué biān wàng)
I Keep Forgetting What I Have Learned

目标 | Objectives

1. 复习跟学习语言有关系的词语。Review the words about learning a language.
2. 学习询问和介绍学习中遇到的问题。Learn to ask and introduce the problems in study.
3. 学习简单介绍考试的情况。Learn to briefly introduce tests.
4. 学习简单介绍学习汉语的方法。Learn to briefly introduce the way of learning Chinese.

准 备 Preparation

1. 在图片下面填上合适的词语，然后用这些词语，介绍一下自己学习汉语的情况。Fill in the blanks with proper words, and then introduce your learning of Chinese with these words.

2. 这个学期你们有哪些课？和同伴一起谈谈在每门课上你们都学习什么。What courses do you have this semester? Talk about what you learn in each course with your partner.

3. 图片上的两个人学习汉语时可能有什么不同？What differences do the two people in the pictures have in learning Chinese?

词语 Words and Expressions

❑ 朗读下列词语，注意发音和词语的意思。Read the following words aloud, pay attention to the pronunciation and the meanings. 💿 12-01

给教师的提示
课前别忘了提醒学生预习词语。

1 汉字 hànzì Chinese characters	2 谦虚 qiānxū modest	3 怪不得 guàibude no wonder
4 够 gòu enough	5 开玩笑 kāi wánxiào kid	6 帅 shuài handsome
7 小伙子 xiǎohuǒzi young man	8 法律 fǎlǜ law	9 系 xì department
10 俄语 É yǔ Russian	11 噢 ō Oh	12 叮咚 dīngdōng bingo
13 正确 zhèngquè correct	14 考 kǎo test	15 主要 zhǔyào major
16 词语 cíyǔ word	17 不然 bùrán otherwise	18 越……越…… yuè ...... yuè ...... the more......the more......
19 重视 zhòngshì pay special attention to		

☐ 从你学过的词语中选择合适的词语进行搭配。Match the words below with the proper words you learned.

系	正确	水平
xì	zhèngquè	shuǐpíng

主要	重视
zhǔyào	zhòngshì

句子 Sentences

☐ **听录音，填词语。** Listen to the recording and fill in the blanks. 🔘 12-02

① 我学了快两年了，可是我_____。
Wǒ xué le kuài liǎng nián le, kěshì wǒ_____.

② 中国朋友多，说汉语的_____就多嘛。
Zhōngguó péngyou duō, shuō Hànyǔ de_____ jiù duō ma.

③ 他学了很多年俄语，可是不会_____。
Tā xué le hěn duō nián É yǔ, kěshì bú huì_____.

④ 老师，这次我_____得怎么样？
Lǎoshī, zhè cì wǒ_____ de zěnmeyàng?

⑤ 还可以，但是_____上一次。
Hái kěyǐ, dànshì_____ shàng yí cì.

⑥ 最近我们学的_____越来越多，也越来越难。
Zuìjìn wǒmen xué de_____ yuè lái yuè duō, yě yuè lái yuè nán.

⑦ 学过的词语一定要多用，_____很快就忘了。
Xué guo de cíyǔ yídìng yào duō yòng,_____ hěn kuài jiù wàng le.

⑧ 学的词语越多，考试_____应该越好。
Xué de cíyǔ yuè duō, kǎoshì_____ yīnggāi yuè hǎo.

⑨ 我刚学汉语的时候，很_____写汉字。
Wǒ gāng xué Hànyǔ de shíhou, hěn_____ xiě Hànzì.

⑩ 我以后一定_____多练习写汉字。
Wǒ yǐhòu yídìng_____ duō liànxí xiě Hànzì.

❑　　**朗读下列句子**。Read the following sentences aloud.

①　我学了快两年了，可是我边学边忘。

Wǒ xué le kuài liǎng nián le, kěshì wǒ biān xué biān wàng.

I have learned for almost two years, but I keep forgetting what I have learned.

②　中国朋友多，说汉语的机会就多嘛。

Zhōngguó péngyou duō, shuō Hànyǔ de jīhui jiù duō ma.

More Chinese friends mean more chances to speak Chinese.

③　他学了很多年俄语，可是不会说话。

Tā xué le hěn duō nián É yǔ, kěshì bū huì shuō huà.

He has learned Russian for many years, but he doesn't speak much.

④　老师，这次我考得怎么样？

Lǎoshī, zhè cì wǒ kǎo de zěnmeyàng?

Sir, how is my test this time?

⑤　还可以，但是不如上一次。

Hái kěyǐ, dànshì būrú shàng yí cì.

It's OK, but not as good as your last time.

⑥　最近我们学的词语越来越多，也越来越难。

Zuìjìn wǒmen xué de cíyǔ yuè lái yuè duō, yě yuè lái yuè nán.

We're learning more and more words lately, which are more and more difficult.

⑦　学过的词语一定要多用，不然很快就忘了。

Xué guo de cíyǔ yídìng yào duō yòng, bùrán hěn kuài jiù wàng le.

You have to practice these words, otherwise you forget them quickly.

⑧　学的词语越多，考试成绩应该越好。

Xué de cíyǔ yuè duō, kǎoshì chéngjì yīnggāi yuè hǎo.

The more words you learn, the better score you should get.

⑨　我刚学汉语的时候，很重视写汉字。

Wǒ gāng xué Hànyǔ de shíhou, hěn zhòngshì xiě Hànzì.

I paid very special attention to Chinese characters when I began to learn Chinese.

⑩　我以后一定注意多练习写汉字。

Wǒ yǐhòu yídìng zhūyì duō liànxí xiě Hànzì.

I will pay more attention to writing.

❑ **看图片，然后和同伴商量他们可能在说什么。** Look at the pictures and discuss with your partner what they are probably talking about.

情 景 Situations

一

❑ **听两遍录音，根据录音内容判断下列说法是否正确。** Listen to the recording twice and decide whether the following statements are true or false. 🔘 12-03

① 玛莎学了两年汉语了。　　　　☐
　Mǎshā xué le liǎng nián Hànyǔ le.

② 玛莎忘了很多。　　　　　　　☐
　Mǎshā wàng le hěn duō.

③ 日本人学汉字比较容易。　　　☐
　Rìběn rén xué Hànzì bǐjiào róngyì.

④ 玛莎觉得汉字特别难。　　　　☐
　Mǎshā juéde Hànzì tèbié nán.

⑤ 山本在日本的时候会说的汉语很少。☐
　Shānběn zài Rìběn de shíhou huì shuō de
　Hànyǔ hěn shǎo.

181

❑ **朗读对话一，注意发音和语气。** Read Dialogue 1 aloud, pay attention to the pronunciation and the tone.

玛莎：　山本，你的汉语真好！
Mǎshā：　Shānběn, nǐ de Hànyǔ zhēn hǎo!

山本：　哪里，哪里[1]。
Shānběn：　Nǎlǐ, nǎlǐ.

玛莎：　你学了多长时间了？
Mǎshā：　Nǐ xué le duō cháng shíjiān le?

山本：　5年多了。你呢？
Shānběn：　Wǔ nián duō le. Nǐ ne?

玛莎：　我学了快两年了[2]，可是我
Mǎshā：　Wǒ xué le kuài liǎng nián le, kěshì wǒ

　　边学边忘。
　　biān xué biān wàng.

山本：　我们日本人可能记汉字比较
Shānběn：　Wǒmen Rìběn rén kěnéng jì Hànzì bǐjiào

　　容易。
　　róngyì.

玛莎：　汉字对我来说最难了。
Mǎshā：　Hànzì duì wǒ lái shuō zuì nán le.

山本：　可是你的口语比我好啊。
Shānběn：　Kěshì nǐ de kǒuyǔ bǐ wǒ hǎo a.

玛莎：　真的吗？你太谦虚了吧！
Mǎshā：　Zhēn de ma? Nǐ tài qiānxū le ba!

山本：　真的。我学了两年的时候，
Shānběn：　Zhēn de. Wǒ xué le liǎng nián de shíhou,

　　会[3]说的话很少。
　　huì shuō de huà hěn shǎo.

玛莎：　那时候你在中国吗？
Mǎshā：　Nà shíhou nǐ zài Zhōngguó ma?

山本：　我在日本。
Shānběn：　Wǒ zài Rìběn.

玛莎：　怪不得[4]呢。那是因为你说
Mǎshā：　Guàibude ne. Nà shì yīnwèi nǐ shuō

　　汉语的机会太少了。
　　Hànyǔ de jīhuì tài shǎo le.

Masha: Yamamoto, your Chinese is incredible!

Yamamoto: Thanks.

Masha: How long have you learned Chinese?

Yamamoto: More than five years. And you?

Masha: I have learned for almost two years, but I keep forgetting what I have learned.

Yamamoto: Perhaps it is easier for a Japanese to remember Chinese characters.

Masha: Chinese characters are the most difficult to me.

Yamamoto: But you speak better Chinese than me.

Masha: Really? You are being modest.

Yamamoto: It's true. I could speak very little Chinese after learning for two years.

Masha: Were you in China at that time?

Yamamoto: I was in Japan.

Masha: No wonder. That's because you had few chances to speak Chinese.

Tips:

1. Here 哪里 is a polite expression of negation, usually used to answer a compliment.

2. Here 快 means 快要 or 将要, is usually used together with 了.

3. Here 会 means to know how to do and to be able to do.

4. 怪不得 indicates that the speaker is no longer surprised after knowing the reason.

❑ **画线连接。** Draw lines and link.

① 你学了多长时间了？
Nǐ xué le duō cháng shíjiān le?

② 汉字对我来说太难了。
Hànzì duì wǒ lái shuō tài nán le.

③ 那时候你在中国吗？
Nà shíhou nǐ zài Zhōngguó ma?

Ⓐ 可是你的口语比我好。
Kěshì nǐ de kǒuyǔ bǐ wǒ hǎo.

Ⓑ 5年多了。
Wǔ nián duō le.

Ⓒ 我在日本。
Wǒ zài Rìběn.

❑ **说一说。** Say it.

① 你觉得听、说、读、写，什么最难？为什么？
Nǐ juéde tīng, shuō, dú, xiě, shénme zuì nán? Wèi shénme?
Which do you think is the most difficult, listening, speaking, reading, or writing? Why?

② 你在学习中遇到了什么问题？
Nǐ zài xuéxí zhōng yù dào le shénme wèntí?
What problems have you come across in your study?

二

❑ **听两遍录音，根据录音内容判断下列说法是否正确。** Listen to the recording twice and decide whether the following statements are true or false. 🎧 12-04

① 玛莎没有男朋友。　　　　　　　　☐
Mǎshā méiyǒu nán péngyou.

② 欧文想给玛莎介绍一个中国朋友。　☐
Ōuwén xiǎng gěi Mǎshā jièshào yí ge Zhōngguó péngyou.

③ 玛莎希望更多用汉语说话的机会。　☐
Mǎshā xīwàng gèng duō yòng Hànyǔ shuō huà de jīhuì.

④ 这个法律系的研究生会说俄语。　　☐
Zhège fǎlǜ xì de yánjiūshēng huì shuō É yǔ.

⑤ 玛莎最近在学习方面有一些问题。　☐
Mǎshā zuìjìn zài xuéxí fāngmiàn yǒu yìxiē wèntí.

❏ 朗读对话二，注意发音和语气。Read Dialogue 2 aloud, pay attention to the pronunciation and the tone.

欧文： Ōuwén:	玛莎，你有朋友吗？ Mǎshā, nǐ yǒu péngyou ma?
玛莎： Mǎshā:	谁没有朋友啊！你说的是 Shuí méiyǒu péngyou a! Nǐ shuō de shì 什么样的朋友？ shénme yàng de péngyou?
欧文： Ōuwén:	当然是男朋友了。我给你 Dāngrán shì nán péngyou le. Wǒ gěi nǐ 介绍一个怎么样？ jièshào yí ge zěnmeyàng?
玛莎： Mǎshā:	男朋友有一个就够了。 Nán péngyou yǒu yí ge jiù gòu le.
欧文： Ōuwén:	不开玩笑了。我想给你介绍 Bù kāi wánxiào le. Wǒ xiǎng gěi nǐ jièshào 一个中国朋友。 yí ge Zhōngguó péngyou.
玛莎： Mǎshā:	好啊[1]，中国朋友多，说汉语 Hǎo a, Zhōngguó péngyou duō, shuō Hànyǔ 的机会就多嘛。 de jīhuì jiù duō ma.
欧文： Ōuwén:	他是一个很帅的中国小伙子。 Tā shì yí ge hěn shuài de Zhōngguó xiǎohuǒzi.
玛莎： Mǎshā:	也是咱们学校的学生吗？ Yě shì zánmen xuéxiào de xuésheng ma?
欧文： Ōuwén:	对。是法律系的研究生。 Duì. Shì fǎlǜ xì de yánjiūshēng.
玛莎： Mǎshā:	我想知道你为什么给我介绍。 Wǒ xiǎng zhīdao nǐ wèi shénme gěi wǒ jièshào.
欧文： Ōuwén:	他学了很多年俄语， Tā xué le hěn duō nián É yǔ, 可是不会说话。 kěshì bú huì shuō huà.
玛莎： Mǎshā:	噢[2]，我知道了， Ò, wǒ zhīdao le,

Irving: Masha, do you have a friend?
Masha: Who doesn't? What kind of friend are you talking about?
Irving: Of course I mean a boyfriend. How about me setting up a date for you?
Masha: One boyfriend's enough.
Irving: No more kidding. I want to introduce a Chinese friend to you.
Masha: Great. More Chinese friends mean more chances to speak Chinese.
Irving: He is a very handsome Chinese young man.
Masha: Is he also a student of our school?
Irving: Yes. He is a graduate student in Law Department.
Masha: I want to know why you're introducing him to me.
Irving: He has learned Russian for many years, but he doesn't speak much.
Masha: Oh, I see. He wants to be a language partner!
Irving: Bingo! Correct answer!
Masha: Good. I happen to have some questions to ask recently.

Tip:

1. Here 啊 is used at the end of a sentence to emphasize the tone. E.g. 行啊.
2. Here 噢 indicates that the speaker understands something.

他想和我互相学习！
tā xiǎng hé wǒ hùxiāng xuéxí!

欧文： 叮咚！回答正确！
Ōuwén: Dīngdōng! Huídá zhèngquè!

玛莎： 可以。正好最近我也有一些问题。
Mǎshā: Kěyǐ. Zhènghǎo zuìjìn wǒ yě yǒu yìxiē wèntí.

❑ **说一说。Say it.**

① 你喜欢和中国朋友互相学习吗？

Nǐ xǐhuan hé Zhōngguó péngyou hùxiāng xuéxí ma?

Would you like to learn from each other with your Chinese friends?

② 互相学习的时候你喜欢做什么？为什么？

Hùxiāng xuéxí de shíhou nǐ xǐhuan zuò shénme? Wèi shénme?

What would you like to do if you learn from each other? Why?

③ 你希望找一个什么样的互相学习的朋友？

Nǐ xīwàng zhǎo yí ge shénme yàng de hùxiāng xuéxí de péngyou?

What kind of friend would you like to have as a study partner?

❑ **听两遍录音，并回答下列问题。** Listen to the recording twice and answer the following questions. 12-05

① 春香上一次考试考得怎么样？

Chūnxiāng shàng yí cì kǎoshì kǎo de zěnmeyàng?

How was Chun Hyang's previous test?

② 这一次考试春香主要是什么问题？

Zhè yí cì kǎoshì Chūnxiāng zhǔyào shì shénme wèntí?

What is the major problem of Chun Hyang's test this time?

③ 这一次春香为什么没有时间复习？

Zhè yí cì Chūnxiāng wèi shénme méiyǒu shíjiān fùxí?

Why doesn't Chun Hyang have time to review her lessons for this test?

④ 老师怎么看这个问题？

Lǎoshī zěnme kàn zhège wèntí?

How did the teacher look upon this problem?

⑤ 现在春香为什么不重视汉字？

Xiànzài Chūnxiāng wèi shénme bú zhòngshì Hànzì?

Why didn't Chun Hyang pay attention to practicing Chinese characters now?

❑ **朗读对话三，注意发音和语气。** Read Dialogue 3 aloud, pay attention to the pronunciation and the tone.

春香： 老师，这次我考得怎么样？
Chūnxiāng: Lǎoshī, zhè cì wǒ kǎo de zěnmeyàng?

老师： 还可以，但是不如上¹一²次。
Lǎoshī: Hái kěyǐ, dànshì bùrú shàng yí cì.

春香： 主要是什么问题？
Chūnxiāng: Zhǔyào shì shénme wèntí?

老师： 词语和汉字的问题比较多。
Lǎoshī: Cíyǔ hé Hànzì de wèntí bǐjiào duō.

春香： 最近我们学的词语越来越多，
Chūnxiāng: Zuìjìn wǒmen xué de cíyǔ yuè lái yuè duō,

也越来越难。
yě yuè lái yuè nán.

老师： 所以学过的词语一定要多用，
Lǎoshī: Suǒyǐ xué guo de cíyǔ yídìng yào duō yòng,

不然很快就忘了。
bùrán hěn kuài jiù wàng le.

春香： 可是我没有时间复习。
Chūnxiāng: Kěshì wǒ méiyǒu shíjiān fùxí.

老师： 为什么？
Lǎoshī: Wèi shénme?

春香： 下个月我要参加汉语水平
Chūnxiāng: Xià ge yuè wǒ yào cānjiā Hànyǔ Shuǐpíng

考试。
Kǎo shì.

老师： 学的词语越多，考试成绩应该
Lǎoshī: Xué de cíyǔ yuè duō, kǎo shì chéngjì yīnggāi

越好，你说对吗？
yuè hǎo, nǐ shuō duì ma?

春香： 对。老师，我的汉字也错了很多吗？
Chūnxiāng: Duì. Lǎoshī, wǒ de Hànzì yě cuò le hěn duō ma?

老师： 错了不少呢。
Lǎoshī: Cuò le bù shǎo ne.

春香： 我刚学汉语的时候，很重视写汉字。
Chūnxiāng: wǒ gāng xué Hànyǔ de shíhou, hěn zhòngshì xiě Hànzì.

Chun Hyang:	Sir, how is my test this time?
Teacher:	It's OK, but not as good as your last time.
Chun Hyang:	What is the major problem?
Teacher:	Words and Chinese characters.
Chun Hyang:	We're learning more and more words lately, which are more and more difficult.
Teacher:	That's why you have to practice these words, otherwise you forget them quickly.
Chun Hyang:	But I have no time to review.
Teacher:	Why not?
Chun Hyang:	I'm going to attend the HSK test next month.
Teacher:	The more words you learn, the better score you should get. Don't you think so?
Chun Hyang:	Yes. Have I made many mistakes on Chinese characters?
Teacher:	Quite some.
Chun Hyang:	I paid very special attention to Chinese characters when I began to learn Chinese.
Teacher:	Why don't you now?
Chun Hyang:	I don't think Chinese characters matter a lot in HSK tests.
Teacher:	It's incorrect for you to think this way.
Chun Hyang:	Thank you! I will pay more attention to writing.

老师：　现在为什么不重视了呢？
Lǎoshī:　Xiànzài wèi shénme bú zhòngshì le ne?

春香：　我觉得参加汉语水平考试，汉字不重要。
Chūnxiāng:　Wǒ juéde cānjiā Hànyǔ Shuǐpíng Kǎoshì, Hànzì bú zhòngyào.

老师：　你这样想是有问题的。
Lǎoshī:　Nǐ zhèyàng xiǎng shì yǒu wèntí de.

春香：　谢谢老师！我以后一定注意多练习写汉字。
Chūnxiāng:　Xièxie lǎoshī! Wǒ yǐhòu yídìng zhùyì duō liànxí xiě Hànzì.

Tips:

1. 不如 is used to compare. It means that the previously mentioned person or thing is not as good as the later mentioned.

2. Here 上 is used to indicate the prior time or sequence order. E.g. 上半年 or 上个月.

3. Here 下 is used to indicate the posterior time or sequence order. E.g.下次, 下半年.

❏ **和同伴一起，根据下面的提示复述对话三。** Retell Dialogue 3 according to the given hints with your partner.

春香很想知道_____，老师告诉她_____，因为_____。春香觉得最近_____，
Chūnxiāng hěn xiǎng zhīdao ......, lǎoshī gàosu tā ......, yīnwèi .... Chūnxiāng juéde zuìjìn......,
可是她_____，所以_____。老师觉得_____。除了词语，春香_____，她刚学
kěshì tā ......, suǒyǐ .... Lǎoshī juéde .... Chúle cíyǔ, Chūnxiāng ......, tā gāng xué
汉语_____，后来_____，_____
Hànyǔ ......, hòulái ......, ...

❏ **说一说。**Say it.

① 你最近一次参加过的最重要的考试是什么考试？你考得怎么样？
Nǐ zuìjìn yí cì cānjiā guo de zuì zhòngyào de kǎoshì shì shénme kǎoshì? Nǐ kǎo de zěnmeyàng?
What is the most important test you have taken recently? How is the result?

② 你的汉语老师经常考试吗？你觉得考试有什么好处？
Nǐ de Hànyǔ lǎoshī jīngcháng kǎoshì ma? Nǐ juéde kǎoshì yǒu shénme hǎochu?
Does your Chinese teacher often give tests? What do you think the advantages of tests are?

☐ 朗读下面的短文，并模仿短文介绍你的朋友学习汉语的方法。Read the following passage aloud and then imitate the passage to talk about the way your friend learns Chinese. 🔊 12-06

> 欧文学汉语时间不长，但是他的口语特别好，这是因为他一有机会就用汉语说话。
>
> 欧文的中国朋友特别多，平时(usually)他经常和他们聊天儿。他买了好多DVD，晚上有时间的话就看中国电影。如果去饭馆儿吃饭，他还主动(voluntarily)跟服务员说话。
>
> 我的口语没有欧文好，所以我也应该利用(make use of)所有的机会说汉语。
>
> Ōuwén xué Hànyǔ shíjiān bù cháng, dànshì tā de kǒuyǔ tèbié hǎo, zhè shì yīnwèi tā yì yǒu jīhuì jiù yòng Hànyǔ shuō huà.
>
> Ōuwén de Zhōngguó péngyou tèbié duō, píngshí tā jīngcháng hé tāmen liáo tiānr. Tā mǎi le hǎo duō DVD, wǎnshang yǒu shíjiān de huà jiù kàn Zhōngguó diànyǐng. Rúguǒ qù fànguǎnr chī fàn, tā hái zhǔdòng gēn fúwùyuán shuō huà.
>
> Wǒ de kǒuyǔ méiyǒu Ōuwén hǎo, suǒyǐ wǒ yě yīnggāi lìyòng suǒyǒu de jīhuì shuō Hànyǔ.

活 动 Activities

一、双人活动 Pair work

罗比不喜欢上课，他每天上午睡觉，下午和晚上都泡在酒吧和中国人聊天。你觉得他这样能学好汉语吗？Robbie doesn't like to attend classes. He sleeps in the morning and spends the entire afternoon and evening chatting with Chinese people in the bar. Do you think he can learn Chinese well this way?

1. 先利用表格准备一下，然后和同伴讨论。Make preparations first according to the following form and then talk about it with your partner.

罗比不喜欢上课的原因 Luóbǐ bù xǐhuan shàng kè de yuányīn	
他喜欢去酒吧聊天的原因 Tā xǐhuan qù jiǔbā liáo tiān de yuányīn	
他这样学汉语的结果 Tā zhèyàng xué Hànyǔ de jiéguǒ	

2. 组织一段话，向大家说明你们的看法。Make up a paragraph and explain your ideas to the whole class.

二、小组活动 Group work

1. 3人一组。看图片，告诉同伴你喜欢不喜欢下面几种学习方法，并说明原因。Work in groups of three. Look at the pictures and tell your partners whether you like the following ways to study and explain.

2. 你还有什么学习汉语的好方法，推荐给同伴们。What other good ways to learn Chinese do you know? Recommend them to your partners.

三、全班活动 Class work

真由美是个性格内向的日本姑娘，以后她想当汉语老师，所以想学得快一点儿。你对她有什么建议？先准备一下，然后和大家交流。Mayumi is an introverted Japanese girl. She wants to be a Chinese teacher in the future, so she desires to learn Chinese in a quicker way. What suggestions would you give her? Make preparations first and then discuss with your classmates.

你的建议：

四、小组活动 Group work

3人一组，根据自己或别人开始学汉语时的事情，编一个小品给大家表演。Work in groups of three. Make up a mini play according to your or others' experience of beginning to learn Chinese, and then act it out for the class.

语言练习 Language Focus

一、朗读下列句子，注意语气和语调 Read the following sentences aloud, pay attention to the tone and the intonation 🔵12-07

① 你学了多长时间了？
Nǐ xué le duō cháng shíjiān le?

② 汉字对我来说最难了。
Hànzì duì wǒ lái shuō zuì nán le.

③ 真的吗？你太谦虚了吧！
Zhēn de ma? Nǐ tài qiānxū le ba!

④ 怪不得呢。那是因为你说汉语的机会太少了。
Guàibude ne. Nà shì yīnwèi nǐ shuō Hànyǔ de jīhuì tài shǎo le.

⑤ 好啊！中国朋友多，说汉语的机会就多嘛。
Hǎo a! Zhōngguó péngyou duō, shuō Hànyǔ de jīhuì jiù duō ma.

6 噢，我知道了，他想和我互相学习！

Ò, wǒ zhīdao le, tā xiǎng hé wǒ hùxiāng xuéxí!

7 最近我们学的词语越来越多，也越来越难。

Zuìjìn wǒmen xué de cíyǔ yuè lái yuè duō, yě yuè lái yuè nán.

8 老师，我的汉字也错了很多吗？

Lǎoshī, wǒ de Hànzì yě cuò le hěn duō ma?

9 我以后一定注意多练习写汉字。

Wǒ yǐhòu yídìng zhùyì duō liànxí xiě Hànzì.

二、替换练习 Substitution exercises

1 我学了快两年了，可是我边学边忘。

Wǒ xué le kuài liǎng nián le, kěshì wǒ biān xué biān wàng.

说得不太好
shuō de bú tài hǎo

有的时候还听不懂
yǒude shíhou hái tīng bu dǒng

会写的汉字不多
huì xiě de Hànzì bù duō

2 最近我们学的词语越来越多，也越来越难。

Zuìjìn wǒmen xué de cíyǔ yuè lái yuè duō, yě yuè lái yuè nán.

汉字	多	难写
Hànzì	duō	nán xiě
对话	长	难懂
duìhuà	cháng	nán dǒng
句子	复杂	难记
jùzi	fùzá	nán jì

3 学的词语越多，考试成绩应该越好。

Xué de cíyǔ yuè duō, kǎoshì chéngjì yīnggāi yuè hǎo.

认识的汉字	阅读
Rènshi de Hànzì	yuèdú
中国朋友	口语
Zhōngguó péngyou	kǒuyǔ
学汉语的时间	成绩
Xué Hànyǔ de shíjiān	chéngjì

三、用"哪里"回答下列问题 Answer the following questions with 哪里

1. 你汉字写得真好！
Nǐ Hànzì xiě de zhēn hǎo!

3. 你汉语说得这么好，学了好几年了吧？
Nǐ Hànyǔ shuō de zhème hǎo, xué le hǎo jǐ nián le ba?

2. 她是你的女朋友吗？
Tā shì nǐ de nǚ péngyou ma?

4. 你不想和我们一起去看电影吗？
Nǐ bù xiǎng hé wǒmen yìqǐ qù kàn diànyǐng ma?

四、模仿例句用"谁没有……啊"完成下列对话 Follow the example and complete the following dialogues with 谁没有……啊

例：A：你有朋友吗？
Nǐ yǒu péngyou ma?

B：谁没有朋友啊！
Shuí méiyǒu péngyou a!

1. A：你有女朋友吗？
Nǐ yǒu nǚ péngyou ma?

B：_____.

2. A：你去过超市吗？
Nǐ qù guo chāoshì ma?

B：_____.

3. A：你们学校放假吗？
Nǐmen xuéxiào fàng jià ma?

B：_____.

4. A：你买过便宜的东西吗？
Nǐ mǎi guo piányi de dōngxi ma?

B：_____.

扩展活动 Extended Activities

一、看图比较 Look and compare

两人分别看着图A和图B（见第193页），向同伴描述图片的内容，听的人应该说出自己的图片和对方不一样的地方。Two students look at picture A and picture B (on Page 193) respectively. Describe to your partner what you see. The listener should tell the differences between the two pictures.

A

B

A tip for students

There are many differences between the two pictures. Do not look at your partner's picture until you have finished talking about the pictures.

二、游戏：招聘汉语老师 Game: recruit a Chinese teacher

有一个5岁的孩子想学习汉语，他的妈妈想招聘一个汉语老师。每人准备一段话介绍自己的汉语水平和性格特点等，向孩子的妈妈推荐自己。其他人做评委打分。A five-year-old child wants to learn Chinese. His mother is recruiting a Chinese teacher. Each student prepares a paragraph to introduce your Chinese level and characters in order to recommend yourself to the mother. Others play the judges and give scores.

A tip for students

You may also talk about your plan of tutoring the child.

给教师的提示

您可以为每人准备一个小牌，一面是叉，一面是勾。

总结与评价 Summary and Evaluation

一、学完这一课你能介绍自己学习汉语的情况了吗？能介绍一些学习汉语的方法了吗？能跟老师或同学讨论关于考试的情况了吗？利用下面的表格复习一下。Can you describe your situation of learning Chinese? Can you introduce some ways to learn Chinese now? Can you discuss the tests with your teacher or classmates now? Review what you have learned according to the following form.

学汉语的情况	学汉语的方法	考试的情况
听：	1、	
说：	2、	
读：	3、	
写：	4、	

二、完成任务的自我表现评价。Self-evaluation.

Are you satisfied with your own performance?

Very good   good   not so good   bad

Your own evaluation

A   B   C   Your willingness to state your opinions

A   B   C   Your willingness to raise your questions

A   B   C   Your enthusiasm to gather useful information

A   B   C   Your willness to speak Chinese in class

复习 2

Review 2

一、语言练习 Language exercises

1. 选词填空。Fill in the blanks with the proper words.

上	下	晚	早	着	清	住
shàng	xià	wǎn	zǎo	zháo	qīng	zhù

(1) 我想把照片挂_____。
    Wǒ xiǎng bǎ zhàopiān guà_____.

(2) 她今天特别累，9点多就睡_____了。
    Tā jīntiān tèbié lèi, jiǔ diǎn duō jiù shuì_____ le.

(3) 生词太多了，我记不____。
    Shēngcí tài duō le, wǒ jì bù_____.

(4) 他走了一年多了，他的地址我记不_____了。
    Tā zǒu le yì nián duō le, tā de dìzhǐ wǒ jì bù_____ le.

(5) 他昨天睡得太晚，今天早晨起床起____了。
    Tā zuótiān shuì de tài wǎn, jīntiān zǎochen qǐ chuáng qǐ_____ le.

(6) 桌子上摆_____花的话，一定很漂亮。
    Zhuōzi shang bǎi_____ huā de huà, yídìng hěn piàoliang.

2. 用所给的词语口头完成句子。Complete the sentences orally with the given words.

(1) _____（不是……吗），怎么不喜欢吃辣的呢？
    _____(bú shì …… ma), zěnme bù xǐhuan chī là de ne?

(2) 你怎么又吃面包了？_____？（不是……吗）
    Nǐ zěnme yòu chī miànbāo le? _____? (bú shì …… ma)

(3) 还是你去参加演讲(speech)比赛吧，_____。（不如）
    Háishi nǐ qù cānjiā yǎnjiǎng bǐsài ba,_____ (bùrú)

(4) 还是买那一件吧，_____。（不如）
    Háishi mǎi nà yí jiàn ba, _____. (bùrú)

(5) _____（快……了），放假以后你想去哪儿？
    _____(kuài …… le), fàng jià yǐhòu nǐ xiǎng qù nǎr?

(6) 别吃了，_____。（快……了）
    Bié chī le, _____. (kuài …… le)

(7) _____（越来越），我打算去买一件毛衣。
    _____(yuè lái yuè), wǒ dǎsuàn qù mǎi yí jiàn máoyī.

(8) 别吃巧克力(chocolate)了，_____。（越……越……）
    Bié chī qiǎokèlì_____ le, _____. (yuè … yuè …)

二、活动 Activities

1. 先看看下面的几幅图片，从中选择一张给你的同伴介绍，但不要告诉他/她是哪一幅，让他/她听完后指出是哪一幅。Look at the following pictures and choose one of them to introduce to your partner. Do not tell him/her which picture it is and let him/her guess according to your description.

A tip for students

If your partner cannot tell which picture it is, you might need to describe it in a clearer way. The listener can ask questions while listening.

①

②

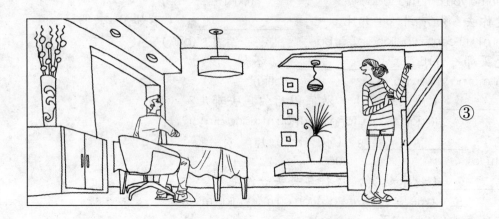

③

2. **参考调查表中的问题，调查中国人学习外语的情况。并向全班介绍。** Use the reference questions in the form to investigate Chinese people's situation of learning foreign languages, and then report to the whole class.

> **A tip for students**
>
> You may compare the similarities and differences between Chinese people's ways to learn foreign languages and your ways to learn Chinese.

调查表	
1. 学过哪种外语? Xué guo nǎ zhǒng wàiyǔ?	**A** 英语 **B** 法语 **C** 日语 **D** 俄语 **E** 韩语 **F** 其他
2. 你觉得学外语难吗? Nǐ jué de xué wàiyǔ nán ma?	
3. 听说读写哪个最难? Tīng shuō dú xiě nǎ ge zuì nán?	
4. 下课后你怎么学外语? Xià kè hòu nǐ zěnme xué wàiyǔ?	
5. 你有什么好的学习方法? Nǐ yǒu shénme hǎo de xuéxí fāngfǎ?	
6.	

3. **猜词语比赛。** Word-guessing game.

2人一组。将7到12课中的一些词语做成卡片，由一个同学用汉语说，另一个同学猜。看哪一组猜出的词语最多。 Work in pairs. Write down some words from lesson 7 to lesson 12 on the cards. One student explains the meaning in Chinese and the other student guesses the word. See which group guesses out the most words.

> 给教师的提示
>
> 您需要事先准备词语卡片。尽量不要选择那些意思比较抽象的词语。

> **A tip for students**
>
> Body language can help you, but you should try to make yourself understood with the Chinese you learned.

三、短剧表演 Mini-play

将全班分成小组，抽签选择短剧的内容。大家一起商量短剧怎么演，每个人应该说什么话，准备好以后给大家表演。最后利用下面的表格给自己的小组和自己的表现打分，也要给其他的小组打分。Divide the class into groups and draw lots to decide the content of the play. Discuss how to act and what to say, and then act the play out in front of the class. After the performance, evaluate the performance of yourself, your group and other groups according to the following form.

参考内容：Plays suggested:

1. 一个小伙子爱上了一个姑娘，想各种办法邀请她，但总是遭拒绝。A boy falls in love with a girl. He invites her in various ways, but is turned down every time.
2. 旅游区的两个家庭小饭店招揽客人的竞争。Two family restaurants in a tourist area compete against each other for more guests.

学生用的评价表 Self-evaluation form for students

自己小组的表现 Your group's performance	A　　B　　C　　D　　E
自己的表现 Your performance	A　　B　　C　　D　　E
表现最好的小组 The best performed group	Group1　　Group2　　Group3
表现最好的同学 The best performed classmate	1. 2. 3.

教师用的评价表 Evaluation form for the teacher

语言综合表现评价参考标准

等级	语音和语调	语法和词汇	流利性	合作性
优	非常准确	基本没有错误。	语速适当，非常流利。	能经常提示或帮助他人回答。
良	正确	偶尔有失误。	语速适当，但有停顿。	偶尔能提醒对方。
中	基本正确	语法词汇错误较多，但有控制。	停顿较多，句子总量不够。	基本没有主动参与的意识。
差	不正确	缺乏语法控制能力，词汇错误较多。	对语速没有控制，结结巴巴。	完全不能参与到活动中。

给教师的提示

您可以利用这个表格对学生的学习进行引导和评价。

第 13 课

我最爱唱歌了 (Wǒ zuì ài chàng gē le)

I Like Singing the Best

目标 | Objectives

1 复习表示爱好的一般语句。Review the commonly used expressions for hobbies.

2 学习介绍自己和他人的爱好。Learn to introduce your and others' hobbies.

3 学习谈论体育运动方面的爱好。Learn to talk about your hobbies in sports.

准备 | Preparation

1. 跟同伴一起看看下面这些爱好，并说说哪些有利于身体健康。Look at the following hobbies with your partner and discuss which are good for health.

☐ 看书
kàn shū
reading

☐ 听音乐
tīng yīnyuè
listening to music

☐ 上网
shàng wǎng
surfing on the internet

☐ 运动
yùndòng
exercising

☐ 爬山
pá shān
climbing hills

☐ 做饭
zuò fàn
cooking

☐ 喝酒
hē jiǔ
drinking

> **Pattern**
> 我喜欢……
> Wǒ xǐhuān …

2. 给大家介绍一下你和家人的爱好。Introduce your and your family members' hobbies to the class.

Family members	Hobbies
爸爸 bàba	
妈妈 māma	

> **Pattern**
> ……的爱好是……
> de àihào shì

词 语 Words and Expressions

☐ 朗读下列词语，注意发音和词语的意思。Read the following words aloud, pay attention to the pronunciation and the meanings. 🔊 13-01

给教师的提示
课前别忘了提醒学生预习词语。

1 兴趣 xìngqù interest	2 班 bān class	3 民族 mínzú ethnic group	4 舞蹈 wǔdǎo dance	5 书法 shūfǎ calligraphy	6 武术 wǔshù martial arts	7 报名 bào míng sign up
8 赶快 gǎnkuài hurry	9 来得及 láidejí make it in time	10 满头大汗 mǎn tóu dà hàn sweat all over one's head		11 健身房 jiànshēnfáng gym	12 减肥 jiǎn féi lose weight	13 同屋 tóngwū roommate
14 网吧 wǎngbā net bar	15 上网 shàng wǎng surf on the internet	16 迷 mí be obsessed with	17 电脑 diànnǎo computer	18 游戏 yóuxì game	19 好处 hǎochu advantage	20 打 dǎ play
21 篮球 lánqiú basketball	22 羽毛球 yǔmáoqiú badminton	23 感兴趣 gǎn xìngqù be interested in	24 球 qiú ball games			

☐ 从你学过的词语中选择合适的词语进行搭配。Match the words below with the proper words you learned.

上网 shàng wǎng   打 dǎ   兴趣 xìngqù

☐ 根据图片内容，利用词语表中的词说说这个姑娘的兴趣。Talk about the girl's interests with the given words in "Words and Expressions" according to the picture.

句 子 Sentences

❑ **听录音，填词语。** Listen to the recording and fill in the blanks. 💿 13-02

1 我最爱_____了。
Wǒ zuì ài _____ le.

2 我特别喜欢中国_____。
Wǒ tèbié xǐhuan Zhōngguó _____.

3 我最近常去_____。
Wǒ zuìjìn cháng qù _____,

4 你这么瘦，还想_____呀？
Nǐ zhème shòu, hái xiǎng _____ ya?

5 坚持_____的话还能减肥呢。
Jiānchí _____ dehuà hái néng jiǎn féi ne.

6 我妈妈每天都坚持_____。
Wǒ māma měi tiān dōu jiānchí _____.

7 他迷上了电脑_____。
Tā mí shàng le diànnǎo _____.

8 饭后活动活动有很多_____。
Fàn hòu huódong huódong yǒu hěn duō _____.

9 他最近开始对羽毛球_____了。
Tā zuìjìn kāishǐ duì yǔmáoqiú _____ le.

❑ **朗读下列句子。** Read the following sentences aloud.

1 我最爱唱歌了。
Wǒ zuì ài chàng gē le.
I like singing the best.

2 我特别喜欢中国功夫。
Wǒ tèbié xǐhuan Zhōngguó gōngfu.
I like Chinese kungfu very much.

3 我最近常去健身房。
Wǒ zuìjìn cháng qù jiānshēnfáng.
I often go to the gym recently.

4 你这么瘦，还想减肥呀？
Nǐ zhème shòu, hái xiǎng jiǎn féi ya?
You actually want to lose weight being so slim?

5 坚持练习的话还能减肥呢。
Jiānchí liànxí dehuà hái néng jiǎn féi ne.
You can even lose weight if you keep exercising.

6 我妈妈每天都坚持跳舞。
Wǒ māma měi tiān dōu jiānchí tiào wǔ.
My mother keeps dancing every day.

7 他迷上了电脑游戏。
Tā mí shàng le diànnǎo yóuxì.
He is obsessed with computer games.

8 饭后活动活动有很多好处。
Fàn hòu huódong huódong yǒu hěn duō hǎochu.
It's good to take some exercise after meal.

9 他最近开始对羽毛球感兴趣了。
Tā zuìjìn kāishǐ duì yǔmáoqiú gǎn xìngqù le.
He is getting interested in badminton recenely.

☐ 看图片，然后和同伴商量他们可能在说什么。Look at the pictures and then discuss with your partner what they are probably talking about.

Nǐ yǒu shénme àihǎo?

情景 Situations

一

☐ 听两遍录音，根据录音内容判断下列说法是否正确。Listen to the recording twice and decide whether the following statements are true or false. 🎧 13-03

(1) 欧文喜欢唱歌。 ☐
Ōuwén xǐhuan chàng gē.

(2) 春香参加了兴趣班。 ☐
Chūnxiāng cānjiā le xìngqù bān.

(3) 兴趣班已经开始了。 ☐
Xìngqù bān yǐjīng kāishǐ le.

(4) 欧文把报名的事忘了。 ☐
Ōuwén bǎ bào míng de shì wàng le.

(5) 欧文很想参加兴趣班。 ☐
Ōuwén hěn xiǎng cānjiā xìngqù bān.

> 给教师的提示
> 上面的句子需要您说出来让学生判断。

☐ 朗读对话一，注意发音和语气。Read Dialogue 1 aloud, pay attention to the pronunciation and the tone.

欧文:	春香，你今天怎么¹这么高兴？走路还唱着歌。
Ōuwén:	Chūnxiāng, nǐ jīntiān zěnme zhème gāoxìng? Zǒu lù hái chàng zhe gē.
春香:	我去上兴趣课了。
Chūnxiāng:	Wǒ qù shàng xìngqù kè le.
欧文:	是学唱歌吗？
Ōuwén:	Shì xué chàng gē ma?
春香:	对。我最爱唱歌了²。
Chūnxiāng:	Duì. Wǒ zuì ài chàng gē le.

Tips:

1. Here 怎么 is used to enquire reason.
2. Here 最…了 indicates a high degree.
3. Here 报 means 报名, and 报武术班 means *sign up a course for martial arts*.

欧文：　除了唱歌，还有什么
Ōuwén:　Chúle chàng gē, hái yǒu shénme

兴趣班？
xìngqù bān?

春香：　还有民族舞蹈班、书法班和
Chūnxiāng:　Hái yǒu mínzú wǔdǎo bān, shūfǎ bān hé

武术班。你没报名吗？
wǔshù bān. Nǐ méi bào míng ma?

欧文：　最近我特别忙，把这件事忘了。
Ōuwén:　Zuìjìn wǒ tèbié máng, bǎ zhè jiàn shì wàng le.

春香：　那赶快去问问吧，也许还来得及。
Chūnxiāng:　Nà gǎnkuài qù wènwen ba, yěxǔ hái láidejí.

欧文：　我特别喜欢中国功夫。
Ōuwén:　Wǒ tèbié xǐhuan Zhōngguó gōngfu.

春香：　那你可以报武术班[3]。
Chūnxiāng:　Nà nǐ kěyǐ bào wǔshù bān.

Irving:	Chun Hyang, why are you so happy today? You are singing as you walk.
Chun Hyang:	I went to the selective course for interest.
Irving:	To learn singing?
Chun Hyang:	Yes. I like singing the best.
Irving:	Apart from singing, are there any other selective courses for interest?
Chun Hyang:	There are courses for folk dance, calligraphy, and martial arts. Didn't you sign up?
Irving:	I have been very busy recently and forgot about it.
Chun Hyang:	You'd better hurry and ask about it. Maybe you can still make it in time.
Irving:	I like Chinese Kungfu very much.
Chun Hyang:	Then you can sign up the course for martial arts.

❑　和同伴一起，根据下面的提示复述对话一。Retell Dialogue 1 according to the given hints with your partner.

春香最喜欢_____，她今天_____，所以_____。欧文最近_____，他特别
Chūnxiāng zuì xǐhuan_____, tā jīntiān_____, suǒyǐ_____. Ōuwén zuìjìn_____, tā tèbié

喜欢_____，所以_____。
xǐhuān_____, suǒyǐ_____.

❑　说一说。Say it.

① 你们有没有兴趣课？参加的人多吗？
Nǐmen yǒu méiyǒu xìngqù kè? Cānjiā de rén duō ma?
Do you go to selective courses for interest? Do many other people go, too?

② 最近除了学汉语，你还学习什么？
Zuìjìn chúle xué Hànyǔ, nǐ hái xuéxí shénme?
Apart from Chinese, what are you learning recently?

③ 你喜欢中国功夫吗？你是怎么知道中国功夫的？

Nǐ xǐhuan Zhōngguó gōngfu ma? Nǐ shì zěnme zhīdào Zhōngguó gōngfu de?

Do you like Chinese Kungfu? How did you get to know about it?

□ 听两遍录音，并回答下列问题。Listen to the recording twice and answer the following questions. 🔘13-04

① 李红怎么知道玛莎去运动了？

Lǐ Hóng zěnme zhīdào Mǎshā qù yùndòng le?

How does Li Hong know Masha's taking some exercise?

③ 玛莎为什么喜欢去健身房？

Mǎshā wèi shénme xǐhuan qù jiànshēnfáng?

Why does Masha like to go to the gym?

② 玛莎最近常去健身房干什么？

Mǎshā zuìjìn cháng qù jiànshēnfáng gàn shénme?

What does Masha often go to the gym recently for?

④ 李红的妈妈现在为什么瘦了？

Lǐ Hóng de māma xiànzài wèi shénme shòu le?

Why is Li Hong's mother losing weight?

□ 朗读对话二，注意发音和语气。Read Dialogue 2 aloud, pay attention to the pronunciation and the tone.

李红： Lǐ Hóng:	玛莎，又去运动了吧？ Mǎshā, yòu qù yùndòng le ba?
玛莎： Mǎshā:	你怎么[1]知道的？ Nǐ zěnme zhīdào de?
李红： Lǐ Hóng:	看你满头大汗的，还穿着 Kàn nǐ mǎn tóu dà hàn de, hái chuān zhe 运动衣。 yùndòng yī.
玛莎： Mǎshā:	我最近常去健身房。 Wǒ zuìjìn cháng qù jiànshēnfáng.
李红： Lǐ Hóng:	你这么瘦，还想减肥呀？ Nǐ zhème shòu, hái xiǎng jiǎn féi ya?
玛莎： Mǎshā:	不是为了减肥，是爱好。 Búshì wèile jiǎn féi, shì àihào.
李红： Lǐ Hóng:	你在那儿练什么？ Nǐ zài nǎr liàn shénme?
玛莎： Mǎshā:	瑜伽。在音乐中练习[2]，身体特别舒服。 Yújiā. Zài yīnyuè zhōng liànxí, shēntǐ tèbié shūfu.
李红： Lǐ Hóng:	我能[3]练吗？我也喜欢音乐。 Wǒ néng liàn ma? Wǒ yě xǐhuan yīnyuè.

Li Hong:	Masha, you must have taken exercise again.
Masha:	How do you know?
Li Hong:	You're sweating all over your head, and you're wearing your sportswear.
Masha:	I often go to the gym recently.
Li Hong:	You actually want to lose weight being so slim?
Masha:	It's not about losing weight. It's a hobby.
Li Hong:	What exercise do you take?
Masha:	Yoga. My body feels really good when practicing with music.
Li Hong:	May I practice? I like music, too.
Masha:	Of course. You can even lose weight if you keep doing that.
Li Hong:	Right. My mother keeps dancing every day and she is getting slimmer.
Masha:	Do you like dancing?
Li Hong:	I do, too.

玛莎：　当然可以。坚持练习的话还能减肥呢。
Mǎshā:　Dāngrán kěyǐ. Jiānchí liànxí dehuà hái néng jiǎn féi ne.

李红：　对。我妈妈每天都坚持跳舞，现在瘦了很多了。
Lǐ Hóng:　Duì. Wǒ māma měi tiān dōu jiānchí tiào wǔ, xiànzài shòu le hěn duō le.

玛莎：　你喜欢跳舞吗?
Mǎshā:　Nǐ xǐhuan tiào wǔ ma?

李红：　我也很喜欢。
Lǐ Hóng:　Wǒ yě hěn xǐhuan.

> **Tips:**
> 1. Here 怎么 is used to enquire the way to do sth.
> 2. Here 中 means 范围 or 内部。在音乐中练习 means to be taken away by the music and to practice with the music playing.
> 3. Here 能 means *may*.

❑ 说一说。Say it.

① 你去过健身房吗? 为什么?
Nǐ qù guo jiànshēnfáng ma? Wèi shénme?
Have you been to a gym? Why?

② 你认为去健身房的人，除了健身以外，还有什么目的?
Nǐ rènwéi qù jiànshēnfáng de rén, chúle jiànshēn yǐwài, hái yǒu shénme mùdì?
Apart from exercising, what else do you think people go to a gym for?

③ 你觉得女孩子是不是越瘦越漂亮? 为什么很多姑娘都想减肥?
Nǐ juéde nǚháizi shì búshì yuè shòu yuè piàoliang? Wèi shénme hěn duō gūniang dōu xiǎng jiǎn féi?
Do you think slimmer girls are prettier? Why do so many girls want to lose weight?

④ 你有没有产生过要减肥的想法?
Nǐ yǒu méiyǒu chǎnshēng guò yào jiǎn féi de xiǎngfǎ?
Have you ever thought about losing weight?

三

❑ 听两遍录音，并回答下列问题。Listen to the recording twice and answer the following questions. 13-05

① 山本的同屋去哪儿了?
Shānběn de tóngwū qù nǎr le?
Where is Yamamoto's roommate?

② 他为什么去那儿?
Tā wèi shénme qù nǎr?
Why does he go there?

③ 最近山本睡觉睡得怎么样?
Zuìjìn Shānběn shuì jiào shuì de zěnmeyàng?
How has Yamamoto's sleep been recently?

④ 欧文最近还经常打篮球吗? 为什么?
Ōuwén zuìjìn hái jīngcháng dǎ lánqiú ma? Wèi shénme?
Does Irving often play basketball recently? Why?

⑤ 今天下午他们打算干什么?
Jīntiān xiàwǔ tāmen dǎsuàn gàn shénme?
What do they plan to do this afternoon?

☐ **朗读对话三，注意发音和语气。** Read Dialogue 3 aloud, pay attention to the pronunciation and the tone.

王军： Wáng Jūn:	你的同屋回国了吗？ Nǐ de tóngwū huí guó le ma?
山本： Shānběn:	没有。他又去网吧了。 Méiyǒu. Tā yòu qù wǎngbā le.
王军： Wáng Jūn:	在宿舍里不能上网吗？ Zài sùshè lǐ bù néng shàng wǎng ma?
山本： Shānběn:	他迷上了电脑游戏，怕 Tā mí shàng le diànnǎo yóuxì, pà 影响我休息。 yǐngxiǎng wǒ xiūxi.
王军： Wáng Jūn:	你最近还睡不着觉吗？ Nǐ zuìjìn hái shuì bu zháo jiào ma?
山本： Shānběn:	好多了。我每天晚饭以后 Hǎo duō le. Wǒ měi tiān wǎnfàn yǐhòu 都散步。 dōu sàn bù.
王军： Wáng Jūn:	饭后活动活动[1]有很多 Fàn hòu huódong huódong yǒu hěn duō 好处。 hǎochu.
山本： Shānběn:	你和欧文最近还经常打篮球吗？ Nǐ hé Ōuwén zuìjìn hái jīngcháng dǎ lánqiú ma?
王军： Wáng Jūn:	他最近开始对羽毛球 Tā zuìjìn kāishǐ duì yǔmáoqiú 感兴趣[2]了，没时间打篮球了。 gǎn xìngqù le, méi shíjiān dǎ lánqiú le.
山本： Shānběn:	那你可以叫我一起去呀。 Nà nǐ kěyǐ jiào wǒ yìqǐ qù ya.
王军： Wáng Jūn:	我怎么忘了呢，你也 Wǒ zěnme wàng le ne, nǐ yě 喜欢打篮球。 xǐhuan dǎ lánqiú.
山本： Shānběn:	那今天下午就去打球，怎么样？ Nà jīntiān xiàwǔ jiù qù dǎqiú, zěnmeyàng?
王军： Wáng Jūn:	好啊，我再叫几个人。 Hǎo a, wǒ zài jiào jǐ ge rén.

Wang Jun: Is your roommate back in his own country?

Yamamoto: No. He's gone to the net bar again.

Wang Jun: Can't he log into the internet at the dorm?

Yamamoto: He is obsessed with computer games, and he doesn't want to disturb me.

Wang Jun: Do you still have sleep problem?

Yamamoto: Much better. I go for a walk after dinner every day.

Wang Jun: It's good to take some exercise after meal.

Yamamoto: Do Irving and you still play basketball?

Wang Jun: He is getting interested in badminton recently and has no time for basketball.

Yamamoto: You can ask me.

Wang Jun: How could I forget about that! You like playing basketball as well.

Yamamoto: Let's do it this afternoon, what do you say?

Wang Jun: Okay. I'll get some other people.

Tips:

1. The reduplicative form of a disyllabic verb is made up by adding an extra identical verb after the original. Its meaning is the same as that of a monosyllabic verb.

2. One should pay attention when using 感兴趣. It can never be followed by an object directly. 对 is used to introduce the object which is interested in.

❑ 说一说。Say it.

1 你经常上网吗？你上网做什么？

Nǐ jīngcháng shàng wǎng ma? Nǐ shàng wǎng zuò shénme?

Do you often log into the internet? What do you do on the internet?

2 你觉得上网有什么好处？可能会有什么问题？

Nǐ juéde shàng wǎng yǒu shénme hǎochu? Kěnéng huì yǒu shénme wèntí?

What do you benefit from the internet? What problems could it bring?

3 你觉得一个人的运动好还是几个人一起参加的运动好，为什么？

Nǐ juéde yí ge rén de yùndòng hǎo háishi jǐ ge rén yìqǐ cānjiā de yùndòng hǎo, wèi shénme?

Do you prefer doing sports alone or with others? Why?

❑ 朗读下面的短文，并模仿短文说说自己和朋友的爱好。Read the following passage aloud and then imitate the passage to talk about your and your friends' hobbies. 🔘 13-06

> 我的爱好很多，对什么都感兴趣。可是最近我最喜欢打羽毛球，每次都和同学们一起去，可以单打（singles），也可以双打（doubles）。我的同屋不喜欢运动，她很安静，或者在房间里听音乐、看书，或者上网和朋友聊天儿，有时候她也玩儿游戏。我觉得长时间坐着对身体不好，应该多运动。所以我经常叫同屋和我一起去打羽毛球，现在她也开始喜欢运动了。
>
> Wǒ de àihào hěn duō, duì shénme dōu gǎn xìngqù. Kěshì zuìjìn wǒ zuì xǐhuan dǎ yǔmáoqiú, měi cì dōu hé tóngxué men yìqǐ qù, kěyǐ dāndǎ, yě kěyǐ shuāngdǎ. Wǒ de tóngwū bù xǐhuan yùndòng, tā hěn ānjìng, huòzhě zài fángjiān lǐ tīng yīnyuè, kàn shū, huòzhě shàng wǎng hé péngyou liáo tiānr, yǒushíhou tā yě wánr yóuxì. Wǒ juéde cháng shíjiān zuò zhe duì shēntǐ bù hǎo, yīnggāi duō yùndòng. Suǒyǐ wǒ jīngcháng jiào tóngwū hé wǒ yìqǐ qù dǎ yǔmáoqiú, xiànzài tā yě kāishǐ xǐhuan yùndòng le.

活动 Activities

一、双人活动 Pair work

看5秒钟下面的图片，然后不看图片，和同伴一起说说图上的人都在干什么。Look at the following picture for five seconds, and then tell what the people in the picture are doing with your partner without looking at the picture.

Pattern

有的……有的……
yǒude...yǒude...

A tip for students

After you have finished, check the picture again and see what's left.

207

二、小组活动 Group work

1. 在你们那儿人们常参加什么运动或活动？利用下面的表格准备一下，然后向同伴介绍。What kinds of sports do people in your country do? Make preparations according to the following form first and then introduce to your partner.

Word bank

散步	健步走	橄榄球	台球	飞碟
sàn bù	jiànbù zǒu	gǎnlǎnqiú	táiqiú	fēidié
walk	swift walking	rugby	billiards	frisbee

A tip for students

If you don't know the name of a sport, try every possible means to make yourself understood.

		Sports			
		春 chūn	夏 xià	秋 qiū	冬 dōng

2. 你的家人常参加什么运动或活动？What exercise do your family take?

三、小组活动 Group work

调查一下同学们的爱好，根据调查结果策划一个周末的活动计划。然后看哪个组的活动报名的同学最多。Investigate your classmates' hobbies and then draw a plan for the weekend according to your findings. See which group attracts the most students.

Questions to be asked during the investigation		
1		
2		
3		

四、全班活动 Class work

我们班需要一个体育班长，为大家组织一些体育活动，同时也要为参加运动会做准备。先广泛了解一下同学们在体育方面的特长，然后提名，并说出理由。A monitor for PE is needed to organize some sports activities and make preparations for the sports meeting. Find out your classmates' strong points in sports and then nominate a person and give your reasons.

Word bank

跑	跳	投
pǎo	tiào	tóu
run	jump	throw

A tip for students

You may ask the classmate you intend to nominate directly or discuss with the classmates around you. Then nominate the classmates and give your reasons.

五、看图编故事 Make up a story according to the pictures

Word bank

赢	输	球拍	球网	球场	力量	扔
yíng	shū	qiúpāi	qiúwǎng	qiúchǎng	lìliàng	rēng
win	lose	racket	net	court	strength	throw

① ② ③ ④

语言练习 Language Focus

一、朗读下列句子，注意语气和语调 Read the following sentences aloud, pay attention to the tone and the intonation 🔵 13-07

① 春香，你今天怎么这么高兴？
Chūnxiāng, nǐ jīntiān zěnme zhème gāoxìng?

② 玛莎，又去运动了吧？
Mǎshā, yòu qù yùndòng le ba?

③ 你这么瘦，还想减肥呀？
Nǐ zhème shòu, hái xiǎng jiǎn féi ya?

④ 在宿舍里不能上网吗？
Zài sùshè lǐ bù néng shàng wǎng ma?

⑤ 你最近还睡不着觉吗？
Nǐ zuìjìn hái shuì bù zháo jiào ma?

⑥ 你和欧文最近还经常打篮球吗？
Nǐ hé Ōuwén zuìjìn hái jīngcháng dǎ lánqiú ma?

⑦ 那今天下午就去打球，怎么样？
Nà jīntiān xiàwǔ jiù qù dǎ qiú, zěnmeyàng?

二、替换练习 Substitution exercises

① 我最爱唱歌了。
Wǒ zuì ài chàng gē le.

游泳
yóuyǒng

吃西瓜 (watermelon)
chī xīguā

和朋友聊天儿
hé péngyou liáo tiānr

② 他迷上了电脑游戏。
Tā mí shang le diànnǎo yóuxì.

上网聊天儿
shàng wǎng liáo tiānr

看电影
kàn diànyǐng

打太极拳
dǎ tàijí quán

③ 饭后活动活动有很多好处。
Fàn hòu huódong huódong yǒu hěn duō hǎochu.

饭后散散步
fàn hòu sànsan bù

早睡早起
zǎo shuì zǎo qǐ

少吃肉多吃蔬菜
shǎo chī ròu duō chī shūcài

④ 他最近开始对羽毛球感兴趣了。
Tā zuìjìn kāishǐ duì yǔmáoqiú gǎn xìngqù le.

中国文化
Zhōngguó wénhuà

汉字
Hànzì

旅游
lǚyóu

三、模仿例句，用所给的词语，说"把"字句 Follow the example and make some 把 sentences with the given words

例：最近我特别忙，把这件事忘了。
　　Zuìjìn wǒ tèbié máng, bǎ zhè jiàn shì wàng le.

1 钥匙　　丢
　　yàoshi　diū

2 水果　　洗
　　shuǐguǒ　xǐ

3 这件事　告诉
　　zhè jiàn shì　gàosu

4 房间　　打扫
　　fángjiān　dǎsǎo

四、用"除了……还……"回答问题 Answer questions with 除了…… 还……

1 昨天只有你一个人去爬山了吗？
　　Zuótiān zhǐyǒu nǐ yí ge rén qù pá shān le ma?

2 你的汉语说得很好，还会说别的语言吗？
　　Nǐ de Hànyǔ shuō de hěn hǎo, hái huì shuō bié de yǔyán ma?

3 你中午吃了两个苹果吗？
　　Nǐ zhōngwǔ chī le liǎng ge píngguǒ ma?

4 你买汉语词典了吗？
　　Nǐ mǎi Hànyǔ cídiǎn le ma?

5 这学期你们有什么课？
　　Zhè xuéqī nǐmen yǒu shénme kè?

6 这里的什么东西比较便宜？
　　Zhèlǐ de shénme dōngxi bǐjiào piányi?

扩展活动 Extended Activities

一、看图比较 Look and compare

两人分别看着图A和图B（见第212页），向同伴描述图片的内容，听的人应该说出自己的图片和对方不一样的地方。Two students look at picture A and picture B (on Page 212) respectively. Describe to your partner what you see. The listener should tell the differences between the two pictures.

Word bank

滑雪	滑冰	羽毛球	乒乓球
huá xuě	huá bīng	yǔmáoqiú	pīngpāngqiú
skiing	skating	badminton	table tennis

A tip for students

There are many differences between the two pictures. Do not look at your partner's picture until you have finished talking about the pictures.

211

Word bank

滑雪	滑冰	羽毛球	乒乓球
huá xuě	huá bīng	yǔmáoqiú	pīngpāngqiú
skiing	skating	badminton	table tennis

二、游戏：猜运动项目 Game: guess the sport

两人一组，一个人表演，一个人猜。当猜的人提问时，表演的人只能用"是"或"不是"回答。哪个组猜出的多，哪个组获胜。Work in pairs. One student acts and the other student guesses. The student who acts may only answer with 是 or 不是. The group which guesses out more sports items wins.

给教师的提示

您需要事先将所有的运动项目做成大卡片，以便向表演的人出示。

总结与评价　Summary and Evaluation

一、你能说出多少种爱好？你学会介绍自己和别人的爱好了吗？你能与人谈论体育运动了吗？试着写出你知道的所有爱好和体育运动。How many hobbies can you say in Chinese? Have you learned to introduce your and others' hobbies? Can you talk about sports with others now? Try to write down all the hobbies and sports you know.

一般爱好 Hobbies	体育运动 Sports

二、完成任务的自我表现评价。Self-evaluation.

Are you satisfied with your own performance?

Very good good not so good bad

A B C Your willingness to state your opinions

A B C Your willingness to raise your questions

A B C Your enthusiasm to gather useful information

A B C Your willingness to speak Chinese in class

第 14 课

你怎么又来晚了？ (Nǐ zěnme yòu lái wǎn le?)
Why Are You Late Again?

目标 | Objectives

1 复习简单询问原因的语句。Review the expressions of asking for reasons.

2 学习说明原因和结果。Learn to give reasons and tell results.

3 学习简单叙述事情的经过。Learn to briefly describe the process of an event.

准 备 Preparation

1. 根据下面的提示，先准备一下，然后用"为什么"或"怎么"问原因。Make preparations according to the following form. Then ask questions with 为什么 or 怎么.

情况 Situations	怎么问 How to ask
有人不去上课。 Yǒu rén bú qù shàng kè.	
有人没来上课。 Yǒu rén méi lái shàng kè.	
有人睡不着觉。 Yǒu rén shuì bu zháo jiào.	
有人没参加昨天的考试。 Yǒu rén méi cānjiā zuótiān de kǎoshì.	
有人买了衣服又要去换。 Yǒu rén mǎi le yīfu yòu yào qù huàn.	
有人不想吃饭。 Yǒu rén bù xiǎng chī fàn.	
有人没吃饭就睡觉了。 Yǒu rén méi chī fàn jiù shuì jiào le.	

给教师的提示

您需要注意提醒学生用"为什么"和
"怎么"问原因时有什么不同。

214

2. 根据上面表格中的情况，和同伴对话。Make a dialogue with your partner according to the form above.

3. 采访两个同学，了解一下他们学汉语的原因。Interview two classmates and find out why they learn Chinese.

词 语 Words and Expressions

☐ 朗读下列词语，注意发音和词语的意思。Read the following words aloud, pay attention to the pronunciation and the meanings. 🔘 14-01

给教师的提示
课前别忘了提醒学生预习词语。

1 毕业 bìyè graduate	2 专业 zhuānyè major	3 招聘 zhāopìn recruit	4 别提 bié tí don't mention	5 (毕业)生 (bìyè) shēng graduate	6 导师 dǎoshī supervisor	7 劝 quàn persuade
8 博士 bóshì doctor	9 怪 guài blame	10 生病 shēngbìng be ill	11 辅导 fǔdǎo tutor	12 得(病) dé (bìng) get (disease)	12 捂 wǔ cover	14 肚子 dùzi belly
15 赶紧 gǎnjǐn hurry	16 打针 dǎ zhēn give an injection	17 步行街 bùxíngjiē walking street	18 弄 nòng get	19 市场 shìchǎng market	20 经理 jīnglǐ manager	

☐ 从你学过的词语中选择合适的词语进行搭配。Match the words below with the proper words you learned.

专业 zhuānyè	市场 shìchǎng	捂 wǔ	赶紧 gǎnjǐn

句子 Sentences

☐ 听录音，填词语。Listen to the recording and fill in the blanks. 🔘 14-02

1 我的_____不好找工作。

Wǒ de_____bù hǎo zhǎo gōngzuò.

2 你也可以_____别的工作嘛。

Nǐ yě kěyǐ_____bié de gōngzuò ma.

3 你_____又来晚了？

Nǐ_____yòu lái wǎn le?

4 你今天下午不是有_____吗？

Nǐ jīntiān xiàwǔ búshì yǒu_____ma?

5 我们正在学习，她_____觉得不舒服。

Wǒmen zhèngzài xuéxí, tā_____juéde bù shūfu.

6 昨天不是_____了吗？怎么又去了？

Zuótiān búshì_____le ma? Zěnme yòu qù le?

7 今天是为了_____昨天买的东西。

Jīntiān shì wèile_____zuótiān mǎi de dōngxi.

8 摊主一开始不_____给我退。

Tānzhǔ yì kāishǐ bù_____gěi wǒ tuì.

9 _____我找了他们市场的经理。

_____wǒ zhǎo le tāmen shìchǎng de jīnglǐ.

10 他听了我的_____就同意退了。

Tā tīng le wǒ de_____jiù tóngyì tuì le.

☐ 朗读下列句子。Read the following sentences aloud.

1 我的专业不好找工作。

Wǒ de zhuānyè bù hǎo zhǎo gōngzuò.

Finding a job is not easy for my major.

2 你也可以试试别的工作嘛。

Nǐ yě kěyǐ shìshi bié de gōngzuò ma.

You can try other jobs.

3 你怎么又来晚了？

Nǐ zěnme yòu lái wǎn le?

Why are you late again?

4 你今天下午不是有辅导课吗？

Nǐ jīntiān xiàwǔ búshì yǒu fǔdǎo kè ma?

Didn't you have a tutor class this afternoon?

5 我们正在学习，她突然觉得不舒服。

Wǒmen zhèngzài xuéxí, tā tūrán juéde bù shūfu.

She suddenly felt uncomfortable when we were studying.

6 昨天不是去过了吗？怎么又去了？

Zuótiān búshì qù guo le ma? Zěnme yòu qù le?

Hadn't you been there yesterday? Why did you go again?

7 今天是为了退昨天买的东西。

Jīntiān shì wèile tuì zuótiān mǎi de dōngxi.

Today I went to return what I'd bought yesterday.

8 摊主一开始不愿意给我退。

Tānzhǔ yì kāishǐ bú yuànyì gěi wǒ tuì.

The seller was unwilling to accept the return at first.

9 后来我找了他们市场的经理。

Hòulái wǒ zhǎo le tāmen shìchǎng de jīnglǐ.

Then I found their market manager.

10 他听了我的解释就同意退了。

Tā tīng le wǒ de jiěshì jiù tóngyì tuì le.

He agreed to accept the return after hearing my explanation.

□ **看图片，然后和同伴商量他们可能在说什么。** Look at the pictures and then discuss with your partner what they are probably talking about.

①

②

③

情 景 Situations

□ **听两遍录音，根据录音内容判断下列说法是否正确。** Listen to the recording twice and decide whether the following statements are true or false. 🌀 14-03

1 王军今年毕业□   □
     Wáng Jūn jīnnián bìyè.

3 所有的专业找工作都很容易。   □
     Suǒyǒu de zhuānyè zhǎo gōngzuò dōu hěn róngyì.

2 王军找工作很容易。   □
     Wáng Jūn zhǎo gōngzuò hěn róngyì.

4 王军的导师希望他考博士。   □
     Wáng Jūn de dǎoshī xīwàng tā kǎo bóshì.

□ **朗读对话一，注意发音和语气。** Read Dialogue 1 aloud, pay attention to the pronunciation and the tone.

山本： Shānběn:	王军，最近忙什么呢？ Wáng Jūn, zuìjìn máng shénme ne?
王军： Wáng Jūn:	我忙着找工作呢。 Wǒ máng zhe zhǎo gōngzuò ne.
山本： Shānběn:	你不是明年毕业吗？ Nǐ búshi míngnián bìyè ma?
王军： Wáng Jūn:	是啊，可是我的专业不好找工作。 Shì a, kěshì wǒ de zhuānyè bù hǎo zhǎo gōngzuò.
山本： Shānběn:	你去哪儿找工作了？ Nǐ qù nǎr zhǎo gōngzuò le?

王军： 去了好几家招聘会。
Wáng Jūn: Qù le hǎo jǐ jiā zhāopìn huì.

山本： 怎么样？找到了吗？
Shānběn: Zěnmeyàng? Zhǎo dào le ma?

王军： 别提了[1]！都不要学这个
Wáng Jūn: Bié tí le! Dōu bú yào xué zhège

专业的。
zhuānyè de.

山本： 你也可以试试别的工作嘛。
Shānběn: Nǐ yě kěyǐ shì shi bié de gōngzuò ma.

王军： 试过了，也没希望。
Wáng Jūn: Shì guò le, yě méi xīwàng.

山本： 为什么？
Shānběn: Wèi shénme?

王军： 你想想，哪个专业的
Wáng Jūn: Nǐ xiǎngxiang, nǎge zhuānyè de

毕业生也不少啊。
bìyèshēng yě bù shǎo a.

山本： 这几年找工作都不容易。
Shānběn: Zhè jǐ nián zhǎo gōngzuò dōu bù róngyì.

王军： 所以，我的导师劝我考博士。
Wáng Jūn: Suǒyǐ, wǒ de dǎoshī quàn wǒ kǎo bóshì.

山本： 那你是怎么想的？
Shānběn: Nà nǐ shì zěnme xiǎng de?

王军： 我想再找找，实在不行就
Wáng Jūn: Wǒ xiǎng zài zhǎozhao, shízài bù xíng jiù

考博[2]。
kǎo bó.

Yamamoto:	Wang Jun, what have you been busy with recently?
Wang Jun:	I've been busy looking for a job.
Yamamoto:	Aren't you graduating next year?
Wang Jun:	Yes. But finding a job is not easy for my major.
Yamamoto:	How do you look for a job?
Wang Jun:	I went to several recruitment fairs.
Yamamoto:	How did they go? Did you find a job?
Wang Jun:	Don't mention. My major left them cold.
Yamamoto:	You can try other jobs.
Wang Jun:	I did. No use.
Yamamoto:	Why?
Wang Jun:	Just think about it, there are graduates from other majors.
Yamamoto:	It's been a hard time for job-hunting over the recent years.
Wang Jun:	That's why my supervisor persuades me to pursue doctoral studies.
Yamamoto:	What's your idea?
Wang Jun:	I want to have another try. Pursuing doctoral studies will be my last resort.

Tip:

1. 提 means *mention*。别提了 means that the speaker is very displeased with something happened.
2. Here 考博 means *pursue doctoral studies*..

❑ 说一说。Say it.

① 你们国家的大学生和研究生毕业以后找工作容易吗？

Nǐmen guójiā de dàxuéshēng hé yánjiūshēng bìyè yǐhòu zhǎo gōngzuò róngyì ma?

Is it easy for college graduates and postgraduates to get a job in your country?

② 什么样的专业找工作最容易？

Shénme yàng de zhuānyè zhǎo gōngzuò zuì róngyì?

What major is most welcomed?

③ 在你们国家，可以用哪些方式找工作？

Zài nǐmen guójiā, kěyǐ yòng nǎxiē fāngshì zhǎo gōngzuò?

What methods are taken to look for jobs in your country?

④ 你毕业以后，打算找工作还是考研究生?为什么?

Nǐ bìyè yǐhòu, dǎsuàn zhǎo gōngzuò háishi kǎo yánjiūshēng? Wèi shénme?

Do you plan to get a job or pursue further studies after graduation? Why?

听两遍录音，并回答下列问题。Listen to the recording twice and answer the following questions.

🔘 14-04

① 今天谁来晚了？

Jīntiān shuí lái wǎn le?

Who is late today?

② 他今天下午干什么去了？

Tā jīntiān xiàwǔ gàn shénme qù le?

What did he do this afternoon?

③ 他为什么来晚了？

Tā wèi shénme lái wǎn le?

Why is he late?

④ 他的辅导老师怎么了？

Tā de fǔdǎo lǎoshī zěnme le?

What happened to his tutor?

⑤ 他和谁送老师去医院的？

Tā hé shuí sòng lǎoshī qù yīyuàn de?

With whom did he send his tutor to the hospital?

⑥ 现在生病的老师怎么样了？

Xiànzài shēng bìng de lǎoshī zěnmeyàng le?

How is the tutor now?

朗读对话二，注意发音和语气。Read Dialogue 2 aloud, pay attention to the pronunciation and the tone.

玛莎:	欧文，你怎么又来晚了？
Mǎshā:	Ōuwén, nǐ zěnme yòu lái wǎn le?
欧文:	今天可不能怪[1]我，我刚从
Ōuwén:	Jīntiān kě bù néng guài wǒ, wǒ gāng cóng
	医院回来。
	yīyuàn huí lái.
玛莎:	你生病了吗？
Mǎshā:	Nǐ shēng bìng le ma?
欧文:	不是我，是我的辅导老师。
Ōuwén:	Bù shì wǒ, shì wǒ de fǔdǎo lǎoshī.

玛莎: 对了², 你今天下午不是有
Mǎshā: Duì le, nǐ jīntiān xiàwǔ búshì yǒu

辅导课吗?
fǔdǎo kè ma?

欧文: 是啊。我们正在学习,她突然
Ōuwén: Shì a. Wǒmen zhèngzài xuéxí, tā tūrán

觉得不舒服。
juéde bù shūfu.

玛莎: 她得了什么病?
Mǎshā: Tā dé le shénme bìng?

欧文: 不知道。我看到她的脸色不好,
Ōuwén: Bù zhīdào. Wǒ kàn dào tā de liǎnsè bù hǎo,

用手捂着肚子。
yòng shǒu wǔ zhe dùzi.

玛莎: 那赶紧送医院啊!
Mǎshā: Nà gǎnjǐn sòng yīyuàn a!

欧文: 后来我和她的同屋一起把她送
Ōuwén: Hòulái wǒ hé tā de tóngwū yìqǐ bǎ tā sòng

到医院去了。
dào yīyuàn qù le.

玛莎: 现在怎么样了?
Mǎshā: Xiànzài zěnmeyàng le?

欧文: 医生给她打了针,已经好多了。
Ōuwén: Yīshēng gěi tā dǎ le zhēn, yǐjīng hǎo duō le.

Masha:	Irving, why are you late again?
Irving:	Don't blame me this time. I just came back from the hospital.
Masha:	Are you ill?
Irving:	Not me, my tutor.
Masha:	Well, didn't you have a tutor class this afternoon?
Irving:	Yes. She suddenly felt uncomfortable when we were studying.
Masha:	What was wrong with her?
Irving:	I didn't know. I saw that she looked pale and covered her belly with hands.
Masha:	Send her to the hospital!
Irving:	Then her roommate and I took her to the hospital.
Masha:	How is she now?
Irving:	The doctor gave her an injection, and she is now much better.

Tips:

1. Here 怪 means *blame*.

2. 对了 is used in spoken Chinese to indicate that something has just struck the speaker.

❑ 和同伴一起,根据提示说说事情的经过。Work with your partner and talk about what happened according to the given hints.

欧文下午有辅导课。正在上课的时候,欧文……。
Ōuwén xiàwǔ yǒu fǔdǎo kè. Zhèngzài shàng kè de shíhou, Ōuwén....

三

☐ **听两遍录音，并回答下列问题。** Listen to the recording twice and answer the following questions.

💿 14-05

① 今天春香为什么又去步行街了？

Jīntiān Chūnxiāng wèi shénme yòu qù bùxíngjiē le?

Why did Chun Hyang go to the walking street again today?

② 春香为什么去找市场经理？

Chūnxiāng wèi shénme qù zhǎo shìchǎng jīnglǐ?

Why did Chun Hyang look for the market manager?

③ 经理的态度怎么样？

Jīnglǐ de tàidu zěnmeyàng?

What was the manager's attitude?

④ 最后春香的东西退了吗？

Zuìhòu Chūnxiāng de dōngxi tuì le ma?

Did Chun Hyang return her goods?

⑤ 在小市场买东西应该注意什么？

Zài xiǎo shìchǎng mǎi dōngxi yīnggāi zhùyì shénme?

What should you pay attention to when buying things in a small market?

☐ **朗读对话三，注意发音和语气。** Read Dialogue 3 aloud, pay attention to the pronunciation and the tone.

李红: Lǐ Hóng:	春香，你这是去哪儿了？ Chūnxiāng, nǐ zhè shì qù nǎr le?
春香: Chūnxiāng:	我去步行街了。 Wǒ qù bùxíngjiē le.
李红: Lǐ Hóng:	昨天不是去过了吗？ Zuótiān búshi qù guo le ma? 怎么又去了？ Zěnme yòu qù le?
春香: Chūnxiāng:	今天去是为了退昨天买的东西。 Jīntiān qù shì wèile tuì zuótiān mǎi de dōngxi.
李红: Lǐ Hóng:	退了吗？ Tuì le ma?
春香: Chūnxiāng:	摊主一开始不愿意给我退。 Tānzhǔ yì kāishǐ bú yuànyì gěi wǒ tuì.
李红: Lǐ Hóng:	为什么？ Wèi shénme?
春香: Chūnxiāng:	说我是回家后弄坏的。 Shuō wǒ shì huí jiā hòu nòng huài de.

李红：　后来呢？
Lǐ Hóng：　Hòulái ne?

春香：　后来我找了他们市场
Chūnxiāng：　Hòulái wǒ zhǎo le tāmen shìchǎng

的经理。
de jīnglǐ.

李红：　经理怎么说？
Lǐ Hóng：　Jīnglǐ zěnme shuō?

春香：　经理态度很好。他听了我的
Chūnxiāng：　Jīnglǐ tàidu hěn hǎo. Tā tīng le wǒ de

解释就同意退了。
jiěshì jiù tóngyì tuì le.

李红：　下次在小市场买东西，
Lǐ Hóng：　Xià cì zài xiǎo shìchǎng mǎi dōngxi,

一定要好好挑。
yídìng yào hǎohao tiāo.

春香：　是啊。
Chūnxiāng：　Shì a.

Li Hong:	Chun Hyang, where did you go?
Chun Hyang:	I went to the walking street.
Li Hong:	Hadn't you been there yesterday? Why did you go again?
Chun Hyang:	Today I went to return what I'd bought yesterday.
Li Hong:	Did you make it?
Chun Hyang:	The seller was unwilling to accept the return at first.
Li Hong:	Why?
Chun Hyang:	He said I'd broken it myself.
Li Hong:	What happened next?
Chun Hyang:	Then I found their market manager.
Li Hong:	What did the manager say?
Chun Hyang:	The manager was nice. He agreed to accept the return after hearing my explanation.
Li Hong:	Choose carefully next time when you buy things in a small market.
Chun Hyang:	You're right.

Tip:

1. 弄 is often used in spoken Chinese. It can mean many actions which are hard to describe.

❏ 和同伴一起，说说春香去步行街退东西的经过。Work with your partner and talk about Chun Hyang's experience of returning goods in the walking street.

❏ 朗读下面的短文，并模仿短文说一件自己生活中发生的事情。Read the following passage aloud and then imitate the passage to talk about an event happened in your life. 🔘 14-06

　　我昨天买了一双鞋，可是刚穿了一次就坏了。今天我一下课就去退鞋。一开始摊主不愿意给我退，他看了看我的鞋，说我是穿的时候自己不小心弄坏的，不能退。我怎么解释他都不给退。后来我只好去找市场的经理。经理态度很好，他听了我的解释以后，就同意退了。现在，我能用汉语解决(solve)生活中的问题了，你说我的汉语水平是不是又提高了？如果你遇到了这样的问题，你会怎么解决呢？

Wǒ zuótiān mǎi le yì shuāng xié, kěshì gāng chuān le yí cì jiù huài le. Jīntiān wǒ yí xià kè jiù qù tuì xié. Yì kāishǐ tānzhǔ bú yuànyì gěi wǒ tuì, tā kàn le kàn wǒ de xié, shuō wǒ shì chuān de shíhou zìjǐ bù xiǎoxīn nòng huài de, bù néng tuì. Wǒ zěnme jiěshì tā dōu bù gěi tuì. Hòulái wǒ zhǐhǎo qù zhǎo shìchǎng de jīnglǐ. Jīnglǐ tàidu hěn hǎo, tā tīng le wǒ de jiěshì yǐhòu, jiù tóngyì tuì le. Xiànzài, wǒ néng yòng Hànyǔ jiějué shēnghuó zhōng de wèntí le, nǐ shuō wǒ de Hànyǔ shuǐpíng shì bushì yòu tí gāo le? Rúguǒ nǐ yùdào le zhèyàng de wèntí, nǐ huì zěnme jiějué ne?

活动 Activities

一、双人活动 Pair work

看图片，先利用下面的表格准备一下，然后根据图片内容和同伴对话。Look at the pictures, make preparations according to the following form first, and then talk to your partner according to the pictures.

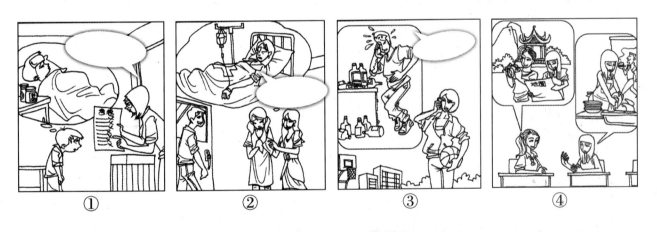

① ② ③ ④

	怎么问 How to ask	怎么说原因 How to explain
图1		
图2		
图3		
图4		

二、小组活动 Group work

1. 3人一组。来这里以后发生过什么事情吗？利用下面的表格先准备一下。然后给同伴说说。Work in groups of three. What has happened to you since you came? Make preparations according to the following form first, and then tell your partner about it.

	具体内容 Details
高兴的事 happy things	
有意思的事 interesting things	
难忘的事 unforgettable things	
生气的事 irritating things	

2. 选择其中的一件事情，按照下面的提示整理一下思路，然后组织一段话向全班汇报。Choose one of the things above, make preparations according to the following hints, and then tell the class your story.

时间
地点
事情怎样开始
事情的结果

给教师的提示
这个部分您也可以留给学生课下
准备，下次上课的时候做。

三、看图编故事并表演 Make up a story according to the pictures and act

①

②

③

④

A tip for students

You may also choose one of your classmates' stories, rewrite it and act it out.

语言练习 Language Focus

一、 朗读下面的句子，注意语气和语调 Read the following sentences aloud, pay attention to the tone and the intonation 🔘 14-07

1. 我忙着找工作呢。
   Wǒ máng zhe zhǎo gōngzuò ne.

2. 别提了！都不要学这个专业的。
   Bié tí le! Dōu bú yào xué zhège zhuānyè de.

3. 你想想，哪个专业的毕业生也不少啊。
   Nǐ xiǎngxiang, nǎge zhuānyè de bìyèshēng yě bù shǎo a.

4. 我想再找找，实在不行就考博。
   Wǒ xiǎng zài zhǎozhao, shízài bù xíng jiù kǎo bó.

5. 今天可不能怪我，我刚从医院回来。
   Jīntiān kě bù néng guài wǒ, wǒ gāng cóng yīyuàn huí lái.

6. 那赶紧送医院啊！
   Nà gǎnjǐn sòng yīyuàn a!

7 昨天不是去过了吗？怎么又去了？
Zuótiān búshi qù guo le ma? Zěnme yòu qù le?

8 下次在小市场买东西，一定要好好挑。
Xià cì zài xiǎo shìchǎng mǎi dōngxi, yídìng yào hǎohao tiāo.

二、替换练习 Substitution exercises

1 我们正在<u>学习</u>，她突然觉得<u>不舒服</u>。
Wǒmen zhèngzài xuéxí, tā tūrán juéde bù shūfu.

上课	肚子疼
shàng kè	dùzi téng
聊天儿	生气了
liáo tiānr	shēng qì le
打篮球	摔倒(fall)了
dǎ lánqiú	shuāi dǎo le

3 今天是为了<u>退</u>昨天买的东西。
Jīntiān shì wèile tuì zuótiān mǎi de dōngxi.

买书
mǎi shū

锻炼身体
duànliàn shēntǐ

练习说汉语
liànxí shuō Hànyǔ

2 昨天不是<u>去</u>过了吗？怎么又<u>去</u>了？
Zuótiān búshi qù guo le ma? Zěnme yòu qù le?

吃	吃
chī	chī
买	买
mǎi	mǎi
学	学
xué	xué

B

①   ②   ③   ④

Word bank		
先	然后	着急
xiān	ránhòu	zháo jí
first	then	worry

三、用"别提了！……"完成下面的对话 Complete the following dialogues with 别提了！……

① A：今天的考试你考得怎么样？
　　Jīntiān de kǎoshì nǐ kǎo de zěnmeyàng?

　B：_____。

② A：昨天的比赛你们赢了吗？
　　Zuótiān de bǐsài nǐmen yíng le ma?

　B：_____。

③ A：假期你能去旅行吗？
　　Jiǎqī nǐ néng qù lǚxíng ma?

　B：_____。

④ A：昨天晚上你们玩儿得高兴吗？
　　Zuótiān wǎnshang nǐmen wánr de gāoxìng ma?

　B：_____。

扩展活动 Extended Activities

一、看图比较 Look and compare

两人分别看着图A和图B（见第226页），向同伴描述图片的内容，听的人应该说出自己的图片和对方不一样的地方。Two students look at picture A and picture B (on Page 226) respectively. Describe to your partner what you see. The listener should tell the differences between the two pictures.

Word bank

先	然后	着急
xiān	ránhòu	zháo jí
first	then	worry

A tip for students

There are many differences between the two pictures. Do not look at your partner's picture until you have finished talking about the pictures.

 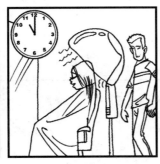  

①　　②　　③　　④

二、游戏：接话讲故事 Game: tell a story in relay

由一个同学开始讲故事，后面的同学必须根据前面的人说的话往下接着讲。每个人都可以随便发挥。One student tells the beginning of a story, the latter students continue the story one after another. Each student may do any way he/she likes.

A tip for students

When it is your turn, you can say whatever you like. But you have to start where the former student leaves off.

Pattern

例如：有一天，……
Lìrú: yǒu yì tiān,……

总结与评价 Summary and Evaluation

一、你学会询问和说明原因了吗？试着写出询问和说明原因的语句。Have you learned to enquire and give reasons? Try to write down the sentences of enquiring and giving reasons.

询问原因的语句 Sentences of enquiring reasons	说明原因的语句 Sentences of giving reasons

二、你能叙述一件事情的经过了吗？试着用"一开始……，后来……"说说你是怎样决定来中国学习的。Can you describe the process of an event? Try to tell how you decided to come to China and learn Chinese with 一开始……，后来…….

三、完成任务的自我表现评价。Self-evaluation.

Are you satisfied with your own performance?

Very good   good   not so good   bad

Your own evaluation

A   B   C   Your willingness to state your opinions

A   B   C   Your willingness to raise your questions

A   B   C   Your enthusiasm to gather useful information

A   B   C   Your willingness to speak Chinese in class

第 15 课

天气和季节 (Tiānqì hé jìjié)
Weather and Seasons

目标 | **Objectives**

1 复习与天气有关的语句。Review phrases and sentences related to weather.
2 学习简单描述天气变化。Learn to briefly describe weather changes.
3 学习简单介绍不同季节。Learn to briefly introduce different seasons.
4 学习照相时的常用语句。Learn the common phrases and sentences used when taking a photo.

准 备 Preparation

1. **和同伴一起模仿例句说说图片中的天气。**Work with your partner, imitate the example to talk about the weather in each picture.

例：今天下雨了，有点儿冷。
Jīntiān xià yǔ le, yǒu diǎnr lěng.

> **Word bank**
>
> 阴天、晴天、刮风、下雨、下雪、冷、热
> yīntiān, qíngtiān, guā fēng, xià yǔ, xià xuě, lěng, rè

2. **现在是什么季节，天气怎么样？** Which season is it now? What is the weather like?

3. 利用下面的表格准备一下，然后和同伴一起说说这几天天气的变化。Make preparations according to the following form, and then talk about the weather changes over the recent days with your partner.

	白天 Daytime	夜里 Night
前天的天气 qiántiān de tiānqì		
昨天的天气 zuótiān de tiānqì		
今天的天气 jīntiān de tiānqì		

词语 Words and Expressions

☐ 朗读下列词语，注意发音和词语的意思。Read the following words aloud, pay attention to the pronunciation and the meanings. 15-01

给教师的提示
课前别忘了提醒学生预习词语。

1 转 zhuǎn wander	2 出门 chū mén go out	3 讨厌 tǎoyàn hate	4 受 shòu bear	5 相反 xiāngfǎn opposite	6 反正 fǎnzhèng anyway	7 适合 shìhé suitable
8 季节 jìjié season	9 雪 xuě snow	10 秋天 qiūtiān autumn	11 海 hǎi sea	12 森林 sēnlín forest	13 景 jǐng view	14 湖 hú lake
15 俩 liǎ two	16 联系 liánxì contact	17 暖和 nuǎnhuo warm	18 度 dù degree	19 预报 yùbào forecast	20 抓紧 zhuā jǐn grasp	21 后面 hòumiàn back
22 合影 héyǐng group picture	23 喊 hǎn shout	24 茄子 qiézi eggplant	25 表情 biǎoqíng facial expression			

☐ 从你学过的词语中选择合适的词语进行搭配。Match the words below with the proper words you learned.

讨厌 tǎoyàn　　适合 héshì　　抓紧 zhuā jǐn　　喊 hǎn

句子 Sentences

☐ **听录音，填词语。** Listen to the recording and fill in the blanks. 💿 15-02

1 春天老_____，真受不了！

Chūntiān lǎo .... , zhēn shòu bu liǎo!

2 夏天快到了，_____会越来越热。

Xiàtiān kuài dào le, ... huì yuè lái yuè rè.

3 还是_____最好，不冷也不热。

Háishi .... zuì hǎo, bù lěng yě bú rè.

4 我夏天去了_____，秋天去了森林_____。

Wǒ xiàtiān qù le .... , qiūtiān qù le sēnlín ....

5 今天你想在哪儿照_____呢？

Jīntiān nǐ xiǎng zài nǎr zhào .... ne?

6 我先回去准备一下，得穿_____点儿。

Wǒ xiān huí qu zhǔnbèi yíxià, děi chuān .... diǎnr.

7 _____说下午有小雨。

.... shuō xiàwǔ yǒu xiǎo yǔ.

8 _____的山和湖能照上吗？

.... de shān hé hú néng zhào shang ma?

9 咱们请人帮咱们照张_____吧。

Zánmen qǐng rén bāng zánmen zhào zhāng .... ba.

10 对不起，您可以_____照一张相吗？

Duìbuqǐ, nín kěyǐ .... zhào yì zhāng xiàng ma?

☐ **朗读句子。** Read the sentences aloud.

1 春天老刮风，真受不了！

Chūntiān lǎo guā fēng, zhēn shòu bu liǎo!

It always blows in spring. Unbearable.

2 夏天快到了，天气会越来越热。

Xiàtiān kuài dào le, tiānqì huì yuè lái yuè rè.

Summer is coming and it'll get hotter and hotter.

3 还是秋天最好，不冷也不热。

Háishi qiūtiān zuì hǎo, bù lěng yě bú rè.

Autumn is the best, because it is neither too cold nor too hot.

4 我夏天去了海边，秋天去了森林公园。

Wǒ xiàtiān qù le hǎi biān, qiūtiān qù le sēnlín gōngyuán.

I went to the seaside in summer and the forest park in autumn.

5 今天你想在哪儿照雪景呢？

Jīntiān nǐ xiǎng zài nǎr zhào xuě jǐng ne?

Where do you want to take pictures of the snow view today?

6 我先回去准备一下，得穿暖和点儿。

Wǒ xiān huí qu zhǔnbèi yíxià, děi chuān nuǎnhuo diǎnr.

I'll go back home to make preparations first. I have to put on more clothes to keep warm.

7 天气预报说下午有小雨。

Tiānqì yùbào shuō xiàwǔ yǒu xiǎo yǔ.

The weather forecast says that it will rain a bit this afternoon.

8 后面的山和湖能照上吗？

Hòumiàn de shān hé hú néng zhào shang ma?

Can you include the mountain and the lake in the back?

9 咱们请人帮咱们照张合影吧。

Zánmen qǐng rén bāng zánmen zhào zhāng héyǐng ba.

Let's ask someone to take a picture of us all.

10 对不起，您可以帮我们照一张相吗？

Duìbuqǐ, nín kěyǐ bāng wǒmen zhào yì zhāng xiàng ma?

Excuse me. Could you take a picture for us?

❏ **看图片，然后和同伴商量他们可能在说什么。** Look at the pictures and then discuss with your partner what they are probably talking about.

Míngtiān tiānqì zěnmeyàng?

Kěyǐ.

情 景 Situations

❏ **听两遍录音，并回答下列问题。** Listen to the recording twice and answer the following questions. 15-03

1 春香想出门吗？为什么？

Chūnxiāng xiǎng chū mén ma? Wèi shénme?

Does Chun Hyang want to go out? Why?

2 春香为什么不喜欢春天？

Chūnxiāng wèi shénme bù xǐhuan chūntiān?

Why doesn't Chun Hyang like spring?

3 春香喜欢冬天吗？为什么？

Chūnxiāng xǐhuan dōngtiān ma? Wèi shénme?

Does Chun Hyang like winter? Why?

4 春香最喜欢哪个季节？为什么？

Chūnxiāng zuì xǐhuan nǎge jìjié? Wèi shénme?

Which season does Chun Hyang like the best? Why?

5 春香觉得秋天最适合干什么？

Chūnxiāng juéde qiūtiān zuì shìhé gàn shénme?

What does Chun Hyang think is the most suitable thing to do in autumn?

☐ **朗读对话一，注意发音和语气。** Read Dialogue 1 aloud, pay attention to the pronunciation and the tone.

玛莎：　春香，咱们出去转转[1]吧，
Mǎshā:　Chūnxiāng, zánmen chū qu zhuǎnzhuan ba,

　　　　一天没出门了。
　　　　yì tiān méi chū mén le.

春香：　风停了吗？我最讨厌刮风了。
Chūnxiāng:　Fēng tíng le ma? Wǒ zuì tǎoyàn guā fēng le.

玛莎：　没停，但是小多了。
Mǎshā:　Méi tíng, dànshì xiǎo duō le.

春香：　春天老[2]刮风，真受不了[3]！
Chūnxiāng:　Chūntiān lǎo guā fēng, zhēn shòu bu liǎo!

　　　　还是夏天好。
　　　　Háishi xiàtiān hǎo.

玛莎：　夏天快到了，天气会越来越热。
Mǎshā:　Xiàtiān kuài dào le, tiānqì huì yuè lái yuè rè.

春香：　我不怕热，有点儿怕冷，所以
Chūnxiāng:　Wǒ bú pà rè, yǒudiǎnr pà lěng, suǒyǐ

　　　　我不喜欢冬天。
　　　　wǒ bù xǐhuan dōngtiān.

玛莎：　我和你正好相反，我怕热，
Mǎshā:　Wǒ hé nǐ zhènghǎo xiāngfǎn, wǒ pà rè,

　　　　不怕冷。
　　　　bú pà lěng.

春香：　你们那儿的夏天挺凉快的，是吧？
Chūnxiāng:　Nǐmen nàr de xiàtiān tǐng liángkuai de, shì ba?

玛莎：　反正[4]比这儿凉快多了。
Mǎshā:　Fǎnzhèng bǐ zhèr liángkuai duō le.

春香：　还是秋天最好，不冷也不热。
Chūnxiāng:　Háishi qiūtiān zuì hǎo, bù lěng yě bú rè.

玛莎：　是啊，而且风景也特别好。
Mǎshā:　Shì a, érqiě fēngjǐng yě tèbié hǎo.

春香：　你喜欢照相吗？
Chūnxiāng:　Nǐ xǐhuan zhào xiàng ma?

玛莎：　还可以，我特别喜欢旅行。
Mǎshā:　Hái kěyǐ, wǒ tèbié xǐhuan lǚxíng.

春香：　秋天是最适合旅行的季节。
Chūnxiāng:　Qiūtiān shì zuì shìhé lǚxíng de jìjié.

Masha: Chun Hyang, let's go out for a walk. We have been indoor for whole day.

Chun Hyang: Has it stopped blowing? I hate it when it blows.

Masha: Not yet, but better.

Chun Hyang: It always blows in spring. Unbearable. Summer is better.

Masha: Summer is coming and it'll get hotter and hotter.

Chun Hyang: I'm not afraid of hot, but a bit afraid of cold, that's why I don't like winter.

Masha: I'm just the opposite. I'm afraid of hot, not cold.

Chun Hyang: It is cool in your country in summer, isn't it?

Masha: Anyway, it is much cooler than here.

Chun Hyang: Autumn is the best, because it is neither too cold nor too hot.

Masha: You are right. The scenery is especially wonderful.

Chun Hyang: Do you like taking pictures?

Masha: Yes. I especially like travelling.

Chun Hyang: Autumn is the best season to travel.

Tips:
1. Here 转转 means to wander without a purpose.
2. Here 老 means *always*.
3. 受不了 means *can't bear*, its affirmative form is 受得了.
4. Here 反正 indicates that although the situation is different, the result is the same.

☐ 根据对话内容准备一下，然后用春香的口吻说说季节。Make preparations based on Dialogue 1 and talk about seasons from Chun Hyang's perspective.

季节 Seasons	春香的感觉 Chun Hyang's Feelings
春天 chūntiān	
夏天 xiàtiān	
秋天 qiūtiān	
冬天 dōngtiān	

☐ 说一说。Say it.

① 你喜欢这里现在的天气吗？为什么？

Nǐ xǐhuan zhèlǐ xiànzài de tiānqì ma? Wèi shénme?

Do you like the present weather here? Why?

② 你的家乡现在天气怎么样？

Nǐ de jiāxiāng xiànzài tiānqì zěnmeyàng?

What's the weather like in your hometown now?

☐ 听两遍录音，并回答下列问题。Listen to the recording twice and answer the following questions. 15-04

① 他们为什么想出去照相？

Tāmen wèi shénme xiǎng chū qu zhào xiàng?

Why do they want to go out for pictures?

② 春香夏天和秋天去了哪儿？

Chūnxiāng xiàtiān hé qiūtiān qù le nǎr?

Where did Chun Hyang go in summer and autumn?

③ 今天春香想在哪儿照雪景？

Jīntiān Chūnxiāng xiǎng zài nǎr zhào xuě jǐng?

Where does Chun Hyang want to take pictures of the snow view today?

④ 今天他们和谁一起去照相？

Jīntiān tāmen hé shuí yìqǐ qù zhào xiàng?

With whom do they take pictures today?

⑤ 他们打算什么时候去照相？

Tāmen dǎsuàn shénme shíhou qù zhào xiàng?

When do they plan to take pictures?

☐ **朗读对话二，注意发音和语气。** Read Dialogue 2 aloud pay attention to the pronunciation and the tone.

李红: 下雪了，下午咱们出去照相吧！
Lǐ Hóng: Xià xuě le, xiàwǔ zánmen chū qu zhào xiàng ba!

春香: 好啊，这是今年的第一场[1]雪。
Chūnxiāng: Hǎo a, zhè shì jīnnián de dì yī chǎng xuě.

李红: 夏天和秋天的照片都有了吗？
Lǐ Hóng: Xiàtiān hé qiūtiān de zhàopiàn dōu yǒu le ma?

春香: 有了。我夏天去了海边[2]，秋天去
Chūnxiāng: Yǒu le. Wǒ xiàtiān qù le hǎi biān, qiūtiān qù

了森林公园。
le sēnlín gōngyuán.

李红: 那一定照了不少好照片吧？
Lǐ Hóng: Nà yídìng zhào le bù shǎo hǎo zhàopiàn ba?

春香: 我妈妈看了照片也想来玩儿呢。
Chūnxiāng: Wǒ māma kàn le zhàopiàn yě xiǎng lái wánr ne.

李红: 春香，今天你想在哪儿照雪景呢？
Lǐ Hóng: Chūnxiāng, jīntiān nǐ xiǎng zài nǎr zhào xuě jǐng ne?

春香: 我听说湖边的雪景特别美。
Chūnxiāng: Wǒ tīngshuō hú biān de xuě jǐng tèbié měi.

李红: 好，那咱们就去湖边。
Lǐ Hóng: Hǎo, nà zánmen jiù qù hú biān.

春香: 只有咱们俩吗？人多一点儿更
Chūnxiāng: Zhǐyǒu zánmen liǎ ma? Rén duō yìdiǎnr gèng

有意思。
yǒu yìsi.

李红: 那就叫大家一起去，怎么样？
Lǐ Hóng: Nà jiù jiào dàjiā yìqǐ qù, zěnmeyàng?

春香: 好啊！
Chūnxiāng: Hǎo a!

李红: 我这就[3]打电话和他们联系。
Lǐ Hóng: Wǒ zhè jiù dǎ diànhuà hé tāmen liánxì.

春香: 我先回去准备一下，得穿暖和点儿。
Chūnxiāng: Wǒ xiān huí qu zhǔnbèi yíxià, děi chuān nuǎnhuo diǎnr.

李红: 对。下午见！
Lǐ Hóng: Duì. Xiàwǔ jiàn!

Li Hong: It is snowing. Let's go out to take pictures this afternoon!

Chun Hyang: Sounds great. It is the first snow this year.

Li Hong: Do you have summer and autumn pictures already?

Chun Hyang: Yes. I went to the seaside in summer and the forest park in autumn.

Li Hong: You must've taken a lot of good pictures.

Chun Hyang: My mother wanted to go there when she saw the pictures.

Li Hong: Chun Hyang, where do you want to take pictures of the snow view today?

Chun Hyang: I hear that the snow view is especially beautiful around the lake.

Li Hong: Let's go there then.

Chun Hyang: Only the two of us? It will be more interesting to have more people.

Li Hong: Let's ask everybody to go, what do you say?

Chun Hyang: Great!

Li Hong: I'll call them immediately.

Chun Hyang: I'll go back home to make preparations first. I have to put on more clothes to keep warm.

Li Hong: OK. See you in the afternoon!

Tips:

1. 场 is a measure word and it is used in a process of an event, such as 一场电影 and 一场雨.

2. Here 边 means *edge*, e.g. 湖边, 河边, etc.

3. In spoken Chinese, the combination of 这 and 就 means *immediately*.

235

☐　说一说。Say it.

1 你喜欢照相吗？喜欢照人还是照风景？

Nǐ xǐhuan zhào xiàng ma? Xǐhuan zhào rén háishi zhào fēngjǐng?

Do you like taking pictures? Do you like taking pictures of people or views?

2 你喜欢在什么地方照相？

Nǐ xǐhuan zài shénme dìfang zhào xiàng?

Where do you like to take pictures?

3 你觉得春、夏、秋、冬，什么时候照相最好？

Nǐ juéde chūn, xià, qiū, dōng, shénme shíhou zhào xiàng zuì hǎo?

Which season do you think is the best to take pictures?

三

☐　**听两遍录音，根据录音内容判断下列说法是否正确。** Listen to the recording twice and decide whether the following statements are true or false. 🔊 15-05

1 今天天气不太热。　☐

Jīntiān tiānqì bú tài rè.

2 天气预报说，今天下午有大雨。☐

Tiānqì yùbào shuō, jīntiān xiàwǔ yǒu dà yǔ.

3 他们正在照相。　☐

Tāmen zhèngzài zhào xiàng.

4 那里的风景不太好，没有山和湖。　☐

Nàlǐ de fēngjǐng bú tài hǎo, méiyǒu shān hé hú.

5 照相的时候说茄子，表情很好。　☐

Zhào xiàng de shíhou shuō qiézi, biǎoqíng hěn hǎo.

☐　**朗读对话三，注意发音和语气。** Read Dialogue 3 aloud, pay attention to the pronunciation and the tone.

（在公园）
(zài gōngyuán)

玛莎：　今天挺舒服的，多少度？
Mǎshā:　Jīntiān tǐng shūfu de, duōshao dù?

王军：　32度。天气预报说下午有小雨。
Wáng Jūn:　Sānshí'èr dù. Tiānqì yùbào shuō xiàwǔ yǒu xiǎo yǔ.

春香：　那咱们抓紧时间多照几张。
Chūnxiāng:　Nà zánmen zhuā jǐn shíjiān duō zhào jǐ zhāng.

王军：　你们俩站在那儿，我给你们照一张。
Wáng Jūn:　Nǐmen liǎ zhàn zài nǎr, wǒ gěi nǐmen zhào yì zhāng.

玛莎：　后面的山和湖能照上吗？
Mǎshā:　Hòumiàn de shān hé hú néng zhào shang ma?

(in the park)

Masha:　It feels comfortable today. What's the temperature?

Wang Jun:　32 degrees. The weather forecast says that it will rain a bit this afternoon.

Chun Hyang:　Let's make most of the time for a few more pictures.

Wang Jun:　You two stand there and I'll take a picture of you.

Masha:　Can you include the mountain and the lake in the back?

王军: 可以。你们再往前一点儿。
Wáng Jūn: Kěyǐ. Nǐmen zài wǎng qián yìdiǎnr.

春香: 这儿的风景不错，咱们请[1]人
Chūnxiāng: Zhèr de fēngjǐng búcuò, zánmen qǐng rén

帮咱们照张合影吧。
bāng zánmen zhào zhāng héyǐng ba.

王军: 好的，就请那个小伙子吧。
Wáng Jūn: Hǎo de, jiù qǐng nàge xiǎohuǒzi ba.

（对小伙子）
(duì xiǎohuǒzi)

玛莎: 对不起，您可以帮我们照
Mǎshā: Duìbuqǐ, nín kěyǐ bāng wǒmen zhào

一张相吗？
yì zhāng xiàng ma?

小伙子: 可以。我说"一、二、三"
xiǎohuǒzi: Kěyǐ. Wǒ shuō "yī, èr, sān"

你们一起喊"茄子！"
nǐmen yìqǐ hǎn "qiézi!"

春香: 说"茄子"的时候表情好，是吗？
Chūnxiāng: Shuō "qiézi" de shíhou biǎoqíng hǎo, shì ma?

王军: 对。听说每个国家都有这样的办法。
Wáng Jūn: Duì. Tīngshuō měi ge guójiā dōu yǒu zhèyàng de bànfǎ.

春香: 是的，我们韩国也有。
Chūnxiāng: Shì de, wǒmen Hánguó yě yǒu.

玛莎: 快点儿站好，要照了。
Mǎshā: Kuài diǎnr zhàn hǎo, yào zhào le.

小伙子: 一、二、三！
xiǎohuǒzi: Yī, èr, sān!

三人: 茄——子——！
sān rén: Qié——zi——!

Wang Jun: Yes. You guys move forward a little bit.
Chun Hyang: The scenery here is wonderful. Let's ask someone to take a picture of us all.
Wang Jun: OK. Let's ask that young man.
(to the young man)
Masha: Excuse me. Could you take a picture for us?
Young man: OK. Say "cheese" together after I say "one, two, and three".
Chun Hyang: We have good looks on our faces when saying "cheese", right?
Wang Jun: Yes. I heard that every country has a similar way.
Chun Hyang: Yes. True in Korea.
Masha: Get ready, he's going to take the picture.
Young man: One, two and three!
The three: Cheese!

Tip:
1. Here 请 is used to make a request.

□ 说一说。Say it.

① 山、水、花、树，你喜欢什么样的风景？
Shān, shuǐ, huā, shù, nǐ xǐhuan shénmeyàng de fēngjǐng?
Which kind of view do you like, mountains, waters, flowers, or trees?

② 在你们国家，人们照相的时候为了表情好一般会说什么？
Zài nǐmen guójiā, rénmen zhào xiàng de shíhou wèile biǎoqíng hǎo yìbān huì shuō shénme?
What do people say to present a better look when taking pictures in your country?

③ 如果你想请别人帮你照相，你会怎么说？

　　Rúguǒ nǐ xiǎng qǐng biérén bāng nǐ zhào xiàng, nǐ huì zěnme shuō?

　　What would you say if you want to ask someone to help you take a picture?

④ 如果有人请你帮他们照相，你会怎么做？

　　Rúguǒ yǒu rén qǐng nǐ bāng tāmen zhào xiàng, nǐ huì zěnme zuò?

　　What would you do if someone asks you to help them take a picture?

☐ **朗读下面的短文，并模仿短文说说你家乡和这里有什么不同，并简单介绍你喜欢的季节。** Read the following passage aloud and then imitate the passage to talk about the differences between your hometown and here. Then briefly introduce the seasons you like. 🔘 15-06

> 　　我的家乡和中国一样，有四个季节。但是冬天没有中国冷，夏天比中国还要热一些。因为我怕热，所以除了夏天以外，其他 (other) 三个季节我都很喜欢，特别是春天和秋天。
>
> 　　我们那儿的春天一般3月就开始了，天气一天比一天暖和，我常和朋友们一起去郊外 (suburb) 玩儿。10月，秋天就到了。秋天的时候，天气越来越凉快。山上的树也从绿变 (turn) 红，然后又变成 (turn) 黄色，真的美 (beautiful) 极了。我特别喜欢在秋天出去照相。
>
> 　　你喜欢哪个季节？
>
> 　　Wǒ de jiāxiāng hé Zhōngguó yíyàng, yǒu sì ge jìjié. Dànshì dōngtiān méiyǒu Zhōngguó lěng, xiàtiān bǐ Zhōngguó hái yào rè yìxiē. Yīnwèi wǒ pà rè, suǒyǐ chúle xiàtiān yǐwài, qítā sān ge jìjié wǒ dōu hěn xǐhuan, tèbié shì chūntiān hé qiūtiān.
>
> 　　Wǒmen nàr de chūntiān yìbān sān yuè jiù kāishǐ le, tiānqì yì tiān bǐ yì tiān nuǎnhuo, wǒ cháng hé péngyou men yìqǐ qù jiāowài wánr. Shí yuè, qiūtiān jiù dào le. Qiūtiān de shíhou, tiānqì yuè lái yuè liángkuai. Shān shàng de shù yě cóng lǜ biàn hóng, ránhòu yòu biàn chéng huángsè, zhēn de měi jí le. Wǒ tèbié xǐhuan zài qiūtiān chū qu zhào xiàng.
>
> 　　Nǐ xǐhuan nǎge jìjié?

活 动 Activities

一、单人活动 Individual activity

看图片，试着说说中国北方四个季节的天气变化，小词库里的词语可以帮助你表达。
Look at the pictures and try to tell the weather changes between the four seasons in north China. The words in the word bank may help you.

Word bank

薄	厚	树	树叶
bāo	hòu	shù	shùyè
thin	thick	tree	leaf

　　　　　　　　　　①　　　　　　　　　　　　②

③

④

给教师的提示
您可以选几个同学说说他们的看法，达到全班交流的目的。

二、小组活动 Group work

1. **全班分为春、夏、秋、冬四组，从下面的四个方面分别准备每个季节的特点。** Divide the class into four groups representing spring, summer, autumn and winter. Each group works on its season's features from the following four aspects.

A tip for students

You can prepare more sentences.

> ① 天气
> ② 风景
> ③ 吃
> ④ 玩儿

2. **重新分组，每组由春、夏、秋、冬四人组成。比较四个季节有什么不同。** Regroup. Each group consists of four students representing spring, summer, autumn and winter respectively. Compare the differences between the four seasons.

三、双人活动 Pair work

1. **利用下面的表格准备一下，然后了解一下你的同伴家乡的情况。** Make preparations according to the following form and then get to know about your partners' hometown.

季节 jìjié	天气怎么样 tiānqì zěnmeyàng	人们穿什么 rénmen chuān shénme	人们喜欢做什么 rénmen xǐhuan zuò shénme
春天 chūntiān			
夏天 xiàtiān			
秋天 qiūtiān			
冬天 dōngtiān			

2. **两人一起比较你们的家乡有什么不同，并组织一段话给大家介绍。** The two of you compare your hometowns and then make up a paragraph and introduce to the class.

语言练习 Language Focus

一、朗读下面的句子，注意语气和语调 Read the following sentences aloud, pay attention to the tone and the intonation 🔘 15-07

1. 春香，咱们出去转转吧。
   Chūnxiāng, zánmen chū qu zhuànzhuan ba.

2. 春天老刮风，真受不了！
   Chūntiān lǎo guā fēng, zhēn shòu bu liǎo!

3. 反正比这儿凉快多了。
   Fǎnzhèng bǐ zhèr liángkuai duō le.

4. 下雪了，下午咱们出去照相吧！
   Xià xuě le, xiàwǔ zánmen chū qu zhào xiàng ba!

5. 好，那咱们就去湖边。
   Hǎo, nà zánmen jiù qù hú biān.

6. 对不起，您可以帮我们照一张相吗？
   Duìbuqǐ, nín kěyǐ bāng wǒmen zhào yì zhāng xiàng ma?

7. 快点儿站好，要照了。
   Kuài diǎnr zhàn hǎo, yào zhào le.

二、替换练习 Substitution exercises

1. 春天老　　　刮风，真受不了！
   Chūntiān lǎo guā fēng, zhēn shòu bu liǎo!

这个地方 Zhège dìfang	下雨 xià yǔ
他 Tā	迟到 chídào
我朋友 Wǒ péngyou	点这个菜 diǎn zhège cài

2. 反正比这儿凉快多了。
   Fǎnzhèng bǐ zhèr liángkuai duō le.

   这件便宜 zhè jiàn piányi
   这里暖和 zhèlǐ nuǎnhuo
   这个好 zhège hǎo

3. 咱们出去转转吧，　　　一天没出门了。
   Zánmen chū qu zhuànzhuan ba, yìtiān méi chū mén le.

晚饭后在外面 wǎnfàn hòu zài wàimiàn	对身体很好 duì shēntǐ hěn hǎo
去商场 qù shāngchǎng	买点儿水果 mǎi diǎnr shuǐguǒ
去公园 qù gōngyuán	风景很好 fēngjǐng hěn hǎo

三、用 "这就……" 完成下面的对话 Complete the following dialogues with 这就……

① A：下来吧。我到你楼下了。
　　Xià lai ba. Wǒ dào nǐ lóu xià le.

　 B：_____。

② A：服务员，我们的菜怎么还没来？
　　Fúwùyuán, wǒmen de cài zěnme hái méi lái?

　 B：_____。

③ A：你打算什么时候回宿舍？
　　Nǐ dǎsuàn shénme shíhou huí sùshè?

　 B：_____。

④ A：昨天你没告诉她吗？
　　Zuótiān nǐ méi gàosu tā ma?

　 B：_____。

扩展活动 Extended Activities

一、看图比较 Look and compare

两人分别看着图A和图B（见第242页），向同伴描述图片的内容，听的人应该说出自己的图片和对方不一样的地方。 Two students look at picture A and picture B (on Page 242) respectively. Describe to your partner what you see. The listener should tell the differences between the two pictures.

A tip for students

There are many differences between the two pictures. Do not look at your partner's picture until you have finished talking about the pictures.

Ⓐ

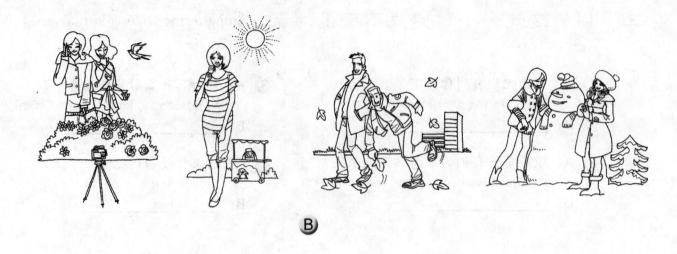

B

二、游戏：有话要说 Game: I have something to say

每人从老师的词语盒子里拿一个词，然后迅速说出这个词语和某个季节的关系。例如，你拿到了"药"，你可以说"冬天很冷，容易感冒，感冒了就要吃药。" Each student picks up a word from the teacher's word box, and then rapidly tells the relation between the word and a season. For example, if you pick up "药", you can say "冬天很冷，容易感冒，感冒了就要吃药。"

Word bank

风	雪	绿	黄	饭	感冒……
fēng	xuě	lǜ	huáng	fàn	gǎnmào
wind	snow	green	yellow	food	cold…

给教师的提示
您可以根据学生人数，从学过的词语中挑选一些可以和季节或天气发生关系的词语。

总结与评价 | Summary and Evaluation

一、你学会简单描述天气变化了吗？你能说出四个季节的天气特点了吗？复习一下可以描述不同季节的词语，并针对每个季节用"越来越"说一个句子。Have you learned to briefly describe weather changes? Can you tell each season's features? Review the words which can describe different seasons and use 越来越 to make a sentence to describe each season.

春天 chūntiān	夏天 xiàtiān	秋天 qiūtiān	冬天 dōngtiān

二、完成任务的自我表现评价。Self-evaluation.

Are you satisfied with your own performance?

Very good   good   not so good   bad

Your own evaluation

A   B   C   Your willingness to state your opinions

A   B   C   Your willingness to raise your questions

A   B   C   Your enthusiasm to gather useful information

A   B   C   Your willingness to speak Chinese in class

第 16 课

我的家乡 (Wǒ de jiāxiāng)

My Hometown

目标 | **Objectives**

1 复习与季节有关的语句。Review phrases and sentences related to seasons.

2 学习比较两个地方的不同特点。Learn to compare the characteristics of two places.

3 学习简单介绍一个地方。Learn to briefly introduce a place.

准 备 Preparation

1. **你先准备一下，然后和同伴聊聊四季的特点。**Make preparations first and then talk about the four seasons' characteristics with your partner.

	特点 Characteristics	可以安排的活动 Doable activities
春天 chūntiān		
夏天 xiàtiān		
秋天 qiūtiān		
冬天 dōngtiān		

2. **现在是什么季节？说说现在世界不同地区的天气情况。如果现在你有10天的假期，你打算去哪儿旅游？为什么？**What season is it now? Talk about the weather in different regions of the world. If you had a 10-day holiday, where would you want to travel? Why?

词语 Words and Expressions

❏ 朗读下列词语，注意发音和词语的意思。Read the following words aloud, pay attention to the pronunciation and the meanings. 🔊16-01

给教师的提示
课前别忘了提醒学生预习词语。

1 城市 chéngshì city	**2** 家乡 jiāxiāng hometown	**3** 气候 qìhòu climate	**4** 金 jīn golden	**5** 片 piàn everywhere	**6** 红 hóng red	**7** 尝 cháng taste
8 草原 cǎoyuán prairie	**9** 当时 dāngshí at that time	**10** 场 chǎng time	**11** 凉 liáng cool	**12** 赶 gǎn happen to	**13** 点 diǎn point	**14** 圆 yuán round
15 浪漫 làngmàn romantic	**16** 特色 tèsè uniqueness	**17** 外地 wàidì other places	**18** 调查 diàochá investigate	**19** 尤其 yóuqí especially	**20** 四季如春 sìjìrúchūn all-year-long spring-like	
21 少数民族 shǎoshù mínzú minority	**22** 小吃 xiǎochī snack	**23** 吸引 xīyǐn attract	**24** 雪山 xuěshān snow mountain	**25** 美慕 xiànmù admire		
专有名词 Proper nouns	**26** 内蒙古 Nèiměnggǔ Inner Mongolia	**27** 蒙古包 měnggǔbāo Mongolian yurt	**28** 玉龙雪山 Yùlóng Xuěshān Yulong Snow Mountain	**29** 云南 Yúnnán Yunnan		

❏ 从你学过的词语中选择合适的词语进行搭配。Match the words below with the proper words you learned.

吸引 xīyǐn

美慕 xiànmù

调查 diàochá

一片 yí piàn

句 子 Sentences

☐ **听录音，填词语。** Listen to the recording and fill in the blanks. 🔘 16-02

1. 这儿和你的_____有什么不同？
   Zhèr hé nǐ de _____ yǒu shénme bù tóng?

2. （我的家乡）夏天比这儿凉快，冬天_____冷。
   (Wǒ de jiāxiāng) xiàtiān bǐ zhèr liángkuai, dōngtiān _____ lěng.

3. 这儿的秋天是一片金色，我们_____是一片红色。
   Zhèr de qiūtiān shì yí piàn jīn sè, wǒmen _____ shì yí piàn hóngsè.

4. _____习惯跟这里也有很多不同吧？
   _____ xíguàn gēn zhèlǐ yě yǒu hěn duō bù tóng ba?

5. 草原上早晚都比较凉，要是_____下雨，还真有点儿冷呢。
   Cǎoyuán shang zǎo wǎn dōu bǐjiào liáng, yàoshi _____ xià yǔ, hái zhēn yǒudiǎnr lěng ne.

6. 有机会你也去内蒙古看看吧，那是个很有_____的地方。
   Yǒu jīhuì nǐ yě qù Nèiménggǔ kànkan ba, nà shì ge hěn yǒu _____ de dìfang.

7. 我去过云南，_____非常喜欢那个地方。
   Wǒ qù guo Yúnnán, _____ fēicháng xǐhuan nàge dìfang.

8. 那儿的_____又多又好吃。
   Nàr de _____ yòu duō yòu hǎo chī.

9. 最_____我的还是那儿的风景。
   Zuì _____ wǒ de háishi nàr de fēngjǐng.

☐ **朗读下列句子。** Read the following sentences aloud.

1. 这儿和你的家乡有什么不同？
   Zhèr hé nǐ de jiāxiāng yǒu shénme bù tóng?
   How is it different from your hometown?

2. （我的家乡）夏天比这儿凉快，冬天比较冷。
   (Wǒ de jiāxiāng) xiàtiān bǐ zhèr liángkuai, dōngtiān bǐjiào lěng.
   (In my hometown) it is cooler in summer and colder in winter.

3. 这儿的秋天是一片金色，我们那儿是一片红色。
   Zhèr de qiūtiān shì yí piàn jīn sè, wǒmen nàr shì yí piàn hóngsè.
   It is golden everywhere here in autumn, while it is red at our place.

246

④ 生活习惯跟这里也有很多不同吧？

Shēnghuó xíguàn gēn zhèlǐ yě yǒu hěn duō bù tóng ba?

Living habits are very different, right?

⑤ 草原上早晚都比较凉，要是赶上下雨，还真有点儿冷呢。

Cǎoyuán shang zǎo wǎn dōu bǐjiào liáng, yàoshi gǎn shàng xià yǔ, hái zhēn yǒudiǎnr lěng ne.

It is rather cool in the morning and at night on a prairie. If it happens to rain, it is a little cold.

⑥ 有机会你也去内蒙古看看吧，那是个很有特色的地方。

Yǒu jīhuì nǐ yě qù Nèiměnggǔ kànkan ba, nà shì ge hěn yǒu tèsè de dìfang.

You should visit Inner Mongolia when you have a chance. That is a unique place.

⑦ 我去过云南，而且非常喜欢那个地方。

Wǒ qù guo Yúnnán, érqiě fēicháng xǐhuan nàge dìfang.

I've been to Yunnan and I like it very much.

⑧ 那儿的小吃又多又好吃。

Nàr de xiǎochī yòu duō yòu hǎo chī.

There are many delicious snacks.

⑨ 最吸引我的还是那儿的风景。

Zuì xīyǐn wǒ de háishi nàr de fēngjǐng.

What attracts me the most is the scenery there.

❑ **看图片，然后和同伴商量他们可能在说什么。** Look at the pictures and then discuss with your partner what they are probably talking about.

情 景 Situations

☐ **听两遍录音，并回答下列问题**。Listen to the recording twice and answer the following questions. 🔘 16-03

(1) 山本的家乡气候和这儿有什么不同？

Shānběn de jiāxiāng qìhòu hé zhèr yǒu shénme bù tóng?

What are the climatic differences between Yamamoto's hometown and here?

(2) 山本的家乡风景和这儿有什么不同？

Shānběn de jiāxiāng fēngjǐng hé zhèr yǒu shénme bù tóng?

What are the scenic differences between Yamamoto's hometown and here?

(3) 山本的家乡生活习惯和这儿有什么不同？

Shānběn de jiāxiāng shēnghuó xíguàn hé zhèr yǒu shénme bù tóng?

What are the differences of living habits between Yamamoto's hometown and here?

☐ **朗读对话一，注意发音和语气**。Read Dialogue 1 aloud, pay attention to the pronunciation and the tone.

李红 Lǐ Hóng:	山本，你喜欢这个城市吗？ Shānběn, nǐ xǐhuan zhège chéngshì ma?
山本： Shānběn:	很喜欢。 Hěn xǐhuan.
李红： Lǐ Hóng:	这儿和你的家乡有什么不同？ Zhèr hé nǐ de jiāxiāng yǒu shénme bù tóng?
山本： Shānběn:	主要是气候不同。 Zhǔyào shì qìhòu bù tóng.
李红： Lǐ Hóng:	你们那儿有几个季节？ Nǐmen nàr yǒu jǐ ge jìjié?
山本： Shānběn:	虽然也有四个季节，但是夏天比这儿凉快，冬天比较冷。 Suīrán yě yǒu sì ge jìjié, dànshì xiàtiān bǐ zhèr liángkuai, dōngtiān bǐjiào lěng.
李红： Lǐ Hóng:	风景也不同吧？ Fēngjǐng yě bù tóng ba?
山本： Shānběn:	当然[1]。这儿的秋天是一片金色，我们那儿是一片红色。 Dāngrán. Zhèr de qiūtiān shì yí piàn jīn sè, wǒmen nàr shì yí piàn hóngsè.

都很美。
Dōu hěn měi.

李红:　除了气候和风景，还有什么
Lǐ Hóng:　Chúle qìhòu hé fēngjǐng, hái yǒu shénme

不同？
bù tóng?

山本:　我们那儿人比较少，但是
Shānběn:　Wǒmen nàr rén bǐjiào shǎo, dànshì

这儿的人多，也热闹。
zhèr de rén duō, yě rènao.

李红:　生活习惯跟这里也有很多
Lǐ Hóng:　Shēnghuó xíguàn gēn zhèlǐ yě yǒu hěn duō

不同吧？
bù tóng ba?

山本:　对。日本人喜欢吃鱼。做鱼的
Shānběn:　Duì. Rìběnrén xǐhuan chī yú. Zuò yú de

方法也很多。
fāngfǎ yě hěn duō.

李红:　我最爱吃鱼了。
Lǐ Hóng:　Wǒ zuì ài chī yú le.

山本:　那有机会你应该去日本尝尝
Shānběn:　Nà yǒu jīhuì nǐ yīnggāi qù Rìběn chángchang

那儿的鱼。
nàr de yú.

Li Hong:	Yamamoto, do you like this city?
Yamamoto:	Very much.
Li Hong:	How is it different from your hometown?
Yamamoto:	Mainly it's the climate.
Li Hong:	How many seasons are there in your hometown?
Yamamoto:	Also four, but it is cooler in summer and colder in winter.
Li Hong:	Is the scenery different?
Yamamoto:	Certainly. It is golden everywhere here in autumn, while it is red at our place. Both are beautiful.
Li Hong:	Are there any other differences?
Yamamoto:	There are fewer people in my hometown, but there are many people here and it is bustling.
Li Hong:	Living habits are very different, right?
Yamamoto:	Yes. Japanese people like eating fish and there are many ways to cook fish.
Li Hong:	I like eating fish the best.
Yamamoto:	You should go to Japan for the fish there when you have a chance.

Tip:
1. Here 当然 indicates that it is reasonable, beyond question.

❑　说一说。Say it.

① 和同伴一起说说山本的家乡。

Hé tóngbàn yìqǐ shuōshuo Shānběn de jiāxiāng.

Talk about Yamamoto's hometown with your partner.

② 你想去山本的家乡旅行吗？为什么？

Nǐ xiǎng qù Shānběn de jiāxiāng lǚxíng ma? Wèi shénme?

Do you want to travel in Yamamoto's hometown? Why?

③ 你的家乡和山本的家乡在哪些方面不同？有什么不同？

Nǐ de jiāxiāng hé Shānběn de jiāxiāng zài nǎxiē fāngmiàn bù tóng? Yǒu shénme bù tóng?

From what aspects are your hometown and Yamamoto's hometown different? What are the differences?

二

☐ **听两遍录音，根据录音内容判断下列说法是否正确。** Listen to the recording twice and decide whether the following statements are true or false. 🔘16-04

1 王军是春天去的内蒙古草原。 ☐
　　Wáng Jūn shì chūntiān qù de Nèiměnggǔ cǎoyuán.

3 照片上的小白点都是白云。 ☐
　　Zhàopiàn shàng de xiǎo bái diǎn dōu shì bái yún.

2 因为刚下过大雨，所以有点儿冷。 ☐
　　Yīnwèi gāng xià guo dà yǔ, suǒyǐ yǒudiǎnr lěng.

4 夏天去内蒙古草原最好。 ☐
　　Xiàtiān qù Nèiměnggǔ cǎoyuán zuì hǎo.

☐ **朗读对话二，注意发音和语气。** Read Dialogue 2 aloud, pay attention to the pronunciation and the tone.

春香： 这张照片是在哪儿照的？
Chūnxiāng: Zhè zhāng zhàopiàn shì zài nǎr zhào de?

风景真美！
Fēngjǐng zhēn měi!

王军： 是在内蒙古的草原上照的。
Wáng Jūn: Shì zài Nèiměnggǔ de cǎoyuán shang zhào de.

春香： 是春天照的吗？
Chūnxiāng: Shì chūntiān zhào de ma?

王军： 是夏天。当时刚下过
Wáng Jūn: Shì xiàtiān. Dāngshí gāng xià guo

一场大雨。
yì chǎng dà yǔ.

春香： 夏天怎么穿那么多衣服？
Chūnxiāng: Xiàtiān zěnme chuān nàme duō yīfu?

王军： 草原上早晚都比较凉，
Wáng Jūn: Cǎoyuán shang zǎo wǎn dōu bǐjiào liáng,

要是赶上³下雨，还真
yàoshi gǎn shàng xià yǔ, hái zhēn

有点儿冷呢。
yǒudiǎnr lěng ne.

春香： 照片上那一个一个的白点儿，
Chūnxiāng: Zhàopiàn shàng nà yí ge yí ge de bái diǎnr,

Chun Hyang: Where did you take this picture? The scenery is really beautiful!

Wang Jun: On a prairie in Inner Mongolia.

Chun Hyang: Did you take it in spring?

Wang Jun: In summer. It'd just rained.

Chun Hyang: Why did you wear so much in summer?

Wang Jun: It is rather cool in the morning and at night on a prairie. If it happens to rain, it is a little cold.

Chun Hyang: What are those white points in the picture?

Wang Jun: You mean the round ones? These are yurts, houses where the Mongolians live.

Chun Hyang: It is so romantic to live on a prairie under the blue skies and the white clouds.

Wang Jun: You should visit Inner Mongolia when you have a chance. That is a unique place.

Chun Hyang: When do you think is the best time?

Wang Jun: Summer. A prairie in summer is the most beautiful.

是什么？
shì shénme?

王军： 你说的是这种圆圆的吧？这是蒙古包，
Wáng Jūn: Nǐ shuō de shì zhè zhǒng yuányuán de ba? Zhè shì měnggǔbāo,

是那里的人住的房子。
shì nàlǐ de rén zhù de fángzi.

春香： 住在蓝天白云下的草原上，真浪漫！
Chūnxiāng: Zhù zài lán tiān bái yún xià de cǎoyuán shang, zhēn làngmàn!

王军： 有机会你也去内蒙古看看吧，那是个很有特色的
Wáng Jūn: Yǒu jīhuì nǐ yě qù Nèiměnggǔ kànkan ba, nà shì ge hěn yǒu tèsè de

地方。
dìfang.

春香： 你觉得什么时候去比较好？
Chūnxiāng: Nǐ juéde shénme shíhou qù bǐjiào hǎo?

王军： 夏天吧，夏天的草原是最美的。
Wáng Jūn: Xiàtiān ba, xiàtiān de cǎoyuán shì zuì měi de.

> **Tips:**
> 1. Here 当时 refers to a past time when something happened.
> 2. Here 早晚 means *morning and night*.
> 3. Here 赶上 means *happen to run into something*.

❑ 说一说。Say it.

① 春香从王军的照片上看到了什么？

Chūnxiāng cóng Wáng Jūn de zhàopiàn shang kàn dào le shénme?

What does Chun Hyang see in Wang Jun's picture?

② 关于内蒙古，你从王军的介绍中都知道了什么？

Guānyú Nèiměnggǔ, nǐ cóng Wáng Jūn de jièshào zhōng dōu zhīdào le shénme?

What did you know about Inner Mongolia from Wang Jun's introduction?

③ 你去过草原吗？如果没去过，你想去吗？为什么？

Nǐ qù guo cǎoyuán ma? Rúguǒ méi qù guo, nǐ xiǎng qù ma? Wèi shénme?

Have you been to a prairie? If not, do you want to go? Why?

④ 和同伴一起看看地图，了解一下内蒙古。

Hé tóngbàn yìqǐ kànkan dìtú, liǎojiě yíxià Nèiměnggǔ.

Look at a map with your partner to get to know about Inner Mongolia.

三

□ 听两遍录音，并回答下列问题。Listen to the recording twice and answer the following questions. 🔘 16-05

1 他们正在谈中国的哪个地方？

Tāmen zhèngzài tán Zhōngguó de nǎge dìfang?

What place in China are they talking about?

2 那里的气候怎么样？

Nǎlǐ de qìhòu zěnmeyàng?

How's the climate there?

3 那里有什么特点？

Nǎlǐ yǒu shénme tèdiǎn?

What are its characteristics?

4 那里的小吃怎么样？

Nǎlǐ de xiǎochī zěnmeyàng?

What about the snacks?

5 那里的风景怎么样？

Nǎlǐ de fēngjǐng zěnmeyàng?

What about the scenery?

□ 朗读对话三，注意发音和语气。Read Dialogue 3 aloud, pay attention to the pronunciation and the tone.

王军 Wáng Jūn:	山本，听说你去外地调查了？ Shānběn, tīngshuō nǐ qù wàidì diàochá le?	Wang Jun: Yamamoto, I heard that you went elsewhere for investigation?
山本 Shānběn:	是啊，和导师一起去的。 Shì a, hé dǎoshī yìqǐ qù de.	Yamamoto: Yes. With my supervisor.
王军 Wáng Jūn:	去了什么地方？ Qù le shénme dìfang?	Wang Jun: Where did you go?
山本 Shānběn:	去了云南的很多地方。 Qù le Yúnnán de hěn duō dìfang.	Yamamoto: We went to many places in Yunnan.
王军 Wáng Jūn:	我去过云南，而且非常 Wǒ qù guo Yúnnán, érqiě fēicháng 喜欢那个地方。 xǐhuan nàge dìfang.	Wang Jun: I've been to Yunnan and I like it very much.
山本 Shānběn:	我也很喜欢，尤其是[1] Wǒ yě hěn xǐhuan, yóuqí shì 四季如春的气候。 sìjì rú chūn de qìhòu.	Yamamoto: So do I, especially its all-year-long spring-like climate.
王军 Wáng Jūn:	那儿有很多少数民族。 Nàr yǒu hěn duō shǎoshù mínzú.	Wang Jun: There are a lot of minorities.
山本 Shānběn:	听说云南是中国少数 Tīngshuō Yúnnán shì Zhōngguó shǎoshù	Yamamoto: It's said that Yunnan is the place in China where the most minorities gather.
		Wang Jun: Exactly. That's why it's the most popular among the travelers.
		Yamamoto: There are many delicious snacks.
		Wang Jun: And their prices are reasonable.
		Yamamoto: Yes. What attracts me the most is the scenery there.
		Wang Jun: Did you go to Yulong Snow Mountain?
		Yamamoto: Of course.
		Wang Jun: Just admirable! I have been dreaming of going to that place.

民族最多的地方。
mínzú zuì duō de dìfang.

王军：对。所以也是旅游的人最喜欢去的地方。
Wáng Jūn: Duì. Suǒyǐ yě shì lǚyóu de rén zuì xǐhuan qù de dìfang.

山本：那儿的小吃又多又好吃。
Shānběn: Nàr de xiǎochī yòu duō yòu hǎo chī.

王军：而且还很便宜。
Wáng Jūn: Érqiě hái hěn piányi.

山本：没错²。最吸引我的还是那儿的风景。
Shānběn: Méi cuò. Zuì xīyǐn wǒ de háishi nàr de fēngjǐng.

王军：你去玉龙雪山了吗？
Wáng Jūn: Nǐ qù Yùlóng Xuěshān le ma?

山本：当然去了。
Shānběn: Dāngrán qù le.

王军：太羡慕你了！我一直很想去那个地方。
Wáng Jūn: Tài xiànmù nǐ le! Wǒ yìzhí hěn xiǎng qù nàge dìfang.

Tip:
1. Here 尤其是 indicates an advancement in meaning. It means *especially*.
2. Here 没错 means to agree to the mentioned reality. It is equal to 是的 or 对.

❑ 说一说。Say it.

① 你喜欢旅游吗？都去过哪些国家和地区？
Nǐ xǐhuan lǚyóu ma? Dōu qù guo nǎxiē guójiā hé dìqū?
Do you like travelling? What countries and areas have you been to?

② 你去过中国的哪些地方？最喜欢哪儿？为什么？
Nǐ qù guo Zhōngguo de nǎxiē dìfang? Zuì xǐhuan nǎr? Wèi shénme?
Which places in China have you been to? Which is your favorite? Why?

四

❑ **朗读下面的短文，并模仿短文简单介绍一个地方。** Read the following passage aloud and then imitate the passage to introduce a place. 16-06

云南在中国的西南边，是一个美丽 (beautiful) 的地方。那里有一个城市叫昆明，因为这个地方四季如春，所以大家都叫它"春城"。"春"是春天的春，"城"是城市的城。

云南是中国少数民族最多的地方，有二十多个民族呢。不同的民族穿不一样的衣服，有不一样的习惯，非常有意思。云南还有很多美丽的风景，有雪山，有湖泊 (lake)，还有古城 (ancient city)。所以去那里旅游的人特别多。

我听说，云南的小吃很多，又好吃又便宜。如果有机会去云南，你一定要尝一尝。

Yúnnán zài Zhōngguó de xīnán biān, shì yí ge měilì de dìfang. Nàlǐ yǒu yí ge chéngshì jiào Kūnmíng, yīnwèi zhège dìfang sìjìrúchūn, suǒyǐ dàjiā dōu jiào tā "chūn chéng". "Chūn" shì chūntiān de chūn, "chéng" shì chéngshì de chéng.

Yúnnán shì Zhōngguó shǎoshù mínzú zuì duō de dìfang, yǒu èrshí duō ge mínzú ne. Bù tóng de mínzú chuān bù yíyàng de yīfu, yǒu bù yíyàng de xíguàn, fēicháng yǒu yìsi. Yúnnán hái yǒu hěn duō měilì de fēngjǐng, yǒu xuěshān, yǒu húpō, hái yǒu gǔ chéng. Suǒyǐ qù nàlǐ lǚyóu de rén tèbié duō.

Tīngshuō, Yúnnán de xiǎochī hěn duō, yǒu hǎo chī yǒu piányi. Rúguǒ yǒu jīhuì qù Yúnnán, nǐ yídìng yào cháng yì cháng.

活动 Activities

一、双人活动 Pair work

1. **按照表格中的提示准备一下，然后给同伴介绍你的家乡。** Make preparations according to the following form and then introduce your hometown to your partner.

可以介绍的内容 To be introduced	可以说的句子 Sentences to be said
家乡的气候 jiāxiāng de qìhòu	
家乡的风景 jiāxiāng de fēngjǐng	
好吃的东西 hǎo chī de dōngxi	
好玩儿的地方 hǎo wánr de dìfang	

A tip for students

You can add something which is not shown in the form.

2. **两人一起比较你们的家乡有什么不同，并组织一段话给大家介绍。** The two of you compare your hometowns and introduce the differences to the class.

二、小组活动 Group work

3人一组。一个中国人想去你的家乡旅游。他1月、5月、8月和10月有时间。他不知道什么时候去最好。请你为他出主意。 Work in groups of three. A Chinese person wants to travel in your hometown. He is free in January, May, August and October. He doesn't know when the best time is. Please give him advice.

Pattern

有的时候……有的时候……。
Yǒu de shíhou....... yǒu de shíhou.......

Word bank

戴
dài
wear

穿
chuān
wear

① **帮他安排一下旅行的时间，并说明为什么应该这时候去。** Help him arrange the time and explain why he should go at this time.

② **说说他应该带什么衣服和东西，要注意什么。** Tell him what clothes and things he should bring with him and what he should pay attention to.

A tip for students

The words in the word bank may help you.

三、全班活动 Class work

1. **3人为一个旅行社，选择世界上你们认为最值得去旅游的地方。** Every three students form a travel agency, and then find out the place which you think is most worth visiting in the world.

2. **每人选一个方面，分头准备，并互相补充内容。** Every student chooses one aspect, makes preparations separately, and then provide complements for each other.

3. **3人一起给大家介绍和推荐这个地方。** The three students introduce and recommend the place to the class together.

A tip for students

You have to discuss which aspects to introduce and how, and then work out every means to collect needed information and pictures.

给教师的提示

1、这一题可以将课上讨论和课下准备结合起来。
2、每个小组介绍后，您都可以给大家一个提问的时间。

语言练习 Language Focus

一、朗读下列句子，注意语气和语调 Read the following sentences aloud, pay attention to the tone and the intonation 🔘 16-07

① 这儿和你的家乡有什么不同？

Zhèr hé nǐ de jiāxiāng yǒu shénme bù tóng?

② 风景也不同吧？

Fēngjǐng yě bù tóng ba?

③ 生活习惯跟这里也有很多不同吧？

Shēnghuó xíguàn gēn zhèlǐ yě yǒu hěn duō bù tóng ba?

④ 这张照片是在哪儿照的？风景真美！

Zhè zhāng zhàopiàn shì zài nǎr zhào de? Fēngjǐng zhēn měi!

⑤ 住在蓝天白云下的草原上，真浪漫！

Zhù zài lán tiān bái yún xià de cǎoyuán shang, zhēn làngmàn!

⑥ 最吸引我的还是那儿的风景。

Zuì xīyǐn wǒ de háishi nàr de fēngjǐng.

⑦ 太羡慕你了！我一直很想去那个地方。

Tài xiànmù nǐ le! Wǒ yìzhí hěn xiǎng qù nàge dìfang.

二、替换练习 Substitution exercises

① 有机会你应该去日本尝尝那儿的鱼。

Yǒu jīhuì nǐ yīnggāi qù Rìběn chángchang nàr de yú.

去那个地方旅行

qù nàge dìfang lǚxíng

去那个地方看看

qù nàge dìfang kànkan

多练习一下

duō liànxí yíxià

② 当时刚下过一场大雨。

Dāngshí gāng xià guo yì chǎng dà yǔ.

我不会说汉语

wǒ bú huì shuō Hànyǔ

天气很热

tiānqì hěn rè

她很生气

tā hěn shēng qì

③ 要是赶上下雨，还真有点儿冷呢。
Yàoshi gǎn shang xià yǔ, hái zhēn yǒu diǎnr lěng ne.

下雪	不方便
xià xuě	bù fāngbiàn
刮风	冷
guā fēng	lěng
夏天	热
xiàtiān	rè

④ 生活习惯跟这里也有很多不同吧？
Shēnghuó xíguàn gēn zhèlǐ yě yǒu hěn duō bù tóng ba?

饭菜的味道
Fàncài de wèidào

穿的衣服
Chuān de yīfu

天气
Tiānqì

水果的种类(type)
Shuǐguǒ de zhǒnglèi

三、用"又……又……"完成下面的对话 Complete the following dialogues with 又……又……

① A：你的房间怎么样？你喜欢吗？
Nǐ de fángjiān zěnmeyàng? nǐ xǐhuan ma?

B：_____。

② A：你觉得学校附近的那家饭馆儿好吗？
Nǐ juéde xuéxiào fùjìn de nà jiā fànguǎnr hǎo ma?

B：_____。

③ A：这个超市的水果怎么样？贵不贵？
Zhège chāoshì de shuǐguǒ zěnmeyàng? Guì bú guì?

B：_____。

④ A：听说他的女朋友很不错，你见过吗？
Tīngshuō tā de nǚ péngyou hěn búcuò, nǐ jiàn guo ma?

B：_____。

四、用"尤其是……"回答下列问题 Answer the following questions with 尤其是……

① 你觉得汉语难学吗？
Nǐ juéde Hànyǔ nán xué ma?

② 你喜欢吃中国菜吗？
Nǐ xǐhuan chī Zhōngguó cài ma?

③ 你觉得这儿的水果贵不贵？
Nǐ juéde zhèr de shuǐguǒ guì bú guì?

④ 你觉得这几天天气好不好？
Nǐ juéde zhè jǐ tiān tiānqì hǎo bù hǎo?

扩展活动 Extended Activities

一、看图比较 Look and compare

两人分别看着图A和图B（见第259页），向同伴描述图片的内容，听的人应该说出
自己的图片和对方不一样的地方。Two students look at picture A and picture B (on Page 259)
respectively. Describe to your partner what you see. The listener should tell the differences between the
two pictures.

Word bank

沙漠	骑	马
shāmò	qí	mǎ
desert	ride	horse

骆驼	小吃摊儿
luòtuo	xiǎochī tānr
camel	snack stand

A tip for students

There are many differences between
the two pictures. Do not look at your
partner's picture until you have finished
talking about the pictures.

二、歌曲 Song

达坂城的姑娘

Dābǎn Chéng de gūniang

达坂城的石路 硬 又 硬 啊，西瓜 大 又 甜 啊，
Dābǎn Chéng de shí lù yìng yòu yìng a xīguā dà yòu tián a

Daban City's stone roads are hard and even, so big and sweet are its watermelons,

达 坂 城 的 姑 娘 辫 子 长 啊, 两 个 眼 睛 真 漂 亮,
Dàbǎn Chéng de gūniang   biànzi   cháng a   liǎng ge yǎnjing zhēn piàoliang

In the city lives a girl with long pigtails,   and her eyes are charming and bright,

你 要 想 嫁 人, 不 要 嫁 给 别 人, 一 定 要 嫁 给 我,
nǐ yào xiǎng jià rén   bú yào jià gěi bié rén   yí dìng yào jià gěi wǒ

If you are to marry,   do not marry others,   be sure to marry me,

带 着 你 的 嫁 妆, 唱 着 你 的 歌 儿, 赶 着 那 马 车 来。
dài zhe nǐ de jiàzhuang   chàng zhe nǐ de gē ér   gǎn zhe nà mǎ chē   lái

Carry your dowries,   sing your songs,   come in the carriage to me.

Word bank

沙漠	骑	马
shāmò	qí	mǎ
desert	ride	horse
骆驼	小吃摊儿	
luòtuo	xiǎochī tānr	
camel	snack stand	

总结与评价　Summary and Evaluation

一、你能简单介绍一个地方了吗？你知道从哪些方面介绍了吗？你学会比较两个地方了吗？复习一下介绍一个地方的语句，有机会给你的中国朋友介绍一下你的家乡。Can you briefly introduce a place? Do you know what aspects you should introduce? Have you learned to compare two places? Review phrases and sentences of introducing a place and then introduce your hometown to your Chinese friends if possible.

	可以说的句子 Sentences to be said
气候 qìhòu	
风景 fēngjǐng	
小吃 xiǎochī	

二、完成任务的自我表现评价。Self-evaluation.

Are you satisfied with your own performance?

Very good　　good　　not so good　　bad

Your own evaluation

A　　B　　C　　Your willingness to state your opinions

A　　B　　C　　Your willingness to raise your questions

A　　B　　C　　Your enthusiasm to gather useful information

A　　B　　C　　Your willingness to speak Chinese in class

第 17 课

黑头发大眼睛 (Hēi tóufa dà yǎnjing)
Black Hair and Big Eyes

目标 | Objectives

1. 复习介绍一个人的基本信息的语句。Review phrases and sentences of introducing a person's basic information.

2. 学习简单介绍人的相貌。Learn to briefly introduce a person's appearance.

3. 学习简单介绍穿着打扮。Learn to briefly introduce a person's dressing.

4. 学习简单介绍人的主要特点。Learn to briefly introduce a person's major characteristics.

准备 Preparation

1. 你认识照片上的人吗？不认识的话问问你的同学们。大家一起介绍一下他们。Do you know the people in the pictures? If not, ask your classmates. And then the whole class introduce them together.

2. 和不认识的人第一次见面时，你觉得可以问哪些方面的问题？What questions do you think you can ask when you meet a person for the first time?

老人(The senior) lǎo rén	
年轻人(The young) niánqīng rén	
孩子(children) háizi	

261

3. 如果你的朋友马上要见一个没见过面的人，你觉得应该从哪些方面给朋友介绍那个人？ If your friend is about to meet someone whom he/she has never met before, what aspects of this person do you think should be introduced to your friend?

☐ 姓名 name ☐ 年龄 age ☐ 职业 job ☐ 穿的衣服 clothing ☐ 电话号码 phone number
xìngmíng   niánlíng   zhíyè   chuān de yīfu   diànhuà hàomǎ

☐ 住处 address ☐ 样子 appearance ☐ 爱好 hobbies ☐ 学的专业 major ☐
zhùchù   yàngzi   àihào   xué de zhuānyè

词语 Words and Expressions

☐ 朗读下列词语，注意发音和词语的意思。Read the following words aloud, pay attention to the pronunciation and the meanings. 🔊 17-01

给教师的提示
您别忘了提醒学生课前预习这些词语。

1 剧场 jùchǎng theatre	2 样儿 yàngr appearance	3 个儿 gèr height	4 戴 dài wear	5 眼镜 yǎnjìng glasses	6 米 mǐ meter	7 身 shēn suit
8 扎 zā tie	9 马尾辫 mǎ wěi biàn ponytail	10 中等 zhōngděng medium	11 衬衫 chènshān shirt	12 个子 gèzi height	13 东方 dōngfāng Oriental	14 美女 měinǚ beauty
15 名牌 míngpái renowned	16 放心 fàng xīn feel at ease	17 姑娘 gūniang girl	18 校园 xiàoyuán campus	19 皮肤 pífū skin	20 笑眯眯 xiàomīmī smile	21
专有名词 Proper noun	22 京剧 Jīngjù Beijing Opera					

☐ 选择合适的词语进行搭配。Choose the proper words to match the words below.

个儿 gèr	戴 dài	名牌 míngpái	皮肤 pífū

A tip for students

You should find as many words as you can to match the words mentioned above.

句 子 Sentences

☐ **听录音，填词语。** Listen to the recording and fill in the blanks. 🔘 17-02

1 李红说你是_____，戴眼镜。

Lǐ Hóng shuō nǐ shì _____, dài yǎnjìng.

2 我的个儿是挺高的，有一米八二，

Wǒ de gèr shì tǐng gāo de, yǒu yī mǐ bā èr,

但是_____。

dànshì _____.

3 我穿一身蓝色运动衣，戴_____眼镜。

Wǒ chuān yīshēn lán sè yùndòng yī, dài ____ yǎnjìng.

4 我扎马尾辫儿，中等个儿，穿_____

Wǒ zā mǎ wěi biānr, zhōngděng gèr, chuān _____

和_____。

hé _____.

5 她的个子比我高，长得也比我_____。

Tā de gèzi bǐ wǒ gāo, zhǎng de yě bǐ wǒ _____.

6 （她）是个_____大眼睛的东方美女。

(Tā) shì ge _____ dà yǎnjing de Dōngfāng měinǔ.

7 （她）皮肤白白的，眼睛不太大，

(Tā) pífū báibáide, yǎnjing bú tài dà,

但是_____的。

dànshì _____ de.

8 （她）中等个儿，比较瘦。

(Tā) zhōngděng gèr, bǐjiào shòu.

9 （她）留_____，上身穿着一件

(Tā) liú _____, shàng shēn chuān zhe yí jiàn

红色的运动衣。

hóngsè de yùndòng yī.

10 她说是从中国_____的地方来的。

Tā shuō shì cóng Zhōngguó _____ de dìfang lái de.

☐ **朗读下列句子。** Read the following sentences aloud.

1 李红说你是瘦高个儿，戴眼镜。

Lǐ Hóng shuō nǐ shì shòu gāo gèr, dài yǎnjìng.

Li Hong said that you are thin and tall, and you wear glasses.

2 我的个儿是挺高的，有一米八二，

Wǒ de gèr shì tǐng gāo de, yǒu yì mǐ bā'ěr,

但是不算瘦。

dànshì bú suàn shòu.

I am quite tall, 1.82 meters, but not thin.

3 我穿一身蓝色运动衣，戴黑边眼镜。

Wǒ chuān yì shēn lánsè yùndòng yī, dài hēi biān yǎnjìng.

I'm wearing a blue sportsware and black-framed glasses.

4 我扎马尾辫儿，中等个儿，穿牛仔裤

Wǒ zā mǎ wěi biānr, zhōngděng gèr, chuān niúzǎikù

和白衬衫。

hé bái chènshān.

I'm wearing a ponytail, jeans and a white shirt, medium height.

5 她的个子比我高，长得也比我漂亮。

Tā de gèzi bǐ wǒ gāo, zhǎng de yě bǐ wǒ piàoliang.

She is taller and prettier than me.

6 （她）是个黑头发大眼睛的东方美女。

(Tā) shì ge hēi tóufa dà yǎnjing de Dōngfāng měinǔ.

(She is) an Oriental beauty with black hair and big eyes.

7 （她）皮肤白白的，眼睛不太大，

(Tā) pífū báibáide, yǎnjing bú tài dà,

但是笑眯眯的。

dànshì xiàomīmīde.

Her skin looked rather white and her eyes were not very big.

And she always wore a smile.

8 （她）中等个儿，比较瘦。

(Tā) zhōngděng gèr, bǐjiào shòu.

(She is) medium height and slim.

263

9 （她）留短发，上身穿着一件红色的运动衣。

    (Tā) liú duǎn fā, shàng shēn chuān zhe yí jiàn hóngsè de yùndòng yī.

    She wore short hair and a red sportsware.

10 她说是从中国最冷的地方来的。

    Tā shuō shì cóng Zhōngguó zuì lěng de dìfang lái de.

    She said she was from the coldest place in China.

❏   **看图片，和同伴一起介绍图片上的人。** Look at the pictures and work with your partner to introduce the people in the pictures.

 情景 Situations

❏   **听两遍录音，并回答下列问题。** Listen to the recording twice and answer the following questions. 🔘 17-03

1 春香认识张华吗？

    Chūnxiāng rènshi Zhāng Huá ma?

    Does Chun Hyang know Zhang Hua?

2 春香为什么要谢谢张华？

    Chūnxiāng wèi shénme yào xièxie Zhāng Huá?

    Why does Chun Hyang thank Zhang Hua?

3 他们几点见面？在哪儿见面？

    Tāmen jǐ diǎn jiàn miàn? Zài nǎr jiànmiàn?

    When will they meet? Where will they meet?

4 张华长什么样儿？穿什么衣服？

    Zhāng Huá zhǎng shénme yàngr? Chuān shénme yīfu?

    What does Zhang Hua look like? What clothes does he wear?

5 张华怎么能知道谁是春香？

    Zhāng Huá zěnme néng zhīdao shuí shì Chūnxiāng?

    How can Zhang Hua tell which person is Chun Hyang?

❏   **朗读对话一，注意发音和语气。** Read Dialogue 1 aloud, pay attention to the pronunciation and the tone.

张华： Zhāng Huá:	请问，是春香吗？ Qǐngwèn, shì Chūnxiāng ma?
春香： Chūnxiāng:	我是春香，请问是哪位？ Wǒ shì Chūnxiāng, qǐngwèn shì nǎ wèi?

张华：　我叫张华。
Zhāng Huā: Wǒ jiào Zhāng Huā.

春香：　张华，你好！李红说你能
Chūnxiāng: Zhāng Huā, nǐ hǎo! Lǐ Hóng shuō nǐ néng

　　　　给我看京剧的票，麻烦你了！
　　　　gěi wǒ kàn Jīngjù de piào, máfan nǐ le!

张华：　别客气。我对京剧也很感兴趣。
Zhāng Huā: Bié kèqi. Wǒ duì Jīngjù yě hěn gǎn xìngqù.

春香：　我6点在剧场门口等你，
Chūnxiāng: Wǒ liù diǎn zài jùchǎng ménkǒu děng nǐ,

　　　　好吗？
　　　　hǎo ma?

张华：　好的。李红告诉你我长
Zhāng Huā: Hǎo de. Lǐ Hóng gàosu nǐ wǒ zhǎng

　　　　什么样儿了吗？
　　　　shénme yàngr le ma?

春香：　李红说你是瘦高个儿，戴眼镜。
Chūnxiāng: Lǐ Hóng shuō nǐ shì shòu gāo gèr, dài yǎnjìng.

张华：　我的个儿是挺高的，有一米八二，
Zhāng Huā: Wǒ de gèr shì tǐng gāo de, yǒu yì mǐ bā'èr,

　　　　但是不算瘦。
　　　　dànshì bú suàn shòu.

春香：　你今天穿什么颜色的衣服？
Chūnxiāng: Nǐ jīntiān chuān shénme yánsè de yīfu?

张华：　我穿一身¹蓝色运动衣，戴黑边眼镜。你呢？
Zhāng Huā: Wǒ chuān yì shēn lánsè yùndòng yī, dài hēi biān yǎnjìng. Nǐ ne?

春香：　我扎马尾辫儿，中等个儿，穿
Chūnxiāng: Wǒ zā mǎ wěi biàn'r, zhōngděng gèr, chuān

　　　　牛仔裤和白衬衫。
　　　　niúzǎikù hé bái chènshān.

张华：　好的，咱们不见不散。
Zhāng Huā: Hǎo de, zánmen bú jiàn bú sàn.

Zhang Hua:	Hello, is that Chun Hyang?
Chun Hyang:	Yes. Who is this?
Zhang Hua:	This is Zhang Hua.
Chun Hyang:	Hello, Zhang Hua! Li Hong told me that you can give me a Beijing Opera ticket. Thank you very much!
Zhang Hua:	You're welcome. I'm interested in Beijing Opera, too.
Chun Hyang:	I'll wait for at the theatre gate at 6, alright?
Zhang Hua:	OK. Did Li Hong tell you what I look like?
Chun Hyang:	Li Hong said that you are thin and tall, and you wear glasses.
Zhang Hua:	I am quite tall, 1.82 meters, but not thin.
Chun Hyang:	What color are you wearing?
Zhang Hua:	I'm wearing a blue sportsware and black-framed glasses. How about you?
Chun Hyang:	I'm wearing a ponytail, jeans and a white shirt, medium height.
Zhang Hua:	OK. Don't miss it.

Tip:

1. Here 身 is a measure word and means all the clothes one wears.

☐ **说一说。** Say it.

如果要和没见过面的人约会，见面以前你怎么向他介绍你自己？
Rúguǒ yào hé méi jiàn guo miàn de rén yuēhuì, jiàn miàn yǐqián nǐ zěnme xiàng tā jièshào nǐ zìjǐ?

What would you introduce about yourself before you meet a person you have never met before?

○二○

□ **听两遍录音，根据录音内容判断下列说法是否正确。** Listen to the recording twice and decide whether the following statements are true or false. 🔊 17-04

① 王军明天上午有课，星期二
Wáng Jūn míngtiān shàngwǔ yǒu kè, xīngqī èr
上午没有课。 ☐
shàngwǔ méiyǒu kè.

② 春香明天要参加考试。 ☐
Chūnxiāng míngtiān yào cānjiā kǎoshì.

③ 春香的朋友明天晚上10点到。 ☐
Chūnxiāng de péngyou míngtiān wǎnshang shí diǎn dào.

④ 王军不知道能不能去机场
Wáng Jūn bù zhīdào néng bu néng qù jīchǎng
接春香的朋友。 ☐
jiē Chūnxiāng de péngyou.

⑤ 春香的朋友长得很漂亮。 ☐
Chūnxiāng de péngyou zhǎng de hěn piàoliang.

⑥ 春香的朋友不会说汉语。 ☐
Chūnxiāng de péngyou bú huì shuō Hànyǔ.

□ **朗读对话二，注意发音和语气。** Read Dialogue 2 aloud, pay attention to the pronunciation and the tone.

春香:	王军，明天上午你有课吗？
Chūnxiāng:	Wáng Jūn, míngtiān shàngwǔ nǐ yǒu kè ma?

王军:	明天星期二吧？我一天都没课。有事儿吗？
Wáng Jūn:	Míngtiān xīngqī èr ba? Wǒ yì tiān dōu méi kè. Yǒu shìr ma?

春香:	我的朋友明天上午10点到，可是我明天要参加考试。
Chūnxiāng:	Wǒ de péngyou míngtiān shàngwǔ shí diǎn dào, kěshì wǒ míngtiān yào cānjiā kǎoshì.

王军:	我知道了，你希望我去机场接她。没问题。
Wáng Jūn:	Wǒ zhīdao le, nǐ xīwàng wǒ qù jīchǎng jiē tā. Méi wèntí.

春香:	她的个子比我高，长得也比我漂亮。
Chūnxiāng:	Tā de gèzi bǐ wǒ gāo, zhǎng de yě bǐ wǒ piàoliang.

王军:	你有她的照片儿吗？
Wáng Jūn:	Nǐ yǒu tā de zhàopiānr ma?

春香:	我带来了，你看看吧。
Chūnxiāng:	Wǒ dài lái le, nǐ kànkan ba.

王军:	哦，好漂亮！
Wáng Jūn:	Ò, hǎo piàoliang!

春香:	是个黑头发大眼睛的
Chūnxiāng:	Shì ge hēi tóufa dà yǎnjing de
	东方美女。
	Dōngfāng měinǚ.

王军:	她会说汉语吗？
Wáng Jūn:	Tā huì shuō Hànyǔ ma?

Chun Hyang:	Wang Jun, will you have classes tomorrow morning?
Wang Jun:	Tomorrow's Tuesday, isn't it? I will be free all day. What's up?
Chun Hyang:	One of my friends will arrive at 10 tomorrow morning, but I will have to attend an exam.
Wang Jun:	I see. So you want me to pick her up at the airport. No problem.
Chun Hyang:	She is taller and prettier than me.
Wang Jun:	Do you have pictures of hers?
Chun Hyang:	I brought one. Take a look.
Wang Jun:	Wow, how pretty!

春香: 她是名牌大学中文系
Chūnxiāng: Tā shì míngpái dàxué Zhōngwén xì

的学生。
de xuésheng.

王军: 她叫什么名字?
Wáng Jūn: Tā jiào shénme míngzi?

春香: 她叫成银。
Chūnxiāng: Tā jiào Chéngyín.

王军: 好的, 你就放心参加明天
Wáng Jūn: Hǎo de, nǐ jiù fàng xīn cānjiā míngtiān

的考试吧。
de kǎo shì ba.

春香: 谢谢你!
Chūnxiāng: Xièxie nǐ!

Chun Hyang:	An Oriental beauty with black hair and big eyes.
Wang Jun:	Can she speak Chinese?
Chun Hyang:	She is a student of Chinese Department of a renowned university.
Wang Jun:	What's her name?
Chun Hyang:	Her name is?
Wang Jun:	OK. Feel at ease to attend the exam tomorrow.
Chun Hyang:	Thank you!

Tip:
1. Here 长 serves as a verb and it is pronounced as "zhǎng".

❑ 说一说。Say it.

① 根据对话二的内容介绍一下春香的朋友。
Gēnjù duìhuà èr de nèiróng jièshào yíxià Chūnxiāng de péngyou.
Introduce Chun Hyang's friend according to Dialogue 2.

② 你有姐姐或者妹妹吗? 试着给大家介绍一下她。
Nǐ yǒu jiějie huòzhě mèimei ma? Shì zhe gěi dàjiā jièshào yíxià tā.
Do you have a sister? Try to introduce her to the class.

三 ○────────────────────────────────○

❑ 听两遍录音，并回答下列问题。Listen to the recording twice and answer the following questions. 🔘 17-05

① 玛莎为什么来找一个历史系的姑娘?
Mǎshā wèi shénme lái zhǎo yí ge Lìshǐ Xì de gūniang?
Why does Masha look for a girl of History Department?

② 那个姑娘长什么样儿?
Nàge gūniang zhǎng shénme yàngr?
What does the girl look like?

③ 那个姑娘的个子高吗?
Nàge gūniang de gèzi gāo ma?
Is the girl tall?

④ 那个姑娘穿什么衣服?
Nàge gūniang chuān shénme yīfu?
What clothes does she wear?

⑤ 那个姑娘是从哪儿来的?
Nàge gūniang shì cóng nǎr lái de?
Where is she from?

❑ **朗读对话三，注意发音和语气。** Read Dialogue 3 aloud, pay attention to the pronunciation and the tone.

老师： 你好！有什么事吗？
Lǎoshī： Nǐ hǎo! Yǒu shénme shì ma?

玛莎： 我是留学生，我叫玛莎。
Mǎshā： wǒ shì liúxuéshēng, wǒ jiào Mǎshā.

我想找一位女同学。
Wǒ xiǎng zhǎo yí wèi nǚ tóngxué.

老师： 她叫什么？
Lǎoshī： Tā jiào shénme?

玛莎： 很抱歉，我不知道她的名字。
Mǎshā： Hěn bàoqiàn, wǒ bù zhīdào tā de míngzi.

老师： 那你找她有什么事？
Lǎoshī： Nà nǐ zhǎo tā yǒu shénme shì?

玛莎： 昨天我们在校园聊天儿，
Mǎshā： Zuótiān wǒmen zài xiàoyuán liáo tiānr,

她忘了自己的东西。
tā wàng le zìjǐ de dōngxi.

老师： 这样吧，你说说她长
Lǎoshī： Zhèyàng ba, nǐ shuōshuo tā zhǎng

什么样儿？
shénme yàngr?

玛莎： 皮肤白白的[1]，眼睛不太大，总是笑眯眯[2]的。
Mǎshā： Pífū báibáide, yǎnjing bú tài dà, zǒng shì xiàomīmī de.

老师： 个子高吗？
Lǎoshī： Gèzi gāo ma?

玛莎： 中等个儿，比较瘦。
Mǎshā： Zhōngděng gèr, bǐjiào shòu.

老师： 头发是什么样的？
Lǎoshī： Tóufa shì shénme yàng de?

玛莎： 留短发，上身穿着一件红色的运动衣。
Mǎshā： Liú duǎn fā, shàng shēn chuān zhe yí jiàn hóngsè de yùndòng yī.

老师： 她没说她是哪儿的人吗？
Lǎoshī： Tā méi shuō tā shì nǎr de rén ma?

玛莎： 对了，她说是从中国最冷的地方来的。
Mǎshā： Duì le, tā shuō shì cóng Zhōngguó zuì lěng de dìfang lái de.

Teacher: Hello! What's going on?
Masha: I'm a foreign student. My name is Masha. I'm looking for a girl.
Teacher: What's her name?
Masha: I'm sorry. I don't know her name.
Teacher: Why are you looking for her?
Masha: We chatted on the campus yesterday and she left something.
Teacher: I see. Tell me what she looked like.
Masha: Her skin looked rather white and her eyes were not very big. And she always wore a smile.
Teacher: Is she tall?
Masha: Medium height and slim.
Teacher: What did her hair look like?
Masha: She wore short hair and a red sportsware.
Teacher: Didn't she mention where she was from?
Masha: Right, she said she was from the coldest place in China.
Teacher: Oh, it must've been Chen Xin. She lives in Room 3045, Building 7.

老师:　噢，是陈新。她住在7号楼
Lǎoshī:　Ō, shì Chén Xīn. Tā zhù zài qī hào lóu

3045房间。
sānlíngsìwǔ fángjiān.

Tips:

1. Monosyllabic adjectives can be reduplicated when used to describe state or appearance. The second character of the reduplicative form cannot be pronounced as the neutral tone. The character 的 should be added after the reduplicative form, e.g. 大大的, 红红的, 高高的.

2. 笑眯眯 is used to describe the look when someone smiles and his/her eyelids close up a bit.

❑ 说一说。Say it.

①　根据对话三的内容介绍陈新。

　　Gēnjù duìhuà sān de nèiróng jièshào Chén Xīn.

　　Introduce Chen Xin according to Dialogue 3.

②　看看你旁边的同学，试着给大家介绍一下他/她。

　　Kànkan nǐ pángbiān de tóngxué, shì zhe gěi dàjiā jièshào yíxià tā.

　　Look at the student next to you and try to introduce him/her to the class.

❑ 朗读下面的短文，并模仿短文介绍自己的朋友。Read the following passage aloud and then imitate the passage to introduce your friend. 🔊 17-06

　　我有两个中国朋友。一个叫李红，一个叫王军。

　　李红，今年20岁，是中文系三年级的学生。她个子不高，有点儿胖，喜欢穿牛仔裤和T恤衫。李红虽然算不上漂亮，但是非常可爱。而且她的脾气 (temper) 也特别好。

　　王军，今年23岁，是李红的男朋友，是中文系的研究生，马上就要毕业了。王军身高一米七八，爱好运动，什么时候见到他，都是穿一身运动衣，非常帅 (handsome)。王军性格开朗 (outgoing)、热情 (warm-hearted)，所以朋友很多。

　　Wǒ yǒu liǎng ge Zhōngguó péngyou. Yí ge jiào Lǐ Hóng, yí ge jiào Wáng Jūn.

　　Lǐ Hóng, jīnnián èrshí suì, shì Zhōngwén xì sān niánjí de xuésheng. Tā gèzi bù gāo, yǒudiǎnr pàng, xǐhuan chuān niúzǎikù hé T-xù shān. Lǐ Hóng suīrán suàn bu shàng piàoliang, dànshì fēicháng kě'ài. Érqiě tā de píqi yě tèbié hǎo.

　　Wáng Jūn, jīnnián èrshísān suì, shì Lǐ Hóng de nán péngyou, shì Zhōngwén xì de yánjiūshēng, mǎshàng jiù yào bìyè le. Wáng Jūn shēngāo yì mǐ qībā, àihào yùndòng, shénme shíhou jiàn dào tā, dōu shì chuān yì shēn yùndòng yī, fēicháng shuài. Wáng Jūn xìnggé kāilǎng、rèqíng, suǒyǐ péngyou hěn duō.

活 动 Activities

一、双人活动 Pair work

看看下面图片中的几个人，和同伴一起说说每个人最大的特点是什么。Look at the people in the following pictures and talk about the major characteristics of each person with your partner.

二、全班活动 Class work

1. 有个公司想找一位秘书，你有个朋友可以推荐。你觉得应该怎样向公司介绍这个人？A company wants to recruit a secretary; you want to recommend a friend. What do you think you should introduce?

☐ 基本情况 basic information jīběn qíngkuàng   ☐ 家人   ☐ 性格 personality xìnggé   ☐ 外貌 appearance wàimào

☐ 爱好   ☐ 习惯   ☐ 工作   ☐ 外语

> **A tip for students**
>
> You can add something to the list.

2、3人一组，每组从班里挑选一名同学推荐给公司，但是不要说出姓名，让其他组的同学猜。Work in groups of three. Every group chooses a person from the class and recommends him/her to a company. Do not tell the name of the person; let the other groups guess who this person is.

> **A tip for students**
>
> You should discuss how to introduce this person. Try to introduce him/her in a comprehensive way.

三、小组活动 Group work

1. 3-4人一组。先试着给同伴们说一说，你心目中的帅男和美女是什么样儿？Work in groups of three or four. Try to explain to your partners first what are handsome men and beautiful women like in your opinion.

2. 大家一起以介绍对象为内容，编一个故事给大家表演。Make up a story about setting up a date, and then act it out.

语言练习 Language Focus

一、朗读下面的句子，注意语气和语调 Read the following sentences aloud, pay attention to the tone and the intonation 🎧 17-07

1. 我的个儿是挺高的，有一米八二，但是不算瘦。
   Wǒ de gèr shì tǐng gāo de, yǒu yì mǐ bā'èr, dànshì bú suàn shòu.

2. 我穿一身蓝色的运动衣，戴黑边眼镜。你呢？
   Wǒ chuān yì shēn lánsè de yùndòng yī, dài hēi biān yǎnjìng. Nǐ ne?

3. 我扎马尾辫儿，中等个儿，穿牛仔裤和白衬衫。
   Wǒ zā mǎ wěi biànr, zhōngděng gèr, chuān niúzǎikù hé bái chènshān.

4. 她的个子比我高，长得也比我漂亮。
   Tā de gèzi bǐ wǒ gāo, zhǎng de yě bǐ wǒ piàoliang.

5. 她是个黑头发大眼睛的东方美女。
   Tā shì ge hēi tóufa dà yǎnjing de Dōngfāng měinǚ.

6. 她是名牌大学中文系的学生。
   Tā shì míngpái dàxué Zhōngwén xì de xuésheng.

7. 皮肤白白的，眼睛不太大，总是笑眯眯的。
   Pífū báibáide, yǎnjing bú tài dà, zǒng shì xiàomīmī de.

二、替换练习 Substitution exercises

1. 我对 京剧很感兴趣。
   Wǒ duì Jīngjù hěn gǎn xìngqù.

他 Tā	汉语 Hànyǔ
朋友 Péngyou	足球 zúqiú
弟弟 Dìdi	画画儿 huà huàr
我 Wǒ	旅行 lǚxíng

2. 她的个子比我高，长得也比我漂亮。
   Tā de gèzi bǐ wǒ gāo, zhǎng de yě bǐ wǒ piàoliang.

妹妹 Mēimei	很可爱 hěn kě'ài
这个姑娘 Zhège gūniang	很漂亮 hěn piàoliang
她男朋友 Tā nán péngyou	很帅 hěn shuài
熊猫 Xióngmāo	很胖 hěn pàng

3. 很抱歉，我不知道她的名字。
   Hěn bàoqiàn, wǒ bù zhīdào tā de míngzi.

   | 没有记住 méiyǒu jì zhù |
   | 今天有事不能去 jīntiān yǒu shì bù néng qù |
   | 想早一点儿回去 xiǎng zǎo yìdiǎnr huí qu |
   | 还没有准备好 hái méiyǒu zhǔnbèi hǎo |

三、根据对话的意思，用 "AA的" 填空 Fill in the blanks with "AA的" according to the dialogues

1   A: 刚才来找我的那个人什么样子？
       Gāngcái lái zhǎo wǒ de nàge rén shénme yàngzi?

    B: _____个子、_____皮肤、_____头发、_____眼睛。
       _____gèzi, _____pífū, _____tóufa, _____yǎnjing.

    A: 哦，我知道了，谢谢你！
       Ò, wǒ zhīdao le, xièxie nǐ!

2   A: 那个地方怎么样？
       Nàge dìfang zěnmeyàng?

    B: 这里有_____天、_____云、_____树、_____房子，很漂亮。
       Zhèlǐ yǒu_____tiān, _____yún, _____shù, _____fángzi, hěn piàoliang.

3   A: 我没见过熊猫，熊猫是什么样的？
       Wǒ méi jiàn guo xióngmāo, xióngmāo shì shénme yàng de?

    B: _____眼睛、_____肚子、_____身体，走路很慢。
       _____yǎnjing, _____dùzi, _____shēntǐ, zǒu lù hěn màn.

扩展活动 Extended Activities

一、看图比较 Look and compare

两人分别看着图A和图B（见第273页），向同伴描述图片的内容，听的人应该说出自己的图片和对方不一样的地方。Two students look at picture A and picture B (on Page 273) respectively. Describe to your partner what you see. The listener should tell the differences between the two pictures.

B

二、歌曲 Song

阿拉木汗
Ā lā mù hàn

维吾尔族民歌
王洛宾编

阿拉木汗什么样？
Ā lā mù hàn shénme yàng
What does Alamuhan look like?

阿拉木汗你在哪里？
Ā lā mù hàn nǐ zài nǎ lǐ
Alamuhan, where are you?

身段不肥也不瘦。
shēn duàn bù féi yě bú shòu
She's neither too fat nor too slim.

吐鲁番西三百六。
Tǔ lǔ fān xī sān bǎi liù
360 kilometers to the west of Turpan.

她的眉毛像弯月，
tā de méi mao xiàng wānyuè
Her eyebrows are like bent moons,

为她黑夜没瞌睡，
wèi tā hēi yè méi kēshuì
Can't get to sleep at night because of her,

她的腰身像绵柳，
tā de yāo shēn xiàng mián liǔ
her waist is like soft willow,

为她白天常咳嗽，
wèi tā bái tiān cháng kěsou
always cough in daytime because of her,

她的小嘴很多情，
tā de xiǎo zuǐ hěn duō qíng
Her mouth is amorous,

为她冒着风和雨，
wèi tā mào zhe fēng hé yǔ
Run through winds and rains because of her,

眼睛能使你发抖。
yǎn jing néng shǐ nǐ fā dǒu
and her eyes can make you tremble.

为她鞋底常跑透。
wèi tā xié dǐ cháng pǎo tòu
and grind off the shoes because of her.

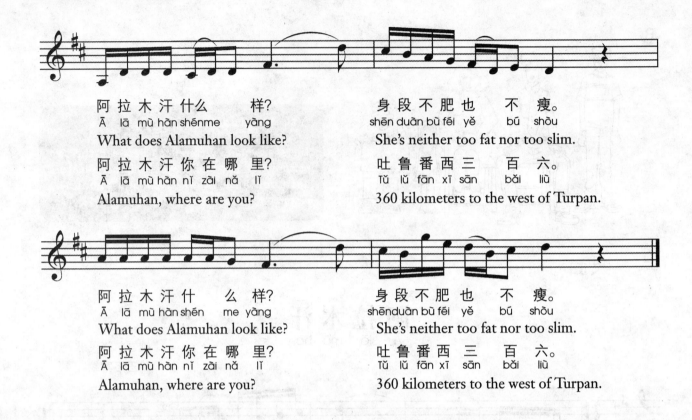

阿 拉 木 汗 什么　　 样?
Ā lā mù hàn shénme　 yàng
What does Alamuhan look like?

身 段 不 肥 也　 不　 瘦。
shēn duàn bù féi yě　 bú shòu
She's neither too fat nor too slim.

阿 拉 木 汗 你 在 哪 里?
Ā lā mù hàn nǐ zài nǎ lǐ
Alamuhan, where are you?

吐 鲁 番 西 三　　 百　 六。
Tǔ lǔ fān xī sān　 bǎi liù
360 kilometers to the west of Turpan.

阿 拉 木 汗 什　　 么 样?
Ā lā mù hàn shén　 me yàng
What does Alamuhan look like?

身 段 不 肥 也　 不　 瘦。
shēnduàn bù féi yě　 bú shòu
She's neither too fat nor too slim.

阿 拉 木 汗 你 在 哪 里?
Ā lā mù hàn nǐ zài nǎ lǐ
Alamuhan, where are you?

吐 鲁 番 西 三　　 百　 六。
Tǔ lǔ fān xī sān　 bǎi liù
360 kilometers to the west of Turpan.

总结与评价 Summary and Evaluation

一、你学会介绍自己的外貌了吗?你能告诉别人一个没见过面的人有什么特点了吗?
复习介绍人相貌的语句。然后试着给大家介绍一个你最好的朋友。Have you learned
to introduce your appearance? Can you now tell the others the characteristics of a person you have never
met? Review phrases and sentences used to describe a person's appearance and then introduce your best
friend to the class.

内 容 Contents	可以说的话 What to say
样子 yàngzi	
个子 gèzi	
头发 tóufa	
穿的衣服 chuān de yīfu	
其他 qítā	

二、完成任务的自我表现评价。Self-evaluation.

Are you satisfied with your own performance?

Very good   good   not so good   bad

Your own evaluation

A   B   C   Your willingness to state your opinions

A   B   C   Your willingness to raise your questions

A   B   C   Your enthusiasm to gather useful information

A   B   C   Your willingness to speak Chinese in class

第 18 课
圣诞节快到了！ (Shèngdàn Jié kuài dào le!)
Christmas Is Coming!

目标 | Objectives

1. 复习提建议的常用语句。Review the common phrases and sentences used for suggestions.
2. 学习商量事情时的常用语句。Learn the common phrases and sentences used in discussion.
3. 学习表达同意或不同意。Learn the expressions of agreement or disagreement.
4. 学习简单介绍一个活动。Learn to briefly introduce an activity.

准备 | Preparation

1. 根据下面的图片，用"……，好吗？"和"……，怎么样？"向你的同伴提几个建议。Give your partner a few suggestions with ……，好吗? and……，怎么样? according to the following pictures.

①

②

③

④

2. 你最近遇到什么困难了吗？告诉你的同伴，一起商量商量怎么办。Have you come across any difficulty recently? If so, tell your partner about it and then discuss how to deal with it.

你遇到的问题 Your problem	同伴遇到的问题 Your partner's problem

A tip for students

You should pay attention to the way to talk to your partner.

词 语 Words and Expressions

❑ 朗读下列词语，注意发音和词语的意思。Read the following words aloud, pay attention to the pronunciation and the meanings. 🔊 18-01

给教师的提示

课前别忘了提醒学生预习词语。

1 想法 xiǎngfǎ idea	2 过节 guò jié celebrate a festival	3 搞 gǎo hold	4 晚会 wǎnhuì evening party	5 主意 zhǔyi idea	6 邀请 yāoqǐng invite	7 餐具 cānjù dishware
8 新年 xīnnián new year	9 海报 hǎibào poster	10 遗憾 yíhàn pity	11 成功 chénggōng successful	12 活动 huódòng activity	13 其他 qítā other	14 舞会 wǔhuì ball
15 后天 hòutiān the day after tomorrow	16 哎呀 āiyā oh	17 妹妹 mèimei younger sister	18 同 tóng same	19 聚会 jùhuì gathering	专有名词 Proper nouns	圣诞节 Shèngdàn Jié Christmas

❑ 从你学过的词语中选择合适的词语进行搭配。Match the words below with the proper words you learned.

主意　　想法　　意思　　聚会
zhǔyi　　xiǎngfǎ　　yìsi　　jùhuì

句子 Sentences

❑ **听录音，填词语。** Listen to the recording and fill in the blanks. 🔘 18-02

1 圣诞节快到了，你有什么_____?

Shèngdàn Jié kuài dào le, nǐ yǒu shénme____?

2 你觉得这个_____怎么样?

Nǐ juéde zhège_____zěnmeyàng?

3 你说咱们应该请哪些人_____?

Nǐ shuō zánmen yīnggāi qǐng nǎxiē rén____?

4 我看咱们出一个_____怎么样?

Wǒ kàn zánmen chū yí ge____zěnmeyàng?

5 因为我们出了海报，所以也有_____的同学。

Yīnwèi wǒmen chū le hǎibào, suǒyǐ yě yǒu____de tóngxué.

6 你们搞了什么_____?

Nǐmen gǎo le shénme____?

7 我们都觉得昨天没玩儿_____。

Wǒmen dōu juéde zuótiān méi wánr____.

8 今天叫我们来有什么_____吗?

Jīntiān jiào wǒmen lái yǒu shénme____ma?

9 那咱们就送给她一个特别的生日_____。

Nà zánmen jiù sòng gěi tā yí ge tèbié de shēngrì____.

10 _____我叫她一起去。

____wǒ jiào tā yìqǐ qù.

❑ **朗读下列句子。** Read the following sentences aloud.

1 圣诞节快到了，你有什么想法?

Shèngdàn Jié kuài dào le, nǐ yǒu shénme xiǎngfǎ?

Christmas is coming. Do you have any idea?

2 你觉得这个主意怎么样?

Nǐ juéde zhège zhǔyi zěnmeyàng?

What do you think?

3 你说咱们应该请哪些人参加?

Nǐ shuō zánmen yīnggāi qǐng nǎxiē rén cānjiā?

Who do you think we should invite?

4 我看咱们出一个海报怎么样?

Wǒ kàn zánmen chū yí ge hǎibào zěnmeyàng?

What do you think of putting up a poster?

5 因为我们出了海报，所以也有其他班的同学。

Yīnwèi wǒmen chū le hǎibào, suǒyǐ yě yǒu qítā bān de tóngxué.

Students from other classes came as well since we'd put up a poster.

6 你们搞了什么活动?

Nǐmen gǎo le shénme huódòng?

What activities did you organize?

7 我们都觉得昨天没玩儿够。

Wǒmen dōu juéde zuótiān méi wánr gòu.

No one felt having had enough fun yesterday.

8 今天叫我们来有什么好事儿吗?

Jīntiān jiào wǒmen lái yǒu shénme hǎo shìr ma?

What did you gather us for today?

9 那咱们就送给她一个特别的生日礼物。

Nà zánmen jiù sòng gěi tā yí ge tèbié de shēngrì lǐwù.

Then we shall give her a special birthday gift.

10 到时候我叫她一起去。

Dào shíhou wǒ jiào tā yìqǐ qù.

I'll ask her to join us then.

❑ **看图片，然后和同伴商量他们可能在说什么。** Look at the pictures and then discuss with your partner what they are probably talking about.

① ② ③

 情景 Situations

❑ **听两遍录音，并回答下列问题。** Listen to the recording twice and answer the following questions.

🔘 18-03

① 玛莎希望在哪儿过圣诞节？
Mǎshā xīwàng zài nǎr guò Shèngdàn Jié?
Where does Masha want to celebrate Christmas?

② 欧文有什么好主意？
Ōuwén yǒu shénme hǎo zhǔyi?
What idea does Irving have?

③ 他们打算邀请谁参加？
Tāmen dǎsuàn yāoqǐng shuí cānjiā?
Who do they plan to invite?

④ 玛莎为什么建议出一个海报？
Mǎshā wèi shénme jiànyì chū yí ge hǎibào?
Why does Masha suggest putting up a poster?

❑ **朗读对话一，注意发音和语气。** Read Dialogue 1 aloud, pay attention to the pronunciation and the tone.

欧文：	玛莎，圣诞节快到了，你有什么想法？
Ōuwén:	Mǎshā, Shèngdàn Jié kuài dào le, nǐ yǒu shénme xiǎngfǎ?
玛莎：	要是能回家过节就好了。
Mǎshā:	Yàoshi néng huí jiā guò jié jiù hǎo le.
欧文：	不能回家也没关系，咱们可以搞¹一个晚会。
Ōuwén:	Bù néng huí jiā yě méi guānxi, zánmen kěyǐ gǎo yí ge wǎnhuì.

玛莎: 你是说咱们大家一起过圣诞夜?
Mǎshā: Nǐ shì shuō zánmen dàjiā yìqǐ guò Shèngdàn Yè?

欧文: 是啊。你觉得这个主意[2]怎么样?
Ōuwén: Shì a. Nǐ juéde zhège zhǔyi zěnmeyàng?

玛莎: 好主意! 我们可以多邀请一些朋友。
Mǎshā: Hǎo zhǔyi! Wǒmen kěyǐ duō yāoqǐng yìxiē péngyou.

欧文: 你说[3]应该请哪些人参加?
Ōuwén: Nǐ shuō yīnggāi qǐng nǎxiē rén cānjiā?

玛莎: 咱们班的同学和老师一定得请。
Mǎshā: Zánmen bān de tóngxué hé lǎoshī yídìng děi qǐng.

欧文: 还有咱们的中国朋友。
Ōuwén: Hái yǒu zánmen de Zhōngguó péngyou.

玛莎: 对, 人越多越热闹。
Mǎshā: Duì, rén yuè duō yuè rènao.

欧文: 圣诞节以后就是新年, 就叫
Ōuwén: Shèngdàn Jié yǐhòu jiù shì xīnnián, jiù jiào

圣诞新年晚会吧。
Shèngdàn Xīnnián Wǎnhuì ba.

玛莎: 好啊。我看咱们出一个海报
Mǎshā: Hǎo a. Wǒ kàn zánmen chū yí ge hǎibào

怎么样?
zěnmeyàng?

欧文: 太好了! 我这就去写一张英文
Ōuwén: Tài hǎo le! Wǒ zhè jiù qù xiě yì zhāng Yīngwén

海报。
hǎibào.

玛莎: 我不同意。我觉得海报上也要
Mǎshā: Wǒ bù tóngyì. Wǒ juéde hǎibào shang yě yào

有中文。
yǒu Zhōngwén.

Irving: Masha, Christmas is coming. Do you have any idea?

Masha: If only I could go back home for the holiday.

Irving: It doesn't matter. We can hold an evening party.

Masha: Do you mean to spend Christmas Eve together?

Irving: Yes. What do you think?

Masha: Good idea! We can invite more friends.

Irving: Who do you think we should invite?

Masha: Our teachers and classmates must be included.

Irving: And our Chinese friends.

Masha: Yes. The more the better.

Irving: The New Year comes right after Christmas. Let's call it Christmas and New Year Party.

Masha: Great. What do you think of putting up a poster?

Irving: Marvelous. I'll make an English poster immediately.

Masha: I don't agree. I think Chinese should also appear on the poster.

Tips:
1. Here 搞 means *hold*.
2. Here 主意 means *idea*.
3. Here 你说 means *you think*.

❑　说一说。say it.

① 在你们国家，人们一般怎样过圣诞节？圣诞节有什么特殊的食品？

Zài nǐmen guójiā, rénmen yìbān zěnyàng guò Shèngdàn Jié? Shèngdàn Jié yǒu shénme tèshū de shípǐn?

How do people celebrate Christmas in your country? What special food do you have at Christmas?

② 你知道中国的四大传统节日吗？这些节日有哪些特殊的节日食品？

Nǐ zhīdao Zhōngguó de sì dà chuántǒng jiérì ma? Zhèxiē jiérì yǒu nǎxiē tèshū de jiérì shípǐn?

Do you know the four major traditional festivals in China? What are the special foods for these festivals?

③ 给同学们介绍一个你们国家的传统节日。

Gěi tóngxué men jièshào yí ge nǐmen guójiā de chuántǒng jiérì.

Introduce a traditional festival in your country to your classmates.

❑　**听两遍录音，并回答下列问题。**Listen to the recording twice and answer the following questions.

🔘 18-04

① 晚会来了多少人？

Wǎnhuì lái le duōshao rén?

How many people came to the evening party?

② 谁参加了他们的晚会？

Shuí cānjiā le tāmen de wǎnhuì?

Who attended their evening party?

③ 他们在晚会上搞了什么活动？

Tāmen zài wǎnhuì shang gǎo le shénme huódòng?

What activities were organized at their party?

④ 周末有一个什么活动？

Zhōumò yǒu yí ge shénme huódòng?

What activity will be held on weekend?

⑤ 欧文他们想参加周末的活动吗？为什么？

Ōuwén tāmen xiǎng cānjiā zhōumò de huódòng ma? Wèi shénme?

Do Irving and the others want to participate in the activity on weekend? Why?

□ **朗读对话二，注意发音和语气。** Read Dialogue 2 aloud, pay attention to the pronunciation and the tone.

王 军： 很遗憾，我没能参加你们的
Wáng Jūn: Hěn yíhàn, wǒ méi néng cānjiā nǐmen de

晚会。
wǎnhuì.

欧 文： 就差你一个，大家都来了。
Ōuwén: Jiù chā nǐ yí ge, dàjiā dōu lái le.

王 军： 晚会很成功吧？来了
Wáng Jūn: Wǎnhuì hěn chénggōng ba? Lái le

多少人？
duōshao rén?

欧 文： 很成功，来了30多个人。
Ōuwén: Hěn chénggōng, lái le sānshí duō ge rén.

王 军： 都是同学和朋友吗？
Wáng Jūn: Dōu shì tóngxué hé péngyou ma?

欧 文： 因为我们出了海报，所以也
Ōuwén: Yīnwèi wǒmen chū le hǎibào, suǒyǐ yě

有其他班的同学。
yǒu qítā bān de tóngxué.

王 军： 你们搞了什么活动？
Wáng Jūn: Nǐmen gǎo le shénme huódòng?

欧 文： 唱歌、跳舞，还有游戏。
Ōuwén: Chàng gē, tiào wǔ, hái yǒu yóuxì.

王 军： 那一定特别热闹。
Wáng Jūn: Nà yídìng tèbié rènao.

欧 文： 是啊。我们大家都很高兴。
Ōuwén: Shì a. Wǒmen dàjiā dōu hěn gāoxìng.

王 军： 这个周末我们系有一个新年
Wáng Jūn: Zhège zhōumò wǒmen xì yǒu yí ge xīnnián

舞会，大家一起去吧！
wǔhuì, dàjiā yìqǐ qù ba!

欧 文： 好啊！我们都觉得昨天没玩儿够。
Ōuwén: Hǎo a! Wǒmen dōu juéde zuótiān méi wánr gòu.

Tips:
1. Here 差 means *absent*.
2. V+够 indicates that the demand of an act has been satisfied and no further proceeding is required. The negative form is 没+V+够.

Wang Jun:	It's a pity that I didn't attend your evening party.
Irving:	Everyone came except you.
Wang Jun:	Was the party successful? How many people came?
Irving:	Very successful. More than 30 people came.
Wang Jun:	Were they all classmates and friends?
Irving:	Students from other classes came as well since we'd put up a poster.
Wang Jun:	What activities did you organize?
Irving:	Singing, dancing and games.
Wang Jun:	It must have been bustling.
Irving:	Yes. We all had a good time.
Wang Jun:	There will be a New Year ball at our department this weekend. Let's go together!
Irving:	Great! No one felt having had enough fun yesterday.

□ **说一说。** say it.

① 你喜欢参加聚会吗？为什么？

　Nǐ xǐhuan cānjiā jùhuì ma? Wèi shénme?

　Do you like joining a gathering? Why?

② 你们国家的节日聚会有什么特点？

　Nǐmen guójiā de jiérì jùhuì yǒu shénme tèdiǎn?

　What are the characteristics of festival gatherings in your country?

③ 你觉得中国人的聚会和你们的有什么不同？

　Nǐ juéde Zhōngguórén de jùhuì hé nǐmen de yǒu shénme bù tóng?

　What do you think are the differences between Chinese gatherings and your countriy's?

（三）

□ **听两遍录音，并回答下列问题。** Listen to the recording twice and answer the following questions.

 18-05

① 最近大家为什么都很忙？

　Zuìjìn dàjiā wèi shénme dōu hěn máng?

　Why is everyone busy recently?

② 后天是什么日子？

　Hòutiān shì shénme rìzi?

　What's special about the day after tomorrow?

③ 山本为什么记住了这个日子？

　Shānběn wèi shénme jì zhù le zhège rìzi?

　Why does Yamamoto remember this day?

④ 他们为什么想给玛莎一个惊喜？

　Tāmen wèi shénme xiǎng gěi Mǎshā yí ge jīngxǐ?

　Why do they want to give Masha a surprise?

⑤ 他们打算怎样做？

　Tāmen dǎsuàn zěnyàng zuò?

　What are they going to do?

□ **朗读对话三，注意发音和语气。** Read Dialogue 3 aloud, pay attention to the pronunciation and the tone.

> 欧 文：　最近大家都很忙啊！
> Ōuwén:　Zuìjìn dàjiā dōu hěn máng a!
>
> 山 本：　是啊。新年到了，活动比较多。
> Shānběn:　Shì a. Xīnnián dào le, huódòng bǐjiào duō.
>
> 春 香：　今天叫我们来有什么好事儿吗？
> Chūnxiāng:　Jīntiān jiào wǒmen lái yǒu shénme hǎo shìr ma?

欧文: 再开个生日晚会怎么样？
Ōuwén: Zài kāi ge shēngrì wǎnhuì zěnmeyàng?

山本: 我想起来了，后天是玛莎的生日。
Shānběn: Wǒ xiǎng qǐ lai le, hòutiān shì Mǎshā de shēngrì.

春香: 哎呀，我都忙忘了。你怎么记得
Chūnxiāng: Āiyā, wǒ dōu máng wàng le. Nǐ zěnme jìde

那么清楚？
nàme qīngchu?

山本: 因为她的生日和我妹妹的是
Shānběn: Yīnwèi tā de shēngrì hé wǒ mèimei de shì

同一天。
tóng yì tiān.

欧文: 最近玛莎心情不太好，特别想¹家。
Ōuwén: Zuìjìn Mǎshā xīnqíng bú tài hǎo, tèbié xiǎng jiā.

春香: 那咱们就送给她一个特别
Chūnxiāng: Nà zánmen jiù sòng gěi tā yí ge tèbié de

的生日礼物。
shēngrì lǐwù.

欧文: 我就是这个意思。
Ōuwén: Wǒ jiù shi zhège yìsi.

山本: 咱们先告诉她是一个新年
Shānběn: Zánmen xiān gàosu tā shì yí ge xīnnián

聚会。
jùhuì.

春香: 好的。到时候我叫她一起去。
Chūnxiāng: Hǎo de. Dào shíhou wǒ jiào tā yìqǐ qù.

Irving:	Everyone's rather busy recently.
Yamamoto:	Yes. New Year is coming and there are many activities.
Chun Hyang:	What did you gather us for today?
Irving:	How about throw another birthday party?
Yamamoto:	I got it, the day after tomorrow's Masha's birthday.
Chun Hyang:	Oh, I've been too busy to remember it. How can you remember it so clearly?
Yamamoto:	Because her birthday and my sister's birthday are on the same day.
Irving:	Masha hasn't been in a good mood lately. She's been homesick.
Chun Hyang:	Then we shall give her a special birthday gift.
Irving:	That's what I meant.
Yamamoto:	First we tell her we'll have a New Year party.
Chun Hyang:	All right. I'll ask her to join us then.

Tip:

1. Here 想 means *miss*.

❑ 说一说。say it.

① 你喜欢过生日吗？为什么？
Nǐ xǐhuan guò shēngrì ma? Wèi shénme?
Do you like celebrating your birthday? Why?

② 在你们国家人们一般会送什么样的生日礼物？
Zài nǐmen guójiā rénmen yìbān huì sòng shénme yàng de shēngrì lǐwù?
What birthday gifts are usually presented in your country?

③ 你收到过的最特别的生日礼物是什么？
Nǐ shōu dào guo de zuì tèbié de shēngrì lǐwù shì shénme?
What is the most special birthday gift you have ever received?

（四）

☐ **朗读下面的短文，并模仿短文说说自己的生日。** Read the following passage aloud and imitate the passage to talk about your birthday. 🔘 18-06

我的生日是10月20日。从小到大，爸爸妈妈每年都为我过生日。后来我离开家去很远的地方上学，因为学习紧张(hard)，我常常忘记自己的生日，不过生日那天我总是能接到妈妈打来的电话。

去年是我20岁的生日，10月20日那天，我的朋友们带着鲜花和蛋糕在郊外(suburb)为我过了一个特别的生日。他们一起为我唱了生日歌，每人还在生日卡(birthday card)上为我写了一句话。晚上，我带着大家的祝福(blessing)刚回到房间，又接到了妈妈的电话。我觉得自己很幸福。

Wǒ de shēngrì shì shí yuè èrshí rì. Cóng xiǎo dào dà, bàba māma měi nián dōu wèi wǒ guò shēngrì. Hòulái wǒ lí kāi jiā qù hěn yuǎn de dìfang shàng xué, yīnwèi xuéxí jǐnzhāng, wǒ chángcháng wàngjì zìjǐ de shēngrì, búguò shēngrì nà tiān wǒ zǒng shì néng jiē dào māma dǎ lái de diànhuà.

Qùnián shì wǒ èrshí suì de shēng rì, shí yuè èrshí rì nà tiān, wǒ de péngyou men dài zhe xiānhuā hé dàngāo zài jiāowài wèi wǒ guò le yí ge tèbié de shēngrì. Tāmen yìqǐ wèi wǒ chàng le shēngrì gē, měi rén hái zài shēngrì kǎ shang wèi wǒ xiě le yí jù huà. Wǎnshang, wǒ dài zhe dàjiā de zhùfú gāng huí dào fángjiān, yòu jiē dào le māma de diànhuà. Wǒ juéde zìjǐ hěn xìngfú.

活 动 Activities

一、双人活动 Pair work

1. **每年的新年你都是怎么过的？跟同伴说说你最喜欢的一个新年活动。** How do you celebrate the New Year every year? Tell your partner your favorite New Year activity.

时间 shíjiān	地点 dìdiǎn	参加的人 cānjiā de rén	活动 huódòng

2. **为全班策划一个特别的新年活动。** Plan a special New Year activity for the class.

3. 向大家公布你们的活动计划，并说明理由。Announce your plan to the class and explain.

给教师的提示
您可以根据具体的年节情况，征集一个活动方案。

二、看图编故事并表演 Make up a story according to the pictures and act

Word bank

礼物	商量	做饭
lǐwù	shāngliang	zuò fàn
gift	discuss	cook

①　　②

③　　④　　⑤

三、小组活动 Group work

1. 参考下面的问题调查一下，看看同学们对毕业晚会有什么想法。Conduct a survey according to the following questions and find out what your classmates' opinions are on the graduation party.

① 你喜欢什么样的晚会？
　　Nǐ xǐhuan shénme yàng de wǎnhuì?

② 你喜欢的晚会应该有什么活动？

　　Nǐ xǐhuan de wǎnhuì yīnggāi yǒu shénme huódòng?

③ 你喜欢在什么地方开晚会？

　　Nǐ xǐhuan zài shénme dìfang kāi wǎnhuì?

2. **3-4人一组，商量一个毕业晚会的方案。** Work in groups of three or four, and work out a scheme for the graduation party.

3. **各组向大家公布，并选出最佳方案。** Every group annouces their scheme to the class and then the whole class elect the best one.

语言练习 Language Focus

一、朗读下面的句子，注意语气和语调 Read the following sentences aloud, pay attention to the tone and the intonation 🔘 18-07

① 好主意！咱们可以多请一些朋友。

　　Hǎo zhǔyi! Zánmen kěyǐ duō qǐng yìxiē péngyou.

② 太好了！我这就去写一张英文海报。

　　Tài hǎo le! Wǒ zhè jiù qù xiě yì zhāng Yīngwén hǎibào.

③ 我不同意。我觉得海报上也要有中文。

　　Wǒ bù tóngyì. Wǒ juéde hǎibào shang yě yào yǒu Zhōngwén.

④ 是啊。我们大家都很高兴。

　　Shì a. Wǒmen dàjiā dōu hěn gāoxìng.

⑤ 好啊！我们都觉得昨天没玩儿够。

　　Hǎo a! Wǒmen dōu juéde zuótiān méi wánr gòu.

⑥ 是啊。新年到了，各种活动比较多。

　　Shì a. Xīnnián dào le, gè zhǒng huódòng bǐjiào duō.

⑦ 哎呀，我都忙忘了。

　　Āiyā, wǒ dōu máng wàng le.

⑧ 好的。到时候我叫她一起去。

　　Hǎo de. Dào shíhou wǒ jiào tā yìqǐ qù.

287

二、替换练习 Substitution exercises

① 不能回家　也没关系。
Bù néng huí jiā　yě méi guānxi.

晚一点儿吃
Wǎn yìdiǎnr chī

不参加
Bù cānjiā

不买
Bù mǎi

③ 我们都觉得昨天没　玩儿够。
Wǒmen dōu juéde zuótiān méi wánr gòu.

休息
xiūxi

睡
shuì

吃
chī

② 你觉得 这个主意　怎么样?
Nǐ juéde zhège zhǔyi　zěnmeyàng?

我觉得　不错。
Wǒ juéde　búcuò.

他的　不太好。
Tā de　bú tài hǎo.

朋友的　很有用。
Péngyou de　hěn yǒu yòng.

④ 好主意。咱们可以　多邀请一些朋友。
Hǎo zhǔyi. Zánmen kěyǐ duō yāoqǐng yìxiē péngyou.

早点儿去
zǎo diǎnr qù

先吃饭
xiān chī fàn

提前(before schedule)考试
tíqián kǎo shì

三、用 "你说，……" 询问对方的具体意见 Ask your partner's opinions with 你说，……

① A：咱们一起去公园吧!
Zánmen yìqǐ qù gōngyuán ba!
B：好的。_____？(时候)
Hǎo de._____? (shíhou)

② A：今天天气不错，晚饭后去散散步吧!
Jīntiān tiānqì búcuò, wǎnfàn hòu qù sǎnsan bù ba!
B：_____。(地方)
_____. (dìfang)

③ A：_____（便宜、贵）
(piányi, guì)
B：哪件衣服漂亮就买哪件。
Nǎ jiàn yīfu piàoliang jiù mǎi nǎ jiàn.

④ A：_____（茶、咖啡）
(chá, kāfēi)
B：我觉得人喜欢喝什么就喝什么。
Wǒ juéde rén xǐhuan hē shénme jiù hē shénme.

四、用 "就差" 完成下面的对话 Complete the following dialogues with 就差

① A：同学们都来了吗? 都来了就可以出发了。
Tóngxué men dōu lái le ma? Dōu lái le jiù kěyǐ chūfā le.
B：_____（一个同学）
(yí ge tóngxué)

② A：大家都有餐具了吗?
Dàjiā dōu yǒu cānjù le ma?
B：_____（一双筷子）(chopstick)
(yì shuāng kuàizi)

③ A：晚会的东西都准备好了吗？
　　Wǎnhuì de dōngxi dōu zhǔnbèi hǎo le ma?

　 B：_____（饮料）(beverage)
　　.................................（yǐnliào）

④ A：去旅行的事情都办好了吗？
　　Qù lǚxíng de shìqing dōu bàn hǎo le ma?

　 B：_____。（飞机票）
　　.................（fēijī piào）

扩展活动 Extended Activities

一、看图比较　Look and compare

两人分别看着图A和图B（见第290页），向同伴描述图片的内容，听的人应该说出自己的图片和对方不一样的地方。Two students look at picture A and picture B (on Page 290) respectively. Describe to your partner what you see. The listener should tell the differences between the two pictures.

Ⓐ

A tip for students

There are many differences between the two pictures. Do not look at your partner's picture until you have finished talking about the pictures.

B

二、歌曲 Song

友谊地久天长 "Auld Lang Syne"

岁！ 举　杯 痛 饮，同　声 歌　颂 友　谊 地　久 天
suì! Jǔ　bēi tòng yǐn, tōng shēng gē　sòng yǒu　yì　dì　jiǔ tiān

长。
cháng.

总结与评价　Summary and Evaluation

一、在本课你学会了哪些商量事情时可以说的话？你学会表示同意或不同意了吗？你能简单介绍一次活动了吗？利用下面的表格复习一下。What expressions of discussion have you learned from this lesson? Have you learned to express agreement or disagreement? Can you briefly introduce an activity? Review what you have learned by completing the following form.

情况 Situations	可以说的话 Words you can say
商量的时候 Discussion	
同意的时候 Agreement	
不同意的时候 Disagreement	

二、完成任务的自我表现评价。Self-evaluation.

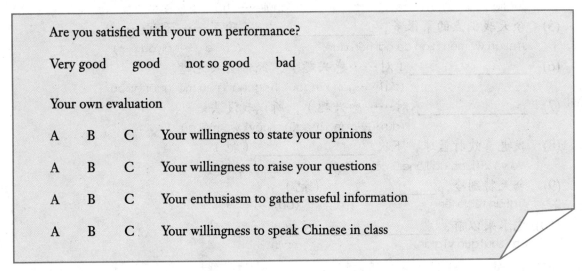

Are you satisfied with your own performance?

Very good　good　not so good　bad

Your own evaluation

A　B　C　Your willingness to state your opinions

A　B　C　Your willingness to raise your questions

A　B　C　Your enthusiasm to gather useful information

A　B　C　Your willingness to speak Chinese in class

复习 3
Review 3

一、语言练习 Language Exercises

1. **选词填空。** Fill in the blanks with the proper words.

(1) 在这张照片儿_____，有一个漂亮的姑娘。（上　中）
Zài zhè zhāng zhàopiānr_____, yǒu yí ge piàoliang de gūniang. (shàng　zhōng)

(2) 在音乐_____运动，心情特别好。（上　中）
Zài yīnyuè_____yùndòng, xīnqíng tèbié hǎo. (shàng　zhōng)

(3) 她最近身体不太好，_____是工作太忙，没时间休息。（尤其　主要）
Tā zuìjìn shēntǐ bú tài hǎo,_____shì gōngzuò tài máng, méi shíjiān xiūxi. (yóuqí　zhǔyào)

(4) 他经常迟到，_____是因为晚上睡得太晚。（尤其　主要）
Tā jīngcháng chídào,_____shì yīnwèi wǎnshang shuì de tài wǎn. (yóuqí　zhǔyào)

(5) 我特别喜欢看电影，_____是中国的功夫片。（尤其　主要）
Wǒ tèbié xǐhuan kàn diànyǐng,_____shì Zhōngguó de Gōngfu piān. (yóuqí　zhǔyào)

2. **用所给的词语口头完成句子。** Complete the sentences orally with the given words.

(1) 她的房间_____（又……又……）。
Tā de fángjiān_____(yòu……yòu……)

(2) 那个饭馆儿的菜_____（又……又……）
Nàge fànguǎnr de cài_____(yòu……yòu……)

(3) 那个姑娘_____（又……又……）
Nàge gūniang_____(yòu……yòu……)

(4) 昨天参加会议的_____（除了……还有……）
Zuótiān cānjiā huìyì de_____(chúle……háiyǒu……)

(5) 今天我们点的菜很多，_____（除了……还有……）
Jīntiān wǒmen diǎn de cài hěn duō,_____(chúle……háiyǒu……)

(6) _____（对……感兴趣），经常去买光盘。
_____(duì……gǎn xìngqù), jīngcháng qù mǎi guāngpán.

(7) _____对……感兴趣），所以我没去。
_____(duì……gǎn xìngqù), suǒyǐ wǒ méi qù.

(8) 我也喜欢打篮球，下次_____（把）
Wǒ yě xǐhuan dǎ lánqiú, xià cì_____(bǎ)

(9) 今天特别冷，_____（把）
Jīntiān tèbié lěng,_____(bǎ)

(10) 吃水果以前，_____（把）
Chī shuǐguǒ yǐqián,_____(bǎ)

二、活动 Activities

1. **先看看老师准备的所有照片，选择其中一张给同伴介绍，但不要告诉他/她是哪一张，让他/她听完后指出是哪一张。** Look at the pictures prepared by the teacher and choose one of them to introduce to your partner. Do not tell him/her which picture it is and let him/her point out according to your description.

> **A tip for students**
>
> If your partner cannot point out which picture it is, you might need to describe it in a clearer way. The listener can ask questions while listening.

> 给教师的提示
> 您需要事先准备五六张有风景也有人的照片（人数最好接近或相同），一起展示给学生。

2. **两人一组，电话采访名人。** Work in pairs, interview celebrities over phone.

(1) **每人说出一位你最想采访的名人，并在一张纸上画出这个人的画像。** Each student names a celebrity who he/she wants to interview the most and draws a picture of the person on a piece of paper.

(2) **从画像中抽到哪一张，你就扮演哪一个名人，并接受同伴的电话采访。** Draw out one of the pictures, play the celebrity in the picture and receive your partner' interview over phone.

参考问题：Questions suggested

1. 你觉得自己漂亮/帅吗？
   Nǐ juéde zìjǐ piàoliang/shuài ma?
   Do you think you are pretty/handsome?

2. 你有女/男朋友吗？她/他长得漂亮/帅吗？
   Nǐ yǒu nǚ/nán péngyou ma? Tā zhǎng de piàoliang/shuài ma?
   Do you have a girlfriend/boyfriend? Does she/he look pretty/handsome?

3. 你愿意告诉我你的妻子/丈夫/女儿/儿子长什么样儿吗？
   Nǐ yuànyì gàosu wǒ nǐ de qīzǐ/zhàngfu/nǚér/érzi zhǎng shénme yàngr ma?
   Would you like to tell me what your wife/husband/daughter/son looks like?

4. 你有什么爱好？如果有一个假期你最想做什么？
   Nǐ yǒu shénme àihào? Rúguǒ yǒu yí ge jiàqī nǐ zuì xiǎng zuò shénme?
   What hobbies do you have? What do you want to do if you have a holiday?

5. 你最喜欢的是什么地方？为什么？
   Nǐ zuì xǐhuan de shì shénme dìfang? Wèi shénme?
   What is your favorite place? Why?

6. 你最不喜欢做的是什么事情？为什么？
   Nǐ zuì bù xǐhuan zuò de shì shénme shìqing? Wèi shénme?
   What do you not like to do the most? Why?

> **A tip for students**
>
> You may prepare some questions you want to ask.

> 给教师的提示
> 您也可以事先准备一些名人的照片。

3. 猜词语比赛。Word-guessing game.

两人一组。将13到18课中的一些词语做成卡片，由一个同学用汉语说，另一个同学猜。看哪一组猜出的词语最多。Work in pairs. Write down some words from Lesson 13 to Lesson 18 on the cards. One student explains the meaning in Chinese and the other student guesses the word. See which group guesses out the most words.

> **A tip for students**
>
> Body language can help you, but you should try to make yourself understood with the Chinese you learned.

> 给教师的提示
>
> 您需要事先准备词语卡片。尽量不要选择那些意思比较抽象的词语。

三、短剧表演 Mini-play

将全班分成小组，抽签选择短剧的内容。大家一起商量短剧怎么演，每个人应该说什么话，准备好以后给大家表演。最后利用下面的表格给自己的小组和自己的表现打分，也要给其他的小组打分。Divide the class into groups and draw lots to decide the content of the play. Discuss how to act and what to say, and then act the play out in front of the class. After the performance, evaluate the performance of yourself, your group and other groups according to the following form.

参考内容：Plays suggested:
1. 电视交友节目。Matching-making TV Show.
2. 倒霉的一天/倒霉的旅行。A Terrible Day/Trip.
3. 春、夏、秋、冬。Spring, Summer, Autumn and Winter.
4. 欢送会/生日会。Farewell Party/Birthday Party.

学生用的评价表 Self-evaluation form for students

自己小组的表现 Your group's performance	A B C D E
自己的表现 Your performance	A B C D E
表现最好的小组 The best group	Group1 Group2 Group3
表现最好的同学 The best actor	1. 2. 3.

教师用的评价表 Evaluation form for the teacher

语言综合表现评价参考标准

等级	语音和语调	语法和词汇	流利性	合作性
优	非常准确	基本没有错误。	语速适当，非常流利。	能经常提示或帮助他人回答。
良	正确	偶尔有失误。	语速适当，但有停顿。	偶尔能提醒对方。
中	基本正确	语法词汇错误较多，但有控制。	停顿较多，句子总量不够。	基本没有主动参与的意识。
差	不正确	缺乏语法控制能力，词汇错误较多。	对语速没有控制，结结巴巴。	完全不能参与到活动中。

给教师的提示
您可以利用这个表格对学生的学习进行引导和评价。

词 性 简 称 表
Abbreviations of Word Classes

n	noun	名词	míngcí
pn	proper noun	专有名词	zhuānyǒu míngcí
v	verb	动词	dòngcí
mv	model verb	能愿动词	néng yuàn dòngcí
a	adjective	形容词	xíngróngcí
pron	pronoun	代词	dàicí
num	numeral	数词	shùcí
m	measure	量词	liàngcí
adv	adverb	副词	fùcí
prep	preposition	介词	jiècí
conj	conjunction	连词	liáncí
pt	particle	助词	zhùcí
int	interjection	叹词	tàncí

词 语 表
Vocabulary Index

第1课

欢迎	*v*	huānyíng	welcome
自我	*pron*	zìwǒ	self
接	*v*	jiē	meet
辛苦	*a*	xīnkǔ	tired
左右	*n*	zuǒyòu	about
午饭	*n*	wǔfàn	lunch
*停车	*v*	tíng chē	park
场	*n*	chǎng	lot
跟	*v*	gēn	with
研究生	*n*	yánjiūshēng	graduate student
帮忙	*v*	bāng máng	help
旅游	*v*	lǚyóu	travel
希望	*v*	xīwàng	hope
互相	*adv*	hùxiāng	each other

补充词语

山东		Shāndōng	Shandong Province

---

1. 加*号的为超出初级最常用和次常用的词语

文学	n	wénxué	literature
郊游	v	jiāoyóu	outing
快乐	a	kuàilè	happy

第2课

（那）边	n	(nà) biān	there
袜子	n	wàzi	socks
白色	n	báisè	white
深	a	shēn	deep
色	n	sè	color
倒是	adv	dào shì	but
*摊主	n	tānzhǔ	seller
双	m	shuāng	pair
蓝	a	lán	blue
*T恤衫	n	T-xù shān	T-shirt
*售货员	n	shòuhuòyuán	shop assistant
*袖	n	xiù	sleeve
号	n	hào	size
*试衣间	n	shì yī jiān	fitting room
*裤子	n	kùzi	pants
抱歉	a	bàoqiàn	sorry
*牛仔裤	n	niúzǎikù	jeans
浅	a	qiǎn	light

补充词语

鲜艳	a	xiānyàn	bright
配	v	pèi	with
戴	v	dài	wear
太阳镜	n	tàiyángjìng	sunglasses
帅	a	shuài	handsome
西服	n	xīfú	suit
领带	n	lǐngdài	tie
裙子	n	qúnzi	skirt
毛衣	n	máoyī	sweater
帽子	n	màozi	hat
拖鞋	n	tuōxié	slippers
皮鞋	n	pí xié	leather shoes
羽绒服	n	yǔróng fú	feather jacket
手套	n	shǒutào	glove
灰	a	huī	grey
驼	a	tuó	light tan
棕	a	zōng	brown
粉	a	fěn	pink

紫	*a*	zǐ	purple
质量	*n*	zhìliàng	quality
质地	*n*	zhìdì	texture

第3课

点（菜）	*v*	diǎn (cài)	order
壶	*n*	hú	kettle
菜单	*n*	càidān	menu
份	*m*	fèn	portion, share
糖	*n*	táng	sugar
醋	*n*	cù	vinegar
蔬菜	*n*	shūcài	vegetable
饿	*a*	è	hungry
主食	*n*	zhǔshí	staple food
*味精	*n*	wèijīng	MSG
味道	*n*	wèidào	taste
汤	*n*	tāng	soup
*咸	*a*	xián	salty
从小	*adv*	cóngxiǎo	since childhood
*辣	*a*	là	spicy
甜	*a*	tián	sweet
胖	*a*	pàng	overweight
豆腐	*n*	dòufu	bean curd
香	*a*	xiāng	good
*酱	*n*	jiàng	sauce
*泡菜	*n*	pàocài	pickle
酸	*n*	suān	sour
完全	*adv*	wánquán	completely
惯	*v*	guàn	be used to

专有名词

*凉拌黄瓜		liángbàn huángguā	lossed cucumber in sauce
*南瓜饼		nánguā bǐng	pumpkin pie
*糖醋里脊		táng cù lǐji	sweet and sour pork
*锅包肉		guō bāo ròu	double cooked pork slices
*清炒菜心		qīng chǎo càixīn	fresh fried heart of cabbage
*韩国		Hánguó	South Korea
*四川		Sìchuān	Sichuan

补充词语

口味	*n*	kǒuwèi	taste
山东人		Shāndōng rén	from Shandong
天津人		Tiānjīn rén	from Tianjin

面条	n	miàntiáo	noodle

第4课

喂	int	wèi	hello
商场	n	shāngchǎng	mall
*不见不散		bú jiàn bú sàn	don't miss it
*光盘	n	guāngpán	disc
*超市	n	chāoshì	supermarket
家	m	jiā	
走路	v	zǒu lù	walk
西	n	xī	west
南	n	nán	south
东	n	dōng	east
拐	v	guǎi	turn
店	n	diàn	store
北	n	běi	north
空儿	n	kòngr	free
得	mv	děi	have to
地铁	n	dìtiě	subway
站	n	zhàn	station
顺利	a	shùnlì	smooth
……的话		... de huà	if

专有名词

*新街口		Xīnjiēkǒu	Xinjiekou
*中华		Zhōnghuá	Zhonghua

补充词语

中心	n	zhōngxīn	downtown
图书馆	n	túshūguǎn	library
食堂	n	shítáng	cafeteria
小卖部	n	xiǎomàibù	canteen
篮球场	n	lánqiú chǎng	basketball court
足球场	n	zúqiú chǎng	football court
健身房	n	jiànshēnfáng	gym
网吧	n	wǎngbā	Internet bar

第5课

*刷（卡）	v	shuā (kǎ)	swipe (the card)
*卡	n	kǎ	card
票	n	piào	ticket
*打车	v	dǎ chē	take a taxi

行李	n	xíngli	luggage
班车	n	bānchē	regular bus
周末	n	zhōumò	weekend
趟	m	tàng	
骑	v	qí	ride
上周	n	shàng zhōu	last week
风景	n	fēngjǐng	view
火车	n	huǒchē	train

专有名词

北京路		Běijīng Lù	Beijing Road
动物园		Dòngwùyuán	Zoo

补充词语

热情	a	rèqíng	warm
交通卡	n	jiāotōng kǎ	transportation card

第6课

样	n	yàng	appearance
皮儿	n	pír	cover
添	v	tiān	add
下（次）	n	xià (cì)	next (time)
舒服	a	shūfu	comfortable
生词	n	shēngcí	new words
部分	n	bùfen	part
办	v	bàn	do
练	v	liàn	practice
*前台	n	qiántái	reception
地址	n	dìzhǐ	address
国际	a	guójì	international
教育	n	jiàoyù	education
学院	n	xuéyuàn	college
*收发室	n	shōufā shì	mail room

补充词语

二手车	n	èrshǒu chē	used bike
打气	v	dǎ qì	inflate
修	v	xiū	fix

第7课

*太极拳	n	tàijí quán	Tai-chi
亮	a	liàng	day

外国	*a*	wàiguó	foreign
酒吧	*n*	jiǔbā	bar
脸色	*n*	liǎnsè	look
着	*adv*	zháo	an auxiliary of tone
午觉	*n*	wǔjiào	noon nap
道理	*n*	dàolǐ	reason
约	*n*	yuē	appointment
长	*v*	zhǎng	gain
油腻	*a*	yóunì	oily
特	*adv*	tè	very
蛋糕	*n*	dàngāo	cake
瘦	*a*	shòu	slim
懒	*a*	lǎn	lazy
生气	*v*	shēng qì	be mad
请客	*v*	qǐng kè	treat
饺子	*n*	jiǎozi	dumpling
一言为定		yì yán wéi dìng	deal

第8课

标准间	*n*	biāozhǔn jiān	standard room
三人间	*n*	sān rén jiān	triple room
洗澡	*v*	xǐ zǎo	take a bath
交	*v*	jiāo	give
*订金	*n*	dìngjīn	deposit
结账	*v*	jié zhàng	check
退	*v*	tuì	refund
热闹	*a*	rènao	noisy
海	*n*	hǎi	sea
手续	*n*	shǒuxù	procedure
服务	*n*	fúwù	service
客人	*n*	kèrén	guest
订	*v*	dìng	book
醒	*v*	xǐng	wake
早餐	*n*	zǎocān	breakfast
卫生间	*n*	wèishēngjiān	toilet
打扫	*v*	dǎsǎo	clean
要求	*n*	yāoqiú	requirement
*蚊子	*n*	wénzi	mosquito
*蚊香	*n*	wénxiāng	mosquito incense

补充词语

| 意见 | *n* | yìjiàn | complaint |

第9课

租	v	zū	rent
房	n	fáng	apartment
费	n	fèi	fee
付	v	fù	pay
一半儿	num	yíbànr	half
卧室	n	wòshì	bedroom
衣柜	n	yīguì	wardrobe
冰箱	n	bīngxiāng	fridge
客厅	n	kètīng	sitting room
厨房	n	chúfáng	kitchen
差不多	a	chàbuduō	about the same
窗户	n	chuānghu	window
对面	n	duìmiàn	opposite
前面	n	qiánmiàn	front
右边	n	yòubian	right
书架	n	shūjià	bookshelf
清	adv	qīng	clearly
食品	n	shípǐn	food
柜子	n	guìzi	cupboard
影响	v	yǐngxiǎng	disturb
整齐	a	zhěngqí	orderly
挂	v	guà	hang
摆	v	bǎi	place
心情	n	xīnqíng	mood

补充词语

椅子	n	yǐzi	chair
沙发	n	shāfā	sofa
茶几	n	chájī	tea table
电视柜	n	diànshì guì	TV cabinet

第10课

好久	a	hǎojiǔ	long
请假	v	qǐng jià	ask for leave
厉害	a	lìhai	serious
感觉	v	gǎnjué	feel
力气	n	lìqi	strength
旅行	v	lǚxíng	travel
奶奶	n	nǎinai	grandmother
照片	n	zhàopiàn	picture

精神	a	jīngshen	vigorous
坚持	v	jiānchí	keep doing sth.
锻炼	v	duànliàn	do exercise
腿	n	tuǐ	leg
确实	adv	quèshí	surely
照顾	v	zhàogù	take care of
陪	v	péi	company
看病	v	kàn bìng	see a doctor
拉肚子	v	lā dùzi	have diarrhea
发烧	v	fā shāo	have a fever
*挂号	v	guà hào	register
*处	n	chù	office
*内科	n	nèikē	internal medicine

补充词语

感到	v	gǎndào	feel
担心	v	dānxīn	worry
常用	a	chángyòng	common
受伤	v	shòu shāng	injure
撞	v	zhuàng	hit
摔	v	shuāi	fall
口罩	n	kǒuzhào	mouth guard
手绢	n	shǒujuàn	handkerchief

第11课

理	v	lǐ	cut
*发型	n	fàxíng	hairstyle
*平头	n	píngtóu	crew cut
凉快	a	liángkuai	cool
*寸头	n	cùntóu	brush cut
理发	v	lǐ fà	haircut
剪	v	jiǎn	cut
头发	n	tóufa	hair
烫	v	tàng	perm
吹	v	chuī	blow
照	v	zhào	look (into the mirror)
镜子	n	jìngzi	mirror
*染	v	rǎn	dye
选	v	xuǎn	choose
修	v	xiū	trim
留	v	liú	save
发	n	fà	hair

补充词语

难受	*a*	nánshòu	uncomfortable
其实	*adv*	qíshí	in fact
理发店	*n*	lǐfà diàn	barber's shop
美发厅	*n*	měifà tīng	hair salon
直发	*n*	zhí fà	straight hair

第12课

汉字	*n*	hànzì	Chinese characters
*谦虚	*a*	qiānxū	modest
*怪不得		guàibude	no wonder
够	*adv*	gòu	enough
开玩笑		kāi wánxiào	kid
*帅	*a*	shuài	handsome
小伙子	*n*	xiǎohuǒzi	young man
法律	*n*	fǎlǜ	law
系	*n*	xì	department
俄语	*n*	É yǔ	Russian
噢	*int*	ō	Oh
叮咚	*n*	dīngdōng	bingo
正确	*a*	zhèngquè	correct
考	*v*	kǎo	test
主要	*a*	zhǔyào	major
词语	*n*	cíyǔ	word
不然	*conj*	bùrán	otherwise
越……越……		yuè …… yuè ……	the more......the more......
重视	*v*	zhòngshì	pay special attention to

补充词语

平时	*n*	píngshí	usually
主动	*adv*	zhǔdòng	voluntarily
利用	*v*	lìyòng	make use of
复杂	*a*	fùzá	complex
阅读	*v*	yuèdú	read

第13课

兴趣	*n*	xìngqù	interest
班	*n*	bān	class
民族	*n*	mínzú	ethnic group
舞蹈	*n*	wǔdǎo	dance
书法	*n*	shūfǎ	calligraphy
武术	*n*	wǔshù	martial arts

报名	v	bào míng	sign up
赶快	adv	gǎnkuài	hurry
来得及		láidejí	make it in time
*满头大汗		mǎn tóu dà hàn	sweat all over one's head
*健身房	n	jiànshēnfáng	gym
*减肥	v	jiǎn féi	lose weight
*同屋	n	tóngwū	roommate
*网吧	n	wǎngbā	net bar
上网	v	shàng wǎng	surf on the internet
*迷	v	mí	be obsessed with
电脑	n	diànnǎo	computer
*游戏	n	yóuxì	game
好处	n	hǎochu	advantage
打	v	dǎ	play
篮球	n	lánqiú	basketball
羽毛球	n	yǔmáoqiú	badminton
感兴趣		gǎn xìngqù	be interested in
球	n	qiú	ball games

补充词语

单打	n	dāndǎ	singles
双打	n	shuāngdǎ	doubles
健步走		jiànbù zǒu	swift walking
橄榄球	n	gǎnlǎnqiú	rugby
台球	n	táiqiú	billiards
飞碟	n	fēidié	frisbee
赢	v	yíng	win
输	v	shū	lose
球拍	n	qiúpāi	racket
球网	n	qiú wǎng	net
球场	n	qiúchǎng	court
力量	n	lìliàng	strength
扔	v	rēng	throw
西瓜	n	xīguā	watermelon

第14课

毕业	v	bìyè	graduate
*专业	n	zhuānyè	major
*招聘	v	zhāopìn	recruit
别提	v	bié tí	don't mention
（毕业）生	n	(bìyè) shēng	graduate
*导师	n	dǎoshī	supervisor
劝	v	quàn	persuade

博士	n	bóshì	doctor
怪	v	guài	blame
生病	v	shēng bìng	be ill
辅导	v	fǔdǎo	tutor
得（病）	v	dé (bìng)	get (disease)
*捂	v	wǔ	cover
肚子	n	dùzi	belly
赶紧	adv	gǎnjǐn	hurry
打针	v	dǎ zhēn	give an injection
*步行街	n	bùxíngjiē	walking street
弄	v	nòng	get
市场	n	shìchǎng	market
经理	n	jīnglǐ	manager

补充词语

解决	v	jiějué	solve

第15课

转	v	zhuǎn	wander
出门	v	chū mén	go out
讨厌	v	tǎoyàn	hate
受	v	shòu	bear
相反	a	xiāngfǎn	opposite
反正	adv	fǎnzhèng	anyway
适合	a	shìhé	suitable
季节	n	jìjié	season
雪	n	xuě	snow
秋天	n	qiūtiān	autumn
*海	n	hǎi	sea
*森林	n	sēnlín	forest
*景	n	jǐng	view
湖	n	hú	lake
俩	num	liǎ	two
联系	v	liánxì	contact
暖和	a	nuǎnhuo	warm
度	n	dù	degree
*预报	v	yùbào	forecast
抓紧	v	zhuā jǐn	grasp
后面	n	hòumiàn	back
*合影	n	héyǐng	group picture
喊	v	hǎn	shout
茄子	n	qiézi	eggplant
*表情	n	biǎoqíng	facial expression

补充词语

其他	pron	qítā	other
郊外	n	jiāowài	suburb
变	v	biàn	turn
极	adv	jí	extremely
薄	a	báo	thin
厚	a	hòu	thick
树	n	shū	tree
叶	n	yè	leaf

第16课

城市	n	chéngshì	city
家乡	n	jiāxiāng	hometown
气候	n	qìhòu	climate
金	a	jīn	golden
片	m	piàn	everywhere
红	a	hóng	red
尝	v	cháng	taste
*草原	n	cǎoyuán	prairie
当时	n	dāngshí	at that time
场	m	chǎng	time
凉	a	liáng	cool
赶	v	gǎn	happen to
点	n	diǎn	point
圆	a	yuán	round
浪漫	a	làngmàn	romantic
特色	n	tèsè	uniqueness
外地	n	wàidì	other places
调查	v	diàochá	investigate
尤其	adv	yóuqí	especially
四季如春		sìjì rú chūn	all-year-long spring-like
少数民族	n	shǎoshù mínzú	minority
小吃	n	xiǎochī	snack
吸引	v	xīyǐn	attract
雪山	n	xuěshān	snow mountain
羡慕	v	xiànmù	admire

专有名词

*内蒙古		Nèiměnggǔ	Inner Mongolia
*蒙古包		měnggǔbāo	Mongolian yurt
*玉龙雪山		Yùlóng Xuěshān	Yulong Snow Mountain
*云南		Yúnnán	Yunnan

补充词语

美丽	a	měilì	beautiful
湖泊	n	húpō	lake
古城	n	gǔ chéng	ancient city
戴	v	dài	wear
穿	v	chuān	wear
种类	n	zhǒnglèi	type

第17课

剧场	n	jùchǎng	theatre
样儿	n	yàngr	appearance
个儿	n	gèr	height
戴	v	dài	wear
眼镜	n	yǎnjìng	glasses
米	m	mǐ	meter
身	m	shēn	suit
扎	v	zā	tie
*马尾辫		mǎ wěi biàn	ponytail
中等	a	zhōngděng	medium
衬衫	n	chènshān	shirt
个子	n	gèzi	height
东方	a	dōngfāng	Oriental
*美女	n	měinǚ	beauty
*名牌	n	míngpái	renowned
放心	v	fàng xīn	feel at ease
姑娘	n	gūniang	girl
校园	n	xiàoyuán	campus
皮肤	n	pífū	skin
笑眯眯		xiàomīmī	smile

专有名词

京剧		Jīngjù	Beijing Opera

补充词语

脾气	n	píqi	temper
开朗	a	kāilǎng	outgoing
热情	a	rèqíng	warm-hearted
性格	n	xìnggé	personality
外貌	n	wàimào	appearance
熊猫	n	xióngmāo	panda

第18课

想法	n	xiǎngfǎ	idea
过节	v	guò jié	celebrate a festival
*搞	v	gǎo	hold
晚会	n	wǎnhuì	evening party
主意	n	zhǔyi	idea
邀请	v	yāoqǐng	invite
餐具	n	cānjù	dishware
新年	n	xīnnián	new year
*海报	n	hǎibào	poster
*遗憾	n	yíhàn	pity
成功	a	chénggōng	successful
活动	n	huódòng	activity
其他	pron	qítā	other
舞会	n	wǔhuì	ball
后天	n	hòutiān	the day after tomorrow
哎呀	int	āiyā	oh
妹妹	n	mèimei	younger sister
同	a	tóng	same
*聚会	n	jùhuì	gathering

专有名词

| *圣诞节 | | Shèngdàn Jié | Christmas |

补充词语

紧张	a	jǐnzhāng	hard
祝福	n	zhùfú	blessing
礼物	n	lǐwù	gift
商量	v	shāngliang	discuss
提前	adv	tíqián	before schedule
筷子	n	kuàizi	chopstick
饮料	n	yǐnliào	beverage

语 言 注 释 列 表
Index of Language Tips

第1课

对话一

① 自我介绍**一下**。

"一下"用在动词后，表示动作短暂，如"我看一下。"

② 我叫王军，**是**来接你们**的**。

"是"跟"的"构成"是……的"格式，在这里是用肯定的语气说明情况，"是来接你们的"是对主语"我"进行描述。

③ **咱们**学校远吗？

"咱们"包括听话人一方。"我们"可以包括听话人一方，也可以不包括听话人一方。

对话二

① 来**帮忙**的。

"帮助"中间可以插入其他成分，如"帮我的忙"。要注意不能说"帮忙我"。

② 来帮忙**的**。

这里的"的"用在动词"来"的后面，强调目的。

③ **没问题**。

"没问题"表示痛快地答应或没有任何困难。

对话三

① 听说你**想**找互相学习的朋友。

这里的"想"是"打算"的意思。

② **那**太好了！

在这里"那"是指前面所说的情况。一般用"那"是为了顺着前面的意思往下说。

第2课

对话一

① **那**边有袜子，请问**这**种怎么卖？

"这"和"那"在口语中也说"zhèi"和"nèi"。

② 咱们过去**看看**。

单音节动词重叠，一般表示持续的时间短或进行的次数少。重叠后第二个字要读轻声。

③ 你想买**什么颜色的**？

"什么颜色的"在这里的意思是"什么颜色的袜子"，因为前面已经提到了，所以省略了"袜

子"。后面的"白色的"、"白的"也是相同的用法。

④ 脏了以后**不好**洗。

这里的"好"是容易的意思。"不好洗"意思是不容易洗。

⑤ **那倒是**。

表示虽然我有不一样的看法，但是你说的这一点我也同意。

对话二

① 您穿**多**大号的？

这里的"多"是副词，在疑问句里问程度或数量，如"多长"、"多高"。

② 有大**一点儿**的吗？

可以用在形容词或者动词的后面，表示有限的程度或数量。如"吃一点儿"、"多一点儿"、"快一点儿"等。

③ 您试试大号的**吧**。

"吧"用在祈使句末，使语气变得较为舒缓。

对话三

① **怎么了**？

这里的"怎么了"是询问对方裤子有什么问题。

第3课

对话一

① 您几**位**？

量词，用于人，带有尊敬的意思。如"那位先生"。

② 请先**来**一壶茶吧。

这里的"来"是"要"的意思，常用于买东西和点菜的时候。

③ 再来一份南瓜饼**吧**！

这里的"吧"用在句末，表示请求、商量等较客气的语气。

对话二

① 我觉得味道**还**可以。

"还"用在形容词前，表示程度上勉强过得去，

一般是往好的方面说。

② 别的都不错，**就是**汤太咸了。

这里的"就是"表示轻微的转折，多用于后一分句前。

③ 我**吃不了**辣的，喜欢吃甜的。

这里的"吃不了"意思是"不能吃"。它的肯定形式是"吃得了"。

④ **不过**现在不敢吃了。

"不过"表示转折，语气比"但是"轻一点儿。

⑤ 不**会**胖。

这里的"会"是"可能"的意思。

对话三

① 你**吃得惯**吗？

这里的"吃得惯"是"能吃惯"的意思，否定形式是"吃不惯"。

② **还行**。

"还行"在这里表示程度上勉强过得去。

第4课

对话一

① **喂**，我已经到了。

这里的"喂"是开始打电话和接电话时常用的。

② 怎么没看见你**呀**？

这里的"呀"是助词"啊"受前一字韵母 a e i o 等的影响而发生的变音。

③ 这个商场有4个门**呢**。

"呢"用在陈述句末尾，表示确认事实使对方相信，有夸张的语气。

对话二

① 超市旁边有**好**几家呢。

这里的"好"强调数量多，如"好几天"。

② 走路**也就**十几分钟。

"也+就"与时间和数量词一起使用，表示时间短，数量少，如"也就三天"。

③ 那儿**不是**一家饭馆**吗**？

这句话意思是"那是一家饭馆"。"不是……吗"是反问句句式，强调肯定的判断。

④ 我想**起来**了。

"起来"用在动词或形容词后，表示开始并继续，如"唱起来"、"聊起来"。

对话三

① 离咱们学校挺远**的**。

"挺"相当于"很"，口语中常用"挺……的"表示程度比较高。

② **还**得换车呀？

这里的"还"表示对某件事情有些意外。

③ 顺利**的话**，40多分钟吧。

"要是……的话"表示假设，也可以省略其中的一个部分。这里省略了"要是"。

第5课

对话一

① 我上**错**车了。

"错"用在动词之后，表示动作的结果。

② **只要**去北京路的车**都**行。

"只要"表示条件，常与"就"、"都"一起使用，表示必要条件、最低要求。

对话二

① 坐机场班车一个人**才**16块钱。

这里的"才"表示数量少，觉得便宜。

② 可是我的飞机特别早，**而且**我有行李。

"而且"表示意思更进一层。

③ 班车5点多**就**有了。

这里的"就"表示事情发生得早。

对话三

① 最近天气不错，咱们周末出去玩儿一**趟**吧？

"趟"表示走动的次数。

② 我觉得**还是**骑车去好。

这里的"还是"表示经过比较和思考后有所选择。

③ 骑车好**是**好，**但是**比较累。

"是"在这里连接两个相同的词语，表示让步，含有"虽然"的意思，后面要接转折，如"漂亮是漂亮，但是太贵了。"

④ 是我**给**他介绍的。

这里的"给"引出动作的对象。

第6课

对话一

① 大概是中午1点**左右**吧。

这里的"左右"放在数目字后面表示概数。

② 下次**可**别忘了。

　　这里的"可"表示强调。

对话二

① 我不认识的字**越来越**多了。

　　"越来越"表示动作的程度随着时间的发展或因某种原因的影响而加深。如"天气越来越热了。"

② 可是我没记**住**。

　　这里的"住"在动词后面作补语，表示牢固或稳当。

③ **看来**，咱们不能……

　　"看来"用于说话人根据所了解的情况开始表达看法的时候。

④ 看来，咱们不能**总**是聊天儿了，得练练写字。

　　"总是"表示持续不变，一直。

⑤ 好，**说练就练**。

　　"说V就V"这个句式，表示说起某件事就马上做这件事，或很快就发生了某种情况，不耽搁停留。如"咱们说走就走"。

对话三

① 妈妈说已经寄**出来**十多天了。

　　"出来"用在动词后面作趋向补语，表示动作的方向朝着说话的人。

第7课

对话一

① **是**早了点儿。

　　"是"在这里必须重读，表示坚决肯定，含有"的确、实在"的意思。

② **等**你去了。

　　这里的"等"是"等到"的意思，"等你去了"意思是等到你去了以后。

③ 那么早我可能**起不来**。

　　"起不来"是"起来"的否定形式。这里的"起来"是指"起床"。

对话二

① 晚上一起去酒吧**怎么样**？

　　这里的"怎么样"是询问对方的意见。

② 你的脸色不太好，**怎么了**？

　　这里的"怎么了"是询问对方有什么不舒服。

③ 最近我晚上经常**睡不着**觉。

　　"着"用在动词后，表示已经达到目的或有了结果，肯定形式是"睡得着"。

④ **我看**你应该多运动。

　　这里的"我看"意思是根据自己的观察，提醒对方应该注意这个问题。

对话三

① 我**倒**不大爱吃肉，可是特爱吃甜的。

　　这里的"倒"表示让步，常与"可是"、"就是"等表示转折的词语一起使用。

对话四

① 我**不是**睡懒觉，**是**起不来。

　　"不是……是……"否定前者，肯定后者，有转折的意思。

② 那也不能**让**我们大家等你一个人！

　　这里的"让"是"听任"的意思。这个句子是兼语句，句中的"我们"是"让"的宾语和"等"的主语。

第8课

对话二

① 是**总台**吗？

　　这里的"总台"是"总服务台"的意思。

② 您有什么**需要**？

　　这里的"需要"是名词，表示对事物的欲望和要求。

③ 我帮您**看看**。

　　这里的"看看"意思是指"打听一下、问一下、查一查"。

④ 请您来总台**办**一下手续。

　　这里"办"是"办理、处理"的意思。如"办签证"。

对话三

① 很高兴**为**您服务。

　　这里的"为"表示行为的对象。

② **不用了**，谢谢！

　　"不用了"意思是不需要或没有必要。

对话四

① **好吧**。

这里的"好吧"意思是"同意"。

② 哦，我看到了。

"哦"表示领会、醒悟。

第9课

对话一

① **听说**你不住在留学生宿舍。

这里的"听说"是指"听别人说"，"听说"两个字中间可插入其他成分。

② **不算贵**。

"不算贵"，意思是不觉得贵。

③ **还是**两个人住一间哪？

这里的"还是"表示现象继续存在或动作继续进行。有"仍然"的意思。

④ 还是两个人住一间**哪**？

"哪"是语气助词，前一字的韵尾是-n，"啊"（a）变成"哪"（na）。

⑤ 那不错**嘛**!

这里的"嘛"表示道理显而易见。

对话二

① 我**记不清**了。

这里的"清"是"清楚"的意思。"记不清"的肯定形式是"记得清"。

对话三

① **我没关系**。

这里的"我没关系"意思是不用考虑我。

② 一进房间心情**就**好。

"一……就……"在这里表示动作一经发生就有某种结果。

第10课

对话一

① 我刚回来**没几天**。

这里的"没"是指"不够、不到"。"没几天"表示时间很短的意思。

② 没有大问题，**只是**感觉没有力气。

这里的"只是"意思是"不过"。表示轻微的转折之意。

③ 我晚上睡得不好，而且**吃不下饭**。

这里的"下"用在动词后面，做补语，表示动作

的完成或结果。肯定形式是"吃得下饭"。

④ 大夫也**开**了药。

这里的"开"的意思是"写出（药方等）"。

对话二

① 出来旅行**确实**不方便。

这里的"确实'是对事情的真实性表示肯定。

对话三

① 我**能**帮你做什么？

这里的"能"表示有能力有条件做某事。

② 你告诉我到了医院怎么看病就**行**。

这里的"行"是可以的意思。

③ **不一定**，有的时候等的时间比较长。

"不一定"表示不确定。

第11课

对话二

① 剪完**吹一吹**吧。（V—V）

"一"用在重叠的动词之间，表示动作是短暂的或尝试性的，如"听一听"。

② 我给你**照**。

这里的"照"是指"对着镜子看"。

对话三

① 小姐，**该你了**。

这里的"该"表示"应当是"。"该你了"意思是轮到你了。

② 想**做**个什么样的发型？

这里的"做"是指理发时修剪、整理头发。

③ 把下面**修一修**就行了。

这里的"修"指的是理发时为了使头发美观，简单地修剪头发。

④ **你看**，这个发型可以吗？

这里的"你看"意思是你觉得、你认为。

第12课

对话一

① **哪里，哪里**。

这里的"哪里"表示否定，是一种客气的说法。常用于受到夸奖时。

② 我学了**快**两年**了**。

这里的"快"是"快要、将要"的意思，常和
"了"一起使用。

③ **会**说的话很少。

这里的"会"表示懂得怎样做和有能力做。

④ **怪不得**呢。

"怪不得"表示明白了原因，对某种情况就不觉得
奇怪了。

对话二

① 好**啊**，中国朋友多，说汉语的机会就多嘛。

这里的"啊"，放在句末，起加强语气的作用，
如"行啊"。

② **噢**，我知道了。

这里的"噢"表示了解。

对话三

① 但是**不如**上一次。

"不如"用于比较，表示前面提到的人或事物比
不上后面所说的。

② 但是不如**上**一次。

这里的"上"表示次序和时间在前的，如"上半
年"、"上个月"。

③ **下**个月我要参加汉语水平考试。

这里的"下"表示次序和时间在后的，如"下
次"、"下半年"。

第13课

对话一

① 你今天**怎么**这么高兴？

这里的"怎么"询问原因。

② 我**最**爱唱歌了。

这里的"了"与前面的"最"一起表示程度高。

③ 那你可以**报武术班**。

这里的"报"是"报名"的"报"，"报武术
班"意思是报名参加武术班。

对话二

① 你**怎么**知道的？

这里的"怎么"是询问方式。

② 在音乐**中**练习。

这里的"中"表示"范围；内部"。"在音乐中
练习"意思是沉浸在音乐里面，伴随着音乐练
习。

③ 我**能**练吗？

这里的"能"表示"能够"的意思。

对话三

① 饭后**活动活动**有很多好处。

双音节动词是以词为单位重叠，即ABAB的方式。
重叠后的意思和单音节动词重叠后一样。

② 他最近开始**对**羽毛球**感兴趣**了。

用"感兴趣"时要注意，不能说"感兴趣羽毛
球"，要用"对"引进感兴趣的对象。

第14课

对话一

① **别提了**！

"提"是"谈起、谈到"的意思。"别提了"表
示说话人对发生过的事情非常不满意。

② 实在不行就**考博**。

这里的"考博"是考博士的意思。

对话二

① 今天可不能**怪**我。

这里的"怪"是"责备"或"怨"的意思。

② **对了**，你今天下午不是有辅导课吗？

"对了"在口语中常用于说话人突然想起了某件
事情的时候。

对话三

① 说我是回家后**弄**坏的。

"弄"在口语中很常用，不容易说出来的动作很
多都可以用"弄"来代替。

第15课

对话一

① 咱们出去**转转**吧，一天没出门了。

这里的"转转"是指转悠、漫步、无目的地闲
逛。

② 春天**老**刮风，真受不了！

这里的"老"是"经常"的意思。

③ 真**受不了**！

"受不了"是"不能忍受"的意思，肯定形式是
"受得了"。

④ **反正**比这儿凉快多了。